# 성령으로 기도하는법

강요셉 지음

"모든 기도와 간구를 하되 항상 성령 안에서
기도하고 이를 위하여 깨어 구하기를 항상 힘
쓰며 여러 성도를 위하여 구하라."(엡 6:18)

**성령**

# 성령으로 기도하는 법

성령

# 들어가는 말

필자는 25년이 넘는 세월동안 진리의 말씀과 성령의 인도에 순종하는 영적인 치유 목회를 했습니다. 영적인 목회를 하면서 깨달은 것을 성도들에게 제일 중요한 것이 기도라는 것입니다. 기도가 바르지 못하니 신앙생활을 열심히 하는 만큼 성령의 은혜를 따르는 삶을 살아가지 못하더라는 것입니다. 기도가 성령으로 되면 모든 영적인 활동이 바르게 교정되더라는 것입니다.

이 중요한 기도를 바르게 해야 한다는 것입니다. 그런데 일부 성도들은 기도에 대해 충분히 이해하지 못하고, 또 어떻게 기도를 해야 하는지 잘 알지 못하고 막연하게 기도를 하는 것입니다. 기도란 하나님의 뜻을 알아내는 적극적인 수단입니다. 성령으로 기도할 때 영이신 하나님의 뜻을 알게 됩니다.

성도는 육적이면서 영적입니다. 아니 영적존재들입니다. 영적존재인 성도는 영이신 하나님과 친밀하게 지내야 합니다. 하나님과 친밀하게 지내려면 성령으로 기도해야 합니다. 그런데 일부 성도들은 삶에 소원을 갈구하는 샤머니즘의 기도를 탈피하지 못하고 있는 것이 사실입니다. 샤머니즘의 기도를 하므로 기도를 많이 하는 것에 비하여 하나님과 친밀하게 지내지 못하고 있는 것이 사실입니다. 제가 그동안 성령치유 사역을 하면서 체험한 바로는 성도의 문제는 기도가 잘못된 것으로부터 시작이 되었습니다.

성도가 기도만 복음적으로 바르게 하면 영적으로 깊어지면서 하나님과 친밀하게 지내므로 하나님의 복을 받을 수가 있는 것입니다. 내적치유도 기도가 바르게 되어야 합니다. 자아도 성령으로 기도해야 치유가 됩니다. 혈통의 대물림도, 귀신들의 축사도 기도가 바르게 되어야 치유되고 해결되는 것입니다.

제가 성령치유 사역을 하면서 성도들이 기도를 바르게 하지 못하여 고통을 당하는 모습을 볼 때 마음이 아팠습니다. 그래서 이번에 **"성령으로 기도하는 법"** 이라는 제목으로 책을 발간하게 되었습니다. 이 책을 읽다가 보면 자동으로 성령으로 기도하는 법을 터득하게 될 것입니다. 왜 내가 이렇게 열심히 기도하며 신앙생활을 하는 데도 예수님의 인격으로 변화되지 않으며 삶에서 환란과 풍파가 떠나지 않는지를 깨닫게 될 것입니다.

이 책을 끝까지 정독하다 보면 저절로 성령으로 영의기도를 하게 될 것입니다. 아무쪼록 이 책을 통하여 많은 성도들이 자신의 기도를 진단하여 고쳐서 성령으로 기도하는 계기가 되기를 소원합니다. 부족한 부분도 있을 것입니다. 부족한 부분은 스스로 보완하면서 성령으로 영의기도가 열리기를 바랍니다.

주후 2024년 11월 25일

충만한 교회 성전에서

저자 강요셉목사.

# 세부적인목차

# 1부 어떻게 기도해야 할까?

## 1장  성령으로 기도하여 불세례 받은 체험

(유20-21)"사랑하는 자들아 너희는 너희의 지극히 거
룩한 믿음 위에 자신을 세우며 성령으로 기도하며, 하나
님의 사랑 안에서 자신을 지키며 영생에 이르도록 우리
주 예수 그리스도의 긍휼을 기다리라"

많은 성도들이 기도라고 하면 세상에서 하는 "비나이다. 비나
이다." 하면서 손이 발이 되도록 갈구하는 것으로 알고 행하는
분들이 많습니다. 성경을 성령으로 바르게 깨닫고 보면 잘못된
기도라고 순식간에 알아차릴 수가 있습니다. 무조건 기도하지 말
고 하나님께서 성경에 무어라고 말씀하시는지 바르게 깨닫고 기
도해야 합니다. 하나님은 성령 안에서 성령으로 기도하라고 하십
니다. "모든 기도와 간구를 하되 항상 성령 안에서 기도하고 이
를 위하여 깨어 구하기를 항상 힘쓰며 여러 성도를 위하여 구하
라."(엡 6:18). 왜 성령 안에서 성령으로 기도하라고 명령하시는
지 바르게 깨달아야 합니다. 성도는 예수를 믿을 때 죽었고, 예수
님으로 다시 살아서, 예수님의 인생을 살아가고 있기 때문입니
다. 기도는 모든 영적인 활동에 기본이 되기 때문에 기도가 바르
게 되어야 모든 것이 바르게 됩니다. 성령으로 기도가 되지 않으

니 성도들이 영의 만족을 누리지 못하고 방황합니다. 제가 그동안 치유사역을 하면서 상담한 바로는 영의 만족을 누리지 못하고 방황하는 이유가 기도의 잘못에 있었습니다.

대부분 영육의 문제가 있는 성도들도 기도를 바르게 하지 못했습니다. 기도를 바르게 해야 모든 것이 바르게 해결이 되는 것입니다. 그런데 문제는 성도에게 기도를 바르게 지도할 수 있는 영적지도자가 많지 않다는 것입니다. 성령으로 기도하는 바른 기도가 정말로 중요합니다. 능력을 나타내거나 치유를 받거나 모두 기도에 달려있습니다. 다음은 그동안 충만한 교회에 와서 성령으로 기도하며 '기도클리닉'을 한 다음, 체험한 내용들입니다.

**1. 저는 독불장군이었어요.** 저는 기도하면 저라고 생각할 정도로 기도를 많이 했습니다. 그런데 기도를 그렇게 많이 해도 성격이나 품성에 변화가 없었습니다. 혈기가 너무 강해서 주변 사람들에게 상처를 주면서 살았습니다. 지금 시점에서 뒤돌아보면 기도는 많이 했지만, 바른 기도 훈련을 받지 못한 것 같습니다. 그저 방언으로 기도를 많이 하면 되는 줄 알고 정말로 열심히 기도를 했습니다. 방언으로 기도할 때는 얼굴이 상기되면서 목에 핏대가 서도록 죽기 살기로 방언기도를 했습니다.

따다다다. 따다다다. 따다다다. 따다다다. 주변에 기도 좀 하는 사람이 있으면 더 강하게 했습니다. 상대방에 의해서 기도방해 받지 않고, 기도 소리로 제압하려고 말입니다. 그런데 기도를 하면 할수록 신경이 예민해지는 것입니다. 기도할 때는 모르는데 기도하고 몇 시간이 지나면 가슴이 답답하고 짜증이 나는 것입니다. 그러다가 기도를 하면 좀 마음이 시원합니다. 그래서 하루라도 기도를 쉬면 죽는 줄 알고 지냈습니다.

그러던 어느 날부터 허리가 아프기 시작을 했습니다. 한의원에 가서 침을 맞아도 치유되지 않았습니다. 정형외과에 가서 사진을 찍어보니 아무렇지도 않다는 것입니다. 그러나 여전히 허리는 아픈 것입니다. 그러다가 강요섭 목사님이 쓰신 **"신유은사와 고질병 순간치유"** 책을 읽게 되었습니다. 충만한 교회에 가면 치유가 된다는 성령의 감동이 강하게 왔습니다. 충만한 교회 화-수-목 집회에 참석을 했습니다. 집회에 참석하여 말씀을 듣고 기도 시간이 되었습니다. 전과 같이 방언으로 기도를 했습니다. 따다다다. 따다다다. 따다다다. 따다다다. 충만한 교회 집회 시간이면 목사님이 돌아다니시면서 안수를 해주면서 기도를 교정하여 주십니다. 강 목사님이 저에게 오셨습니다.

저는 기도에 도취되어 목사님이 오신 줄도 모르고 방언으로 해대는 기도를 열심히 했습니다. 강 목사님이 기도를 멈추라고 하시는 모양입니다. 스톱! 스톱! 저는 그것도 모르고 열심히 기도를 하는 것입니다. 급기야 목사님이 제 어깨를 치셨습니다. 스톱! 스톱! 기도를 멈추어 보세요. 제가 기도를 멈추었습니다. 강 목사님이 하시는 말씀이 코로 호흡을 아랫배까지 깊게 들이쉬고 내쉬면서 기도를 하라는 것입니다. 좀 여유를 가지고 기도를 하라는 것입니다.

그러시면서 손을 머리와 등에 대시면서 호흡을 아랫배까지 들이쉬고, 내쉬고, 호흡을 아랫배까지 들이쉬고, 내쉬고, 하시면서 저에게 따라 하라는 것입니다. 제가 따라서 했습니다. 조금 지나자 가슴이 답답해지면서 어떤 뭉치 같은 것이 올라오는 것입니다. 몇 번 호흡을 들이쉬고 내쉬자. '왝'하면서 오물이 나왔습니다. 생전 처음 체험하는 것입니다. 그러자 조금 있다가 맑은 물이 막 쏟아져 나왔습니다. 눈알이 빠지는 것과 같은 고통을 잠간 느꼈습니다. 호흡을 들이쉬고 내쉬면 기침이 사정없이 나왔습니다. 가래가 말로 표현할 수 없을 정도로 나왔습니다.

　막 기침을 해대니까, 목사님이 하시는 말씀이 "집사님! 오늘에야 성령의 강한 불세례를 받으신 것입니다. 성령의 불이 마음 안에서 나온다는 것입니다. 지난 세월 이런 체험을 하신 경우가 없으시지요" 그렇다고 고개를 끄덕였습니다. 정말로 창피 했습니다. 그렇게 방언기도를 유창하게 많이 했는데 성령의 강한 불세례를 체험하지 못한 것입니다. 저 자신을 자책하면서 계속 다니면서 치유를 받았습니다. 이제 기도가 깊어지니 혈기가 많이 없어졌습니다. 참을성 있는 집사가 된 것입니다. 허리 통증은 **토요일 날 있는 집중치유 기도시간에 참석하여 완벽하게 치유를** 받았습니다. 무릎도 아팠는데 허리가 치유되면서 같이 치유가 되었습니다.

　제가 지금 생각하면 기도는 정확하게 훈련을 받아야 한다는 것입니다. 체험이 있고 전문성 있는 사역자에게 진단을 받고 잘못된 부분은 '기도클리닉'을 해야 한다는 것입니다. 저는 정말 충만한 교회에 와서 축복을 받았습니다. 축복은 구습이 변화되고, 기도가 깊어지고, 각종 성령의 은사가 나타나고, 아픈허리를 고쳤습니다. 할렐루야! 하나님께 영광을 돌립니다. 월계동 김집사

**2. 기도가 뚫렸어요.** 저는 항상 믿음 생활하기가 너무나 힘들다고 불평하며 지낸 집사입니다. 제일 힘이 드는 것이 기도였습니다. 좀처럼 기도하기가 쉽지가 않았습니다. 다른 성도들은 몇 시간씩 기도를 한다고 자랑을 하는데 저는 십 분을 하지 못했습니다. 집안에 일이 있어서 새벽기도에 가도 기도가 되지를 않아 그냥 오기 돌아오기 일쑤였습니다. 기도를 하지 못하니 자연히 마음이 답답해지고 조그마한 소리에도 혈기를 잘 내었습니다. 남편이 한 마디 하면 저는 세 마디로 대꾸를 합니다. 남편은 교회 다니는 집사가 어떻게 그렇게 혈기가 심하냐고 할 정도입니다. 저도 혈기를 내지 말아야겠다고 생각은 합니다.

그러나 막상 사람과의 관계에서는 절제가 되지 않았습니다. 그래서 "왜 제가 기도가 되지 않고 마음이 답답하고 혈기가 심할까?" 혼자 고민을 하는데 구역 예배에 갔다가 구역장이 저의 이야기를 듣고 충만한 교회를 소개하여 주었습니다.

그래서 홈페이지에 들어가서 프로그램을 보고 집회에 참석을 했습니다. 집회에 하루 참석하여 말씀을 듣고 기도하니 조금 나아지는 것 같았습니다. 다음날 상담을 신청하여 저의 상태를 강 목사님에게 말씀을 드렸습니다. 강 목사님이 하시는 말씀이 마음

의 상처로 인하여 영의 통로가 막혀서 기도도 안 되고 혈기도 심하다는 것입니다. 이런 상태로 계속 살아가다가 갱년기에 들어서면 육체의 질병과 우울증으로 고생을 할 것이라고 했습니다.

육신의 건강을 위해서라도 마음안에 계신 성령님이 밖으로 나타나시도록 영의 통로를 뚫고 상처를 치유해야 한다는 것입니다. 어떻게 하면 영의 통로가 뚫리느냐고 질문을 했더니 계속 참석하면서 말씀을 듣고 기도를 하면 된다고 하시면서 기도 방법을 바꾸어 보라고 하셨습니다. 그냥 호흡을 아랫배까지 들이쉬고 내쉬면서 배에서 나오는 소리로 자연스럽게 주여! 주여! 주여! 를 계속하면 성령의 역사가 일어나 영의 통로가 자연스럽게 뚫리게 된다는 것입니다. 절대로 욕심을 부린다고 빨리 뚫리는 것이 아니니 성령께서 하라는 대로 따라가라는 것입니다. 그렇게 순종하고 기도하면 목사님이 돌아다니면서 안수하여 영의 통로가 뚫리도록 해준다는 것입니다. 그래서 순종하기로 했습니다. 무엇보다 두려운 것은 갱년기에 질병과 우울증으로 고통당할 수도 있다는 말이였습니다.

집회에 참석하여 전하는 말씀을 열심히 들었습니다. 말씀을 들을 때 저의 가슴이 답답해지는 것을 느꼈습니다. 그래서 나는 이상했지만 성령의 역사로 인하여 나타나는 현상이라는 것을 알았습니다. 말씀을 듣고 찬양을 부르고 기도 시간이 되었습니다. 강 목사님이 알려주신 대로 코로 호흡을 아랫배까지 깊게 들이쉬고 내쉬면서 배에서 나오는 소리를 열심히 했습니다. 숨을 들이쉬면서 배에서 나오는 소리로 주여! 주여! 주여! 를 계속했습니다.

이렇게 기도에 몰입을 했습니다. 그러자 저에게 진동이 오기 시작 했습니다. 손이 떨리기 시작을 하더니 온몸이 떨리는 것입니다. 그래도 기도에 몰입하고 집중했습니다. 그러자 이제 손가락이 움츠려들고, 오그라드는 것입니다. 그러면서 제 몸이 뒤틀리는 현상이 일어나는 것입니다. 가슴이 답답해 오는 것입니다. 조금 있다가 기침이 사정없이 나오면서 가슴이 시원해졌습니다. 성령께서 강하게 사로잡아 이제 제 의지로 무엇을 할 수가 없었습니다. 성령이 역사하는 대로 따라서 기도를 했습니다. 그러니까 제 안에서 뜨거운 불이 올라오는 것입니다.

아주 뜨거운 불이 올라옵니다. 온몸이 뜨거워집니다. 얼굴이 뜨거워집니다. 몸은 뒤틀립니다. 아주 정신을 차릴 수가 없이 성령이 역사를 하는 것입니다. 그러기를 한 30분 한 것 같습니다. 이제 제가 잠잠해지기 시작 했습니다. 그러자 강 목사님이 오셔서 안수해 주셨습니다. "예수님의 이름으로 명령한다. 이렇게 뒤틀리게 했던 더러운 영은 물러갈지어다" "기침을 통해서 떠나갈지어다" 하며 명령을 했습니다. 그러자 기침이 사정없이 나오는 것입니다. 그러면서 내 속에서 방언기도가 터져 나오는 것입니다.

그때 나에게 감동이 오기를 이제 성령의 불세례를 체험하고 영에서 나오는 방언을 하는 것이라는 것입니다. 영의 통로가 뚫렸다는 생각이 나를 사로잡았습니다. 너무나 감사했습니다. 그래서 계속 방언기도를 하니 몸이 가벼워지며 머리가 상쾌해졌습니다. 너무나 좋아서 지금 두 달째 다니고 있습니다.

말로 표현 못하는 평안을 느끼고 있습니다. 성격이 유순해졌습니다. 혈기가 없어졌습니다. 기도 시간이 즐거워집니다. 저의 남편이 이제 예수님을 믿고 교회에 다니는 집사 같다는 것입니다. 제가 지금 느끼는 것은 바른 신앙지도를 받으면 좀 더 빨리 깊이 있고 변화된 성도가 될 수 있다는 것입니다. 정말 하나님의 평안을 몸으로 느끼면서 행복한 삶을 살아가고 있습니다.

**3. 갈급한 심령이 치유되었어요.** 저는 강북에 있는 믿음교회 김 권사입니다. 저는 영적으로 갈급하여 참으로 방황을 많이 했습니다. 교회에서 목사님은 열심히 하면 형통해진다고 하여 무조건 열심히 신앙생활을 했습니다. 열심히 하면 하나님이 다 해주실 줄로 믿었습니다. 새벽기도를 빠뜨리지 않고 열심히 다녔습니다. 아무리 기도를 많이 해도 변화가 없었습니다. 예배는 모두 빠지지 않고 열심히 참석을 했습니다. 십일조 한번을 거르지 않고 했습니다. 교회 행사를 하면 앞장서서 봉사를 했습니다.

구역장을 10년 넘게 봉사를 했고, 여전도회장을 2년을 했습니다. 교회를 건축 할 때 건축헌금도 상당한 금액을 드렸습니다. 누구든지 밖으로 보면 정말로 모범적인 성도였습니다. 이렇게 열심히 하는데 문제 하나가 있었습니다. 저의 심령이 날마다 갈급한 것입니다. 무엇인지 모르게 항상 갈급했습니다. 마음에 채워지지 않은 그 무엇이 있었습니다. 그래서 교회에 가서 기도를 하면 조금 나아지는가 싶다가 조금 지나면 다시 갈급한 것입니다.

그래서 국민일보를 보고 성령과 영성 집회를 한다고 광고만 보면 찾아가서 은혜를 받았습니다. 그런데 문제는 그때 뿐이었다는 것입니다. 다시 갈급해지는 것입니다. 어느 영성원에는 거의 2년을 다녔습니다. 그래도 해소가 되지를 않았습니다. 사람들은 성령의 불을 받아야 한다고 해서 성령의 불을 받으려고 성령의 불의 역사가 있다는 곳은 다 다녔습니다. 그래도 심령이 갈급한 것은 마찬가지였습니다. 우연히 서점에 갔다가 **"영안을 밝게 여는 비결"**이라는 책을 보니 마음에 감동이 와서 사다가 읽었습니다. 읽어보니, 한 번 가보고 싶은 생각이 들었습니다. 전화를 해보니 매주 집회가 있다는 것입니다. 사모함으로 집회에 참석해서인지 첫날부터 말씀과 성령의 역사에 은혜를 받았습니다.

집회에 참석한지 이틀이 지난 후였습니다. 오후 시간이었습니다. 사모님이 찬양을 인도하셨습니다. 마음을 열고 영으로 찬양을 불렀습니다. 찬양을 부르는 중에 마음속에서 뜨거운 기운이 올라오는 것을 느꼈습니다. 연이어 강요셉 목사님이 전하시는 영성과 성령세례에 관한 말씀을 들을 때 너무나 은혜를 받았습니다. 말씀 속에 제가 끌려들어가는 체험을 했습니다. 말씀에 은혜를 받으니 마음이 열렸습니다. 말씀을 마치시고 일어서서 자신의 의자 앞에 서서 찬양을 하라고 했습니다.

그래서 일어서서 찬송을 불렀습니다. 같은 찬송을 반복해서 부르게 하셨습니다. 찬송을 반복해서 부르는데 여기저기서 소리를 지르고 흐느끼면서 울부짖었습니다. 저 역시 몸을 가누지 못할 정도로 몸이 앞뒤로 흔들렸습니다. 가슴이 답답해졌습니다. 가슴에서 불덩어리가 올라오는 느낌을 받았습니다. 눈에서는 계속 눈물이 하염 없이 흘러 내렸습니다. 그러면서 서러움이 속에서 올라왔습니다. 그래서 울음을 참지 못하고 터뜨렸습니다. 막 울었습니다. 몸은 가누지 못할 정도로 흔들렸습니다.

도저히 서서 찬송을 부르지 못할 지경에 이르렀습니다. 그래서 의자에 앉아서 찬송을 불렀습니다. 이제 몸에 진동이 오기 시작을 했습니다. 막 떨리는 것 이였습니다. 나도 모르게 막 팔을 흔들면서 소리를 질렀습니다. 그러면서 방언기도가 터졌습니다. 방언을 하면서 진동이 더 강하게 일어났습니다. 의자에서 30cm 정도 뛰면서 기도를 했습니다. 그러다가 중심을 잃고 의자 아래로 떨어졌습니다. 그러자 강요셉 목사님이 오셔서 안수를 해주셨습니다. 안수를 하시면서 더 강하게 역사하여 주시옵소서. 하고 기도하니까, 제 속에서 비명이 나왔습니다.

그러면서 몸이 뒤틀리기 시작을 했습니다. 정말 내가 감당할 수 없었습니다. 몸이 뒤틀리면서 속에서 괴성이 계속 나왔습니다. 그러니까 강 목사님은 성령님 더 강하게 역사하여 주시옵소서. 하시면서 안수를 하셨습니다. 그러자 제 다리가 머리위로 올라오면서 발작을 했습니다. 그런 현상이 일어나면서 저는 의자를 모두 차고 다니며 발작을 했습니다. 아마 그때 충만한 교회 의자는 모두 차고 다녔을 것입니다. 어느 정도 시간이 경과 되니 몸이 안정이 되는 것을 체험하게 되었습니다. 그러자 강 목사님이 "예수 이름으로 명령한다. 지금까지 이렇게 진동하게 한 더러운 영은 기침으로 떠나갈지어다" 하며 명령을 하시는 것이었습니다.

그러자 기침이 멈출 수가 없을 정도로 많이 나왔습니다. 기침을 하는데 가슴이 뻥하고 뚫리는 기분이 들었습니다. 정말로 시원했습니다. 십년 묵은 체증이 내려가는 기분이었습니다. 한참 기침을 하고 나니 이제 속에서 방언이 따다다하고 나오는 것입니다. 제가 그때까지 하던 방언소리와 다른 방언이 터져 나왔습니다. 방언을 한참 했습니다. 그러자 온몸이 뜨거워지는 것입니다. 내 몸이 불덩어리가 되는 것 같은 기분이 들었습니다.

너무 뜨거워서 성령님 너무 뜨겁습니다. 하며 소리를 질렀습니다. 한참을 그렇게 지내다가 잠잠해졌습니다. 그러나 몸은 여전히 뜨거운 것이었습니다. 그때 강 목사님이 저에게 이게 성령의 불세례라는 것입니다. 오늘이야 성령의 불세례를 받았습니다. 오늘 드디어 성도님 안에 주인으로 계시는 성령하나님과 영의 통로가 열렸습니다. 그러시는 것입니다. 정말 생전 처음 그런 신비한 현상을 체험했습니다.

기도를 하는데 정말로 은혜롭게 술술 나왔습니다. 그 이후로 말씀을 보면 너무나 꿀맛입니다. 기도가 저절로 되었습니다. 항상 입술에는 찬양이 넘치고 있습니다. 혈기가 사라지고 있습니다. 마음이 너무나 평안해졌습니다. 10년동안 기도하던 소원이 성취되었습니다. 지금 3개월을 다니고 있습니다. 너무나 평안합니다. 강 목사님이 하시는 말씀이 무조건 열심히 하는 신앙은 사람을 변화시키지 못합니다. 기독교는 머리로 아는 종교가 아니라 알고 느끼고 나타나는 생명의 종교라는 것입니다. 알고 있는 만큼 변하는 것이 눈으로 보이고 몸으로 느껴야 한다는 것입니다. 그래서 성령으로 충만하여 영의 통로가 열려야 한다는 것입니다.

그 다음에 성령의 인도를 받으며 열심히 해야 심령이 변하고 환경이 변하면서 영적으로 깊어집니다. 사람은 영적인 존재이기 때문에 영의 통로가 열려 영의 만족을 누려야 방황을 멈춘다는 것입니다. 지금 저는 뼈에 사무치게 느끼고 있습니다. 마음이 편안해지니 정말로 마음의 천국을 누리고 있습니다. 모두 말씀과 성령으로 영의통로를 뚫어야 영의 만족을 느낍니다.

**4. 사모하던 방언을 받았어요.** 저는 방언으로 기도하지 못했습니다. 교회에서 친구들이 하는 말이 방언을 해야 천국에 갈 수 있다고 하여 더욱 사모했습니다. 저는 한편으로는 의심이 되었습니다. "왜! 방언을 못한다고 천국에 못가는 것일까?" 궁금하여 청년부 담당 목사님에게 문의 하니 이렇게 대답을 하셨습니다. "방언은 성령의 세례를 받은 표적으로 하는 것입니다. 천국은 성령의 인도를 받아야 가는 곳입니다. 성경 에베소서 4장 30절에 보면 "하나님의 성령을 근심하게 하지 말라 그 안에서 **너희가 구원의 날까지 인치심을 받았느니라**" 했기 때문입니다. 그래서 방언을 못한다는 것은 성령 세례를 받지 않았기 때문에 방언을 하지 못한다는 것입니다." 그래서 저는 성령의 세례를 받으려고, 방언

을 받으려고 지난 3년 동안 성령의 역사가 있다는 장소를 거의 다 다녔습니다. 큰 기대를 하고 갔지만 사모하던 방언을 받지 못했습니다. 아무리 소리를 크게 지르며 기도해도 방언기도가 되지 않았습니다. 정말로 답답했습니다.

그래서 2020년 기도제목을 방언 받는 것으로 정했습니다. 올해는 꼭 성령의 세례와 방언을 받고 말겠다고 다짐을 했습니다. 그러다가 기독서점에서 **"성령의 불 받는 법"** 책을 사서 읽게 되었습니다. 그곳에 성령의 세례와 방언을 받으려면 성령의 역사가 있는 장소를 가서 안수를 받으면서 기도해야 빨리 성령의 세례를 받을 수 있다고 되어있었습니다. 그래서 충만한 교회 예배에 참석을 했습니다. 첫날 가서 기도는 뜨겁게 했는데 성령의 세례를 받지 못했습니다. 그런데 한 가지 체험은 했습니다. 기도시간에 강 목사님이 등에다가 손을 얹는데 불덩어리가 등에 떨어지는 것 같았습니다. 정말로 뜨거웠습니다.

강요셉 목사님이 하시는 말씀이 성령의 세례와 방언은 자신이 어느 정도 성령으로 지배와 장악이 되어야 받는 것이니, 의지를 가지고 계속 참석하면 받게 된다고 하셨습니다. 두 번째 날도 기도는 뜨겁게 했지만 방언은 받지 못했습니다. 그런데 중요한 것은 점점 기도하기가 쉬워진다는 느낌을 받았습니다. 희망을 가지고 세 번째 참석을 했습니다.

강 목사님이 하라는 대로 배에서 나오는 소리로 계속 소리를 내면서 기도를 했습니다. 한 참소리를 내면서 기도를 하니까 혀가 말리면서 방언이 열렸습니다. 강 목사님이 "깊은 영의 방언이 올라올지어다" 하시면서 안수를 해주셨습니다. 안수를 받으니 방언이 더 강력하게 나왔습니다. 그러면서 저의 두 눈에서 눈물이 나왔습니다. 나도 모르게 울었습니다.

생전 처음 기도하면서 울어보았습니다. 아주 뜨겁게 방언을 했습니다. 방언을 받으니 무엇보다도 기도를 오래 할 수 있어서 좋았습니다. 요즘 새벽기도에 가서 열심히 방언으로 기도하고 나면 몸이 가볍고 하루가 기쁩니다. 저에게 방언은사를 주신 하나님께 감사드립니다. 경기도 광주 김 청년

**5. 치유되니 성령의 음성이 들려요.** 예수를 믿고 신앙생활의 연륜은 깊어 가는데 마음속에 곤고함과 갈증은 채워지지 않았습니다. 남들은 기도하면서 하나님의 감동도 음성도 듣는다던데 저는 무지한 성도이었습니다. 문제는 은혜 받고 난후 얼마의 시간이 지나면 이전과 같은 생활의 반복이었습니다. 국민일보 광고를 보고 이곳을 알게 되었고, 와서 목사님으로부터 여러 가지 진리의 말씀을 듣고 영안이 열리니, 나의 문제를 말씀과 성령의 음성을 통해 알게 되었습니다.

깊은 영의기도 집회에 참석하여 기도를 진단 받고 기도를 바꾸니 기도하면서 내 심령에서 성령의 불이 올라오는 것을 체험합니다. 마음도 많이 편안해 졌습니다. 깊은 영의기도를 하여 하나님의 음성과 지식의 말씀을 듣고 원인을 찾아 직접치유도 받게

되었습니다. 예수님이 채찍에 맞음으로 우리가 나음을 입었다고 했는데 항상 머리가 무겁고 어깨가 눌리며 피곤하여 말씀을 누리지를 못하였고 그럼에도 그것이 당연한 것인 줄 알았습니다.

피곤하여 눕고, 아프면 약 먹고, 등에는 부앙을 뜨고 믿지 않은 사람들과 다를 바가 없었습니다. 자라온 환경 가운데 많은 상처를 받고 인정받지 못한데서 오는 분노와 억울함 시기, 질투, 부정적인 언행 등이 다른 사람을 쉽게 판단하고 정죄하곤 했습니다. 혈통을 타고 내려온 질병과 부부관계를 파탄하게 하는 악한영의 역사도 알게 되었습니다. 매 기도 시간에 목사님이 해주시는 안수기도를 통하여 육신의 질병이 치료받고 마음의 상처가 회복되며 혈통의 저주들이 끊어지고 있습니다.

차차 영의 눈이 열리고 심령이 치유되어 심령이 성령으로 충만하니 말씀을 볼 때나 들을 때 새롭게 다가오고 심령에 새겨지고 있습니다. 영과 육의 전인적인 치유가 이루어지므로 폭풍가운데에서도 안정된 심령을 가질 수 있는 평안함과 자유함을 누리고 있습니다. 무엇보다도 사모하던 하나님의 감동과 음성을 듣게 되니 너무 감사합니다.  분당 영광교회 김권사

**6. 깊은 기도가 열렸어요.** 저는 십년 이상을 성령의 세례와 불세례를 받겠다는 마음을 가지고 국내외 유명한 목사님이 인도하시는 성령집회를 참석했습니다. 그러나 번번히 성령의 세례와 성령의 불세례를 체험하지 못했습니다. 수많은 시간과 물질을 손해

본 것입니다. 그러던 차에 강요셉 목사님이 저술하신 **"카리스마로 영적세계를 장악하는 법"** 책을 읽고 충만한 교회를 찾게 되었습니다. 저는 이번이야 말로 성령의 불세례를 체험하고 말겠다는 사모함으로 성령집회에 참석했습니다. 성령집회에 참석하여 강요셉 목사님이 하라는 대로 순종하며 기도를 했습니다. 사모함으로 집회에 참석해서 인지 첫날부터 말씀과 성령의 역사에 은혜를 받았습니다. 집회에 참석한지 이틀이 지난 때였습니다. 오후 시간이었습니다. 사모님이 찬양을 인도하셨습니다.

마음을 열고 영으로 찬양을 불렀습니다. 찬양을 부르는 중에 마음속에서 뜨거운 기운이 올라오는 것을 느꼈습니다. 연이어 강요셉 목사님이 전하시는 영성과 성령세례에 관한 말씀을 들을 때 너무나 은혜를 받았습니다. 말씀 속에 내가 끌려들어가는 체험을 했습니다. 말씀에 은혜를 받으니 마음이 열렸습니다. 말씀을 마치신 강 목사님이 오늘 우리 성령의 세례와 불세례를 체험하여 보자고 하셨습니다. 성령의 세례를 받지 못한 분은 성령의 세례를 받으시고 성령의 세례를 받으신 분들은 성령의 뜨거운 불세례를 받자고 하시면서 앉아서 찬양을 부르게 했습니다. 내가 교회에서 매일 부르던 쉬운 찬송이기 때문에 부담감이 없이 따라서 열심히 불렀습니다. 찬송을 부르는데 눈에서 나도 모르게 눈물이 양 볼에 흘러 내려습니다. 성령의 강한 불이 나를 사로잡는 것을 체험적으로 느꼈습니다. 가슴이 벌렁거렸습니다.

강 목사님이 이제는 일어서라고 하셨습니다. 일어서서 자신의 의자 앞에 서서 찬양을 하라고 했습니다. 한참 기침을 하고 나니 이제 속에서 따다다다. 따다다다. 하고 방언기도가 나오는 것입니다. 제가 그때까지 하던 방언소리와 다른 방언이 터져 나왔습니다. 방언 기도를 한참 했습니다. 너무나 방언기도가 자연스럽고 쉽게 나왔습니다. 그러자 온몸이 뜨거워지는 것입니다. 내 몸이 불덩어리가 되는 것 같은 기분이 들었습니다. 너무 뜨거워서 성령님 너무 뜨겁습니다. 하며 소리를 질렀습니다.

한참을 그렇게 지내다가 잠잠해졌습니다. 그러나 몸은 여전히 뜨거운 것이었습니다. 그때 강 목사님이 저에게 이게 성령의 불세례라는 것입니다. 오늘이야 성령의 불세례를 받았습니다. 그러시는 것입니다. 정말 생전 처음 그런 신비한 현상을 체험했습니다. 그때 내가 직관적으로 느낀 것은 성령의 불세례는 내가 느끼도록 임한다는 것을 알게 되었습니다. 그 이후로 말씀을 보면 너무나 꿀맛입니다. 깊은 기도가 저절로 되었습니다. 항상 입술에는 찬양이 넘치고 있습니다. 혈기가 사라지고 있습니다.

마음이 너무나 평안해 졌습니다. 마음이 행복해졌습니다. 십년동안 기도하던 소원이 성취되었습니다. 제가 성령의 세례와 불을 체험하고 느낀 것은 성령의 세례와 불세례를 받으려면 바른 영적인 원리를 가지고 사역하는 장소를 찾아가야 빨리 성령의 세례와 불을 체험한다는 것을 알았습니다. 성령의 불을 받으니 정말 기쁩니다. 저의 기도를 들어주시고 소원을 성취하게 하신 하나님 감사합니다. 전남 광주 박목사.

# 2장 성령으로 기도는 어떻게 하는 건가?

(엡 6:18)"모든 기도와 간구를 하되 항상 성령 안에서 기
도하고 이를 위하여 깨어 구하기를 항상 힘쓰며 여러 성도
를 위하여 구하라."

하나님은 예수를 믿는 성도들이 기도를 성령으로 바르게 하라
고 말씀하십니다. 성도들은 예수님을 믿을 때 죽었고, 다시 예수
님으로 태어나 예수님이 주인으로 살아가시기 때문입니다. "내
가 그리스도와 함께 십자가에 못 박혔나니 그런즉 이제는 내가 사
는 것이 아니요 오직 내 안에 그리스도께서 사시는 것이라 이제
내가 육체 가운데 사는 것은 나를 사랑하사 나를 위하여 자기 자
신을 버리신 하나님의 아들을 믿는 믿음 안에서 사는 것이라."(갈
2:20). 이 말씀대로 지금 예수님께서 주인되어 삶을 사시기 때문
에 자신의 욕구나 바람이나 생각을 가지고 기도하는 것이 아닙니
다. 성도들의 기도는 세상 사람들이 하는 기도와 전적으로 달라야
합니다. 성령의 인도하심을 따라 기도해야 영이시며 살아계신 하
나님께서 들으시고 응답하시는 것입니다.

기도를 통하여 하나님을 만나고 대화하며 성령으로 충만 받을
수 있기 때문입니다. 기도는 성도가 신앙생활을 하는데 있어서 매
우 중요한 부분을 차지하고 있습니다. 성도의 바른 기도 생활은 하

나님께 바르게 예배하는 생활이 되기 때문입니다. 기독교적인 바른 기도는 이방종교에서 행해지는 염불이나 불공 또는 복을 비는 기복행위와는 절대로 같지 않습니다. 그런데 기독교를 빙자한 허다한 집단들 속에서 샤머니즘에 바탕을 둔 잘못된 기도 행위가 행해지고 있다는데 문제가 있습니다.

성도들이 기도하려면 기도원에 가야 한다고 알고 행하는 분들이 많습니다. 그런데 기도에 대하여 바르게 알려주면서 기도하는 기도원이 그리 많지 않다는 것입니다. 참으로 안타까운 현실입니다. 이러한 시점에서, 과연 하나님의 말씀인 성경이 가르치는 바른 기도가 무엇인가를 알아보는 것은 그 의의가 매우 크다고 생각합니다.

**첫째, 기도의 주체입니다.** 기도의 주체는 예수님, 즉 성령하나님이십니다. 예수를 믿는 성도는 예수님을 믿을 때 죽었기 때문에 주인으로 오신 성령께서 하시는 것입니다. 그런데 일반적으로 기도는 누구나가 할 수 있는 것처럼 생각합니다. 그러나 성경적인 참된 기도는 누구나 할 수 있는 것이 아닙니다. 왜냐하면 창조주 하나님과 피조 인간 사이에는 타락으로 말미암아 죄의 담이 가로막혀 있기 때문입니다. "너희가 손을 펼 때에 내가 눈을 가리우고 너희가 많이 기도할지라도 내가 듣지 아니하리니 이는 너희의 손에 피가 가득함이니라."(사1:15). 하나님은 죄인의 기도는 듣지 못하십니다. 예수를 믿고 성령으로 거듭난 성도의 기도라야 들으시고 응답하십니다. 하나님은 죄인의 기도는 듣는다고해도 응답을 해주시지 않습니다. 그렇다면 누가 하나님께 기도 할 수 있을까요? 바울은 예수 그리스도께서 하나님의 우편에 계셔 우리를 위해 간구하시는 자라고 말하고 있습니다. "누가 정죄하리요, 죽으실 뿐 아니라 다시 살아나신 이는 그리스도 예수시니 그는 하나님 우편에 계신자요, 우리를 위하여 간구하시는 자시니라."(롬8:34).

죄로 더러워진 인간은 감히 하나님께 기도할 수 없기 때문에 우리의 구속 주이신 예수 그리스도께서 대신 성령으로 기도해 주신다는 말씀입니다. 따라서 기독교에 있어서 효력 있는 참 기도의 주체는 오직 우리의 구속 주이신 예수 그리스도 한 분 뿐이십니다(딤전2:5). 그러므로 거룩하신 하나님은 성자이신 예수 그리스도께서 성령으로 드리시는 기도만이 효력 있게 하십니다.

그렇다면 성도들은 하나님께 기도 할 수 없다는 말입니까? 물론 그것은 아닙니다. 어디까지나 성도들은 기도의 직접적인 주체가 될 수는 없지만, 예수 그리스도의 십자가에서 피를 흘리시며 죽으신 보혈의 공로에 의존하여 그리스도의 이름으로 기도할 수 있는 것입니다. 그래서 성령으로 기도하라고 말씀하시는 것입니다. 즉, 성도들이 그리스도를 통하지 아니하고(죄가 해결되지 않고) 독자적으로 하나님께 효력 있는 참 기도를 드릴 수는 없다는 것입니다. 기도는 예배의 한 부분일진데, 거룩한 하나님께서 성자의 속죄 제사 즉 영과 진리로 드리는 예배가 아닌 더러운 죄가 해결되지 않은 인간의 예배는 받으시지 않으십니다. "아버지께 참으로 예배하는 자들은 영과 진리로 예배할 때가 오나니 곧 이때라 아버지께서

는 이렇게 자기에게 예배하는 자들을 찾으시느니라."(요4:23)

왜냐하면 피가 없는 제사(아담의 원죄가 해결되지 않은 제사)는 효력이 없기 때문입니다. 원죄는 반드시 피를 흘리고 죽어야 해결이 되기 때문입니다. 그렇기 때문에 이스라엘 백성들도 양의 피를 흘려 하나님께 제사를 드린 것입니다. 혹자들은, 예수 그리스도께서 우리 성도들을 위해 대속을 이루어 주시었기 때문에 우리 성도가 직접 하나님께 기도할 수 있다고 생각하고 있습니다. 그와는 정반대로 천주교에서는 추악한 인간이 하나님께 직접 기도할 수 없기 때문에 신부가 중보의 기도를 해야 한다고 가르치고 행하고 있는 것입니다. 고해성사가 바로 그것입니다.

예수 그리스도의 대속은 영원한 대속이시기 때문에 우리 성도들은 영원토록 구속 주이신 그리스도를 떠나서는 하나님께 나아갈 수도 없고 기도할 수도 없습니다. 그렇기 때문에 마치 그리스도께서는 우리의 대속을 이루어 주시고 이제는 우리와 관계없이 멀리 떠나가신 분으로 생각해서는 안 됩니다.

장로교 표준문서인 대소요리문답에서 "기도는 예수 그리스도의 이름으로…."라고 명시하고 있습니다. 물론 예수님께서도 제자들에게 "너희가 내 이름으로 아무 것도 구하지 아니 하였으나 구하라 그리하면 받으리니…."(요16:24)라고 말씀하셨습니다. 여기에서 "내 이름으로"란 말은 "예수님의 십자가의 공로와 신분으로(아담의 원죄가 그대로 있는 죄인이 아니고, 예수로 죽고 예수로 다시 태어난 의인된 신분)"란 의미를 포함하고 있습니다. 따라서 예수님의 공로와 신분이 아니면 도저히 어느 누구도 기도할 수 없음을 말해 줍니다. 성경에서 예수님께서도 "너희는 이렇게 기도하라"(마 6:9), "시험에 들지 않게 깨어 기도하라"(마26:41)등 여러 곳에서 제자들에게 명하셨습니다. 그렇다고 해서 제자들의 기도가 예수님과 관계없이 하나님께 상달 될 수 있다고 생각해서는 안 됩니다. 뿐만 아니라, 죄로 인한 우리의 연약성 때문에 우리의 기도를 성령께서 도우셔서 간구해 주시는 것입니다. "이와 같이 성령도 우리 연약함을 도우시나니 우리가 마땅히 빌 바를 알지 못하나 오직 성령이 말할 수 없는 탄식으로 우리를 위하여 친히 간구 하시느니라. 마음을 감찰하시는 이가 성령의 생각을 아시나니 이는 성령이 하나님의 뜻대로 성도를 위하여 간구 하심이니라"(롬8:26-27)

그러므로 하나님께 드리는 기도의 직접적인 주체는 어디까지나 우리의 구속 주이신 그리스도 한 분 뿐이십니다. 성도는 반드시 예수님을 믿고 성령으로 거듭나 예수님의 이름으로 기도를 해야 합니다. 물론 예수님의 이름으로 하되 성령으로 기도해야 합니다.

**둘째, 기도의 요건입니다.** 성도들이 구속 주이신 예수 그리스도의 이름으로 하나님께 기도를 드림에 있어서 반드시 먼저 갖추어야 할 요건들이 몇 가지가 있습니다.

1) 하나님과의 화목해야 한다. 타락으로 인하여 하나님과 원수 된 상태에서의 인간의 기도가 절대 효력이 있을 수 없습니다. 그러므로 우리의 기도가 효력 있는 기도가 되기 위해서는 하나님과의

화목이 무엇보다도 중요한 요건이 됩니다. 죄로 말미암아 더러워진 인간이 어떻게 거룩하신 하나님과 화목할 수 있을까? 만일 타락한 인간이 하나님과 화목하게 되지 않는다면 절대로 하나님께 기도를 드릴 수 없으며 설령 드린다 해도 아무런 효과를 얻을 수는 없을 것입니다. 그렇기 때문에 우리의 구속 주이신 예수 그리스도께서 죄의 대가를 대신 지불하시고, 타락한 인간과 하나님과의 화목을 이루어 주신 것입니다. 반드시 예수를 주인으로 영접하여 의롭게 된 자만 하나님께 성령으로 기도할 수가 있습니다. "모든 것이 하나님께로 났나니 저가 그리스도로 말미암아 우리를 자기와 화목하게 하시고 또 우리에게 화목하게 하는 직책을 주셨으니,"(고후5:18). 예수님의 보혈의 공로에 힘입어 영이요, 생명이신 하나님께 나아가 기도할 수가 있는 것입니다. 죄가 사해졌기 때문입니다.

그러므로 성도가 하나님과 화목을 이룬 사실은 그리스도를 떠나서는 절대로 생각 할 수가 없는 것입니다. 예수님께서 아버지께 드리는 기도의 내용 중에 "아버지께서 내 안에 내가 아버지 안에 있는 것 같이 저희도 하나가 되어 우리 안에 있게 하사…."(요17:21)라고 말씀하고 있습니다. 즉 우리 성도가 하나님과 화목을 이루는 방법은 하나님과 예수님이 하나가 되시고, 다음으로 예수님과 우리 성도가 하나가 되는데서 이루어진다는 의미가 됩니다.

즉 예수님만을 통하여 하나님과 우리가 화목을 이룰 수 있다는 것입니다. 사람(아담:죄인)이 예수를 믿음으로 죄인이 죽고 예수로 다시 태어나 의인이 되어야 하나님과 화목을 이룰 수 있는 것입니다. 이렇게 하나님과의 화목이 이루어져야 기도의 첫째 요건이 갖추어집니다.

2) 그리스도와의 연합이다. 성도들의 그리스도와의 연합은 예수를 믿을 때 죄인이던 나는 죽고 예수님으로 다시 태어나야 가능한 것입니다. 예수님으로 다시 태어난 우리 성도들은 그리스도와 연합된 지체가 되었을 때 효력있는 기도를 드릴 수 있게 됩니다. 지체라 함은 예수를 주인으로 영접한 자를 말합니다. 성경은 이렇게 강조합니다. "그에게서 온 몸이 각 마디를 통하여 도움을 입음으로 연락하고 상합하여 각 지체의 분량대로 역사하여 그 몸을 자라게 하며 사랑 안에서 스스로 세우느니라."(엡4:16). 하나님의 사랑으로 우리가 하나님과 화목하게 되었습니다.

만일 지체라도 예수 그리스도에게서 떨어지면 절대로 효력있는 기도는 드릴 수가 없습니다. 참포도나무이신 예수님께 붙어있는 성도만이 기도할 자격이 주어지는 것입니다. "내가 참 포도나무요 내 아버지는 그 농부라 무릇 내게 있어 과실을 맺지 아니하는 가지는 아버지께서 이를 제해 버리시고 무릇 과실을 맺는 가지는 더 과실을 맺게 하려하여 이를 깨끗케 하시느니라…. 너희가 내안에 거하고 내 말이 너희 안에 거하면 무엇이든지 원하는 대로 구하라 그리하면 이루리라. 너희가 과실을 많이 맺으면 내 아버지께서 영광을 받으실 것이요. 너희가 내 제자가 되리라. 아버지께서 나를 사랑하신 것 같이 나도 너희를 사랑하였으니 나의 사랑 안에 거하라. 내가 아버지의 계명을 지켜 그의 사랑 안에 거하는 것 같이 너희도

내 계명을 지키면 내 사랑 안에 거하리라.  내가 이것을 너희에게
이름은 내 기쁨이 너희 안에 있어 너희 기쁨을 충만하게 하려함이
니라."(요15:1-11)

머리되신 그리스도에게서 잘려진 자는 그리스도의 이름으로 하
나님께 기도할 수 없기 때문입니다. 우리 성도가 그리스도의 지체
가 되었다는 것은 하나님의 아들이 되었다는 의미를 포함하고 있
습니다. 예수님께서 "너희 중에 누가 아들이 떡을 달라하면 돌을
주며 생선을 달라하면 뱀을 줄 사람이 있겠느냐"(마7:9-10)고 하
신 말씀은 바로 하나님의 아들 예수 그리스도와 신령한 연합을 이
루어 자녀의 명분을 얻은 자들의 기도를 들어 주신다는 약속이기
도 합니다. 결국, 진정한 의미에서의 기독교적 바른 기도의 요건은
예수 그리스도의 화목제물로 말미암아 예수로 죽고 다시 태어난
그리스도와의 연합에 의한 하나님과의 화목입니다.


**셋째, 기도의 대상입니다.** 세상 사람들은 실제로 존재하지도 않
는 상상적인 존재나 또는 자기들이 만든 우상에게 기도를 합니다.
알지 못하는 세상 신에게 기도하는 것입니다. 그러나 기독교에서
는 성경이 가르치는 전능하신 하나님 아버지께 기도를 드립니다.

물론 삼위의 구별 없이 성부-성자-성령이신 삼위일체의 하나님
께 기도를 드립니다. 그러나 여기서 논하려고 하는 것은 어떠한 하
나님이 기도의 대상이 되느냐는 문제를 논하려는 것입니다. 물론
여러 가지로 묘사할 수도 있겠으나 크게 나누어서 두 가지로 표현

할 수 있습니다.

1) 전능하시고 무소부재하신 하나님께 드린다. 우리가 하나님께 기도를 드린다는 것은 그가 전능자라는 전제 아래서 가능한 것입니다. 우주와 만물을 지으시고 주관하시며 섭리하시는 전능자 하나님만이 효력있는 기도의 응답자가 되실 수 있기 때문입니다. 성도가 드리는 기도는 찬송과 감사, 자백, 간구 등으로 엮어 지는데 전능자가 아니시면 어떻게 찬송의 대상이 되며, 감사를 드리며, 자백과 간구를 할 수 있겠습니까? 혹시 한다하더라도 전능하신 하나님 외에 그 누구도 그 무엇도 절대로 찬송과 감사, 자백과 간구의 대상이 될 수 없습니다. 혹자들은 마리아나 베드로 또는 불상이나 조상의 영들을 기도의 대상으로 삼는 자들이 있습니다. 그러나 이 모든 것들은 하나님의 피조물에 불과한 무능한 존재들입니다.

무능한 어린 아이에게 나의 사업을 도와 달라는 간청이나 찬송과 감사가 가능하겠습니까? 누구나 자신의 소원을 요청 할 때는 불가 능자에게 요청하지 않고 가능자에게 요청한다는 것은 당연한 것이 아니겠습니까?

하나님께서 전능하시다는 것은 능력이 온전하시다는 뜻으로서 모든 능력이 하나님의 것이라는 의미를 담고 있습니다. 그러므로 만사가 하나님의 기쁘신 뜻에 의하여 하나님의 전적인 능력으로만 이루어지는 것입니다. 그렇기 때문에 기독교가 온 우주 만물을 당신의 기쁘신 뜻대로 주관하시는 전능하신 하나님을 기도의 절대 대상으로 삼는 것은 너무도 당연한 일입니다.

2)보이지 않지만 살아서 역사하시는 하나님께 드린다. 하나님께서는 예수님을 믿고 성령으로 거듭나 예수님을 주인으로 모신 성도들의 기도만을 들어 주십니다. 예수님을 믿을 때 죽었고, 다시 예수님으로 사는 성도의 기도는 예수님의 이름으로 성령의 인도를 받아야 합니다. 하나님은 영이십니다. 영이신 하나님께 기도를 드리려면 성령으로 세례를 받고 성령의 불세례를 받아 성령으로 충만한 가운데 기도를 드려야 하나님께서 들으시고 응답하시는 것입니다. "구하라 그러면 너희에게 주실 것이요, 찾으라. 그러면 찾을 것이요, 문을 두드리라 그러면 너희에게 열릴 것이니 구하는 이마다 얻을 것이요, 찾는 이가 찾을 것이요, 두드리는 이에게 열릴 것이니라. 너희 중에 누가 아들이 떡을 달라 하면 돌을 주며 생선을 달라 하면 뱀을 줄 사람이 있겠느냐. 너희가 악한 자라도 좋은 것으로 자식에게 줄줄 알거든 하물며 하늘에 계신 너희 아버지께서 구하는 자에게 좋은 것으로 주시지 않겠느냐."(마7:7-11). 성령의 감동을 따라 구해야 합니다. 요한복음 17장에 기록된 예수님의 기도 내용을 보면 하나님을 아버지로, 예수님 자신을 아들로 호칭하면서 기도드린 것을 볼 수 있습니다. 아버지 하나님께서 기도의 대상이 되시는 것은 "내 것은 다 아버지의 것이요 아버지의 것은 내 것 이온데…."(요17:10)라는 원리에서 이해되는 진리입니다.

아버지와 아들과의 관계는 사랑을 하는 자와 사랑을 받는 자의 관계요, 주는 자와 주는 것을 받는 자의 관계입니다. 그러므로 하나님의 자녀인 성도는 아버지이신 하나님을 기도의 대상으로 삼는 것입니다. 아버지의 것과 아들의 것이 따로 있는 것이 아니고, 아버지의 것이 곧 아들의 것이기 때문에 하나님의 아들 예수 그리스도와 연합이 되어 양자의 명분을 얻은 성도가 아버지 되신 하나님께 예수의 이름으로 기도를 드리는 것은 너무도 당연한 것입니다.

결국 기독교의 참된 기도는 천지와 만물의 주인이 되시며, 주관자가 되시는 하나님과 구속받은 성도들의 아버지가 되시는 하나님을 기도의 대상으로 삼고 있는 것입니다. 그것은 하나님만이 예수님의 이름으로 드리는 성도들의 기도를 들어 주실 수 있는 능력이 있으신 분이시며 들어 주셔야 하는 관계를 맺고 계신 분이시기 때문입니다. 하나님을 보이지 않지만 살아계시며 무소부재하십니다.

**넷째, 기도의 방법입니다.** 하나님은 영이십니다. 고로 하나님과 같은 영적인 상태에서 기도해야 합니다. 하나님과 같은 영의 상태는 성령으로 충만한 상태를 말하는 것입니다. 성령으로 영의 상태에 들어가려면 반드시 성령으로 세례를 받아야 합니다. 성령으로 세례를 받으려면 예수를 믿어야 합니다. 예수를 믿고 성령의 역사가 있는 장소에 가서 기도할 때 성령으로 세례를 받는 것입니다.

성령의 세례에 대하여는 **"성령의 불세례에 숨은비밀"** 책을 참고하시기를 바랍니다. 예수를 믿는 성도가 영적인 생활을 하는 것은 영적인 원리가 있습니다. 원리들은 말씀 안에 있습니다. 말씀 안에서 기도하는 원리를 찾아 적용할 때 하나님과 통하는 기도를 할 수가 있습니다. 반드시 성령 안에서 성령으로 기도를 해야 합니다.

1) 성령으로 기도한다. 성령의 지배 가운데 성령으로 기도를 해야 영이시며 살아계신 하나님께 상달되는 기도가 되는 것입니다. "사랑하는 자들아 너희는 너희의 지극히 거룩한 믿음 위에 자신을 세우며 **성령으로 기도하며, 하나님의 사랑 안에서** 자신을 지키며 영생에 이르도록 우리 주 예수 그리스도의 긍휼을 기다리라"(유 20-21). 하나님은 성령으로 기도를 하라고 합니다. 성령으로 기도를 해야 영이신 하나님이 들어주시기 때문입니다. 성령으로 기도한다는 것은 자신은 잠잠한 가운데 성령이 감동하시는 대로 기도하라는 것입니다. 자기의 생각이나 욕심을 가지고 머리로 입술로 갈구하며 기도하는 것은 성령으로 기도하는 것이 아닙니다. 성령의 감동에 따라 하는 것이 성령으로 기도하는 것입니다. 성령의 깊은 임재에 들어가면 성령께서 순간순간 감동을 주십니다. 이 성령님이 감동을 주시는 것을 기도하라는 것입니다.

2) 성령 안에서 기도한다. 성령의 인도를 받아서 성령의 지배와 장악된 가운데 기도를 해야 하는 것입니다. 일반적인 크리스천들이 기도할 때 목으로, 입술로, 생각으로 기도를 합니다. 바르게 알아야 할 것은 하나님은 영이시라 이런 기도는 들으시지 못합니다. 성경은 성령 안에서 기도하라고 말씀하시고 있습니다. **"모든 기도와 간구를 하되 항상 성령 안에서 기도하고 이를 위하여 깨어 구하기를 항상 힘쓰며 여러 성도를 위하여 구하라"**(엡6:18)

성령 안에서 기도하라는 것은 성령의 지배 가운데 기도하라는 것입니다. 성령의 지배를 떠나지 말고 성령의 지배 상태에서 기도하라는 것입니다. 그래서 저는 저희 교회에 오셔서 치유를 받고 능력을 받는 분들에게 성령께서 지배 되었을 때, 자신에게 어떤 현상이 일어나는 가를 알고 그 상태를 유지하라고 합니다. 이것이 성령의 지배 상태입니다. 성령의 지배 상태에서 영으로 기도를 하면 하나님이 들어주십니다. 우리는 영적인 존재라는 것을 알아야 합니다. 영은 모두 말(소리)로 통합니다. 그래서 하나님은 말씀을 우리에게 주시고 순종하며 살라고 하시는 것입니다. 하나님의 뜻과 말씀은 하나님과 같은 영의 상태에서 들리고 깨달을 수 있는 것입니다. 성령 안에서 기도합시다.

3) 생각이나 제목을 가지고 기도하지 말아야 한다. 자신의 생각이나 자신의 문제나 평소 하는 기도제목을 가지고 기도하는 것은 인간적이고 육체의 기도입니다. 이런 기도는 하나님께서 듣지 못하십니다. 우리는 무엇이 영인지, 무엇이 육인지를 구분할 줄 알아야 합니다. 자신의 생각이나 문제를 가지고 기도하는 것은 육의 기도이기 때문에 영이신 하나님이 들을 수가 없습니다. 들을 수가 없으니 응답할 수가 없는 것입니다. 반드시 성령 안에서 성령으로 기도해야 영이신 하나님의 뜻에 따라 기도할 수가 있는 것입니다.

**다섯째, 기도의 내용입니다.** 간단하게 성령께서 떠오르게 하시고 감동하시는 내용으로 기도해야 합니다. 혹자들은 하나님께 무슨 내용의 기도든지 열심히 오랫동안 드리기만 하면 응답해 주시는 줄로 생각하는 이들이 있습니다. 그래서 기도가 만사를 자기의 소원대로 성취하는 비법인 양 생각하고 올바르지 못한 기도에 몰두하는 자들을 흔히 보게 됩니다. 그러다가 응답이 없으면 하나님을 원망하기도 합니다. 심하면 교회를 떠나기도 하는 것입니다.

그러나 기독교의 기도는 그것이 아닙니다. 예수님께서는 마태복음 6장에서 제자들에게 구체적인 기도의 내용을 가르치셨습니다. 물론 앞에서도 언급했지만 찬송과 감사, 자백과 간구가 기도의 내용입니다. 여기서 언급하고자 하는 것은 구체적인 내용보다는 내용의 근본 문제를 취급하려고 합니다.

1) 하나님의 뜻을 구한다. 예수님께서 마태복은 6장 39절의 겟세마네 동산에서 "나의 원대로 마옵시고 아버지의 원대로 하옵소서"라고 기도하셨고, 마태복음 6장 10절에 제자들에게 가르친 기도 내용 중에도 "뜻이 하늘에서 이룬 것 같이 땅에서도 이루어지어다"라고 하셨습니다. 모든 만사가 하나님의 정하신 뜻에 의하여 성취되어 가는데 감히 누구의 뜻이 첨가될 수 있단 말입니까? 야고보서에서도 정욕으로 쓰려고 잘못 구하면 얻지 못한다고 가르치고 있습니다. 하나님의 뜻은 성령님이 알고 계십니다.

고로 성령으로 기도를 해야 합니다. 성령의 소욕을 따라 기도해야 합니다. "너희가 욕심을 내어도 얻지 못하고 살인하여 시기하여도 능히 취하지 못하나니 너희가 다투어 싸우는 도다. 너희가 얻지 못함은 구하지 아니함이요, 구하여도 받지 못함은 정욕으로 쓰려고 잘못 구함이니라."(약4:2-3)

성도는 마땅히 내 뜻은 무너지고 하나님의 뜻이 이루어지기를 기도해야 합니다. 혹자는 반문하기를, 그렇다면 기도할 필요가 없지 않느냐고 할 것입니다. 그러나 하나님께서는 자기의 기쁘신 뜻을 위하여 우리 속에 소원을 두셔서 하나님의 뜻을 구하게 해 주시는 것입니다. "너희 안에서 행하시는 이는 하나님이시니 자기의 기쁘신 뜻을 위하여 너희로 소원을 두고 행하게 하시나니"(빌2:13)

다시 말하면, 성령하나님께서 성도들에게 기도할 마음을 주시고 소원을 주셔서 기도하게 하십니다. 그래서 모든 일이 하나님의 뜻대로 되어지는 줄을 우리로 알게 하시는 것입니다.

우리는 성경에서 성도들의 기도로 인하여 하나님께서 뜻을 돌이키셨다는 기록을 자주 보게 됩니다. 백성을 위한 모세의 기도, 히스기야의 기도, 다윗의 기도 등등의 경우입니다. 그러나 이 모든 내용들은 자세히 알고 보면 모두가 본래 하나님께서 작정하신 뜻대로 이루신 것임을 알 수 있습니다. 히스기야의 기도는 하나님의 본래의 작정하신 뜻대로 다윗의 왕조를 잇게 하시려고 히스기야의 아들 므낫세가 출생하여 자라기까지 히스기야의 생명을 십 오년 동안 연장시켜 주신 것입니다. 그러므로 하나님께서 성도들의 기도를 들으시고 뜻을 돌이키셨다고 하는 것은 하나님의 근본 뜻을 돌이키셨다는 것이 아니고 섭리 과정에서 성도들로 하여금 하나님의 뜻을 깨닫게 하시려는 한 방법을 말하는 것입니다.

2) 하나님의 약속을 구한다. 하나님의 약속들은 성도들이 하나님께 드려야 할 성경이 가르치는 올바른 기도의 내용입니다. 구약 시대에 야곱, 모세, 다윗, 히스기야 등 유명한 선지자들의 기도가

모두 다 하나님의 약속들을 구하고 있다는 사실에 주목을 해야 합니다. 하나님의 약속은 성령께서 아시는 것입니다.

신약에 있어서도 예수님께서 가르치신 기도 내용이 모두 하나님의 약속에 근거하고 있습니다. 예수님께서 마태복음 6장 23절에서 "너희는 먼저 그의 나라와 그의 의를 구하라"고 한 말씀은 조금 앞에서 가르치신 주님의 기도 내용의 요약입니다. 하나님의 거룩한 영광, 천국의 내림, 뜻이 땅에서 이룰 것, 일용할 양식, 죄 용서, 악에서의 구출 등을 구하는 것은 바로 하나님의 나라와 하나님의 의를 구하는 것이며 이 모든 것들은 이미 우리에게 약속되어 있는 사실들임을 기억해야 합니다.

그러므로 참된 기도는 하나님의 뜻에 의하여 이미 약속된 것들을 그 내용으로 삼아야 하는 것이며 그와 같은 내용으로 드린 기도는 반드시 응답이 되어 이루어지는 것입니다. "너희가 기도할 때에 무엇이든지 믿고 구하는 것은 다 받으리라 하시니라"(마 21:22) "진실로 다시 너희에게 이르노니 너희 중에 두 사람이 땅에서 합심하여 무엇이든지 구하면 하늘에 계신 내 아버지께서 저희를 위하여 이루게 하시리라."(마18:19) "그 날에 너희가 아무 것도 내게 묻지 아니하리라, 내가 진실로 진실로 너희에게 이르노니 너희가 무엇이든지 아버지께 구하는 것을 내 이름으로 주시리라."(요16:23)

마가복음 11장 24절에 보면, 예수께서 제자들에게 무엇이든지 기도하고 구하는 것은 받은 줄로 믿으라고 하신 말씀이 있습니다.

이 내용에서 받은 줄로 믿는다는 말은 하나님의 약속에 근거하는 말입니다. 믿음은 하나님의 약속에서 나옵니다. 그러므로 구한 것을 받은 줄로 믿는다는 것은 하나님의 약속을 구했을 때에 만이 가능한 것입니다. 하나님께서 성령으로 자신에게 마음을 열고 기도하게 하신 것만이 이루어진다는 것입니다. 누가복음 11장 1절 이하에 보면, 예수께서 제자들에게 기도를 가르쳐 주시고 기도하라는 것을 벗의 비유를 들어서 교훈하신 내용이 있습니다. 이 내용은 하나님께서 구하는 자에게 약속하신 성령을 주실 것을 말씀해 주신 것입니다. 그리고 18장 1절 이하에 보면, 예수께서 제자들에게 불의한 재판관의 비유로 기도 할 것을 가르쳐 주신 내용이 나옵니다. 이 내용 역시 예수께서 제자들에게 약속하신 재림이 반드시 이루어질 것이니까 기도하라는 뜻으로 교훈하신 말씀인 것입니다.

대부분의 성도들은 무엇이든지 하나님께 정성을 다해 오랫동안 계속해서 간절히 갈구하며 기도만 하면 다 이루어진다고 알고 있습니다. 이것은 분명히 잘 못 알고 있는 것입니다. 하나님의 뜻이나 약속된 것이 아닌 것은 아무리 기도를 열심히, 정성을 다해 드린다 할지라고 절대로 이루어질 수가 없는 것입니다. 따라서 기독교의 바른 기도의 내용은 어디까지나 하나님의 만세전의 정하신 뜻에 따라 우리에게 약속된 것들임을 알 수 있습니다. 결국, 기독교적인 바른 기도란 그리스도의 공로로 자녀 된 자들이 전능하신 하나님 아버지께 약속된 뜻을 구하는 것입니다.

# 3장 나는 기도를 바르게 하고 있을까?

(엡6:18)"모든 기도와 간구를 하되 항상 성령 안에서 기도하고 이를 위하여 깨어 구하기를 항상 힘쓰며 여러 성도를 위하여 구하라"

기도는 반드시 성령으로 해야 합니다. 이유는 성도는 예수를 믿고 죄인된 아담(자신)은 죽고 예수로 다시 태어났기 때문입니다. 예수로 다시 태어나 예수님의 인생을 사는 성도는 당연하게 성령으로 기도를 해야 되는 것입니다. 기도는 영이시며 살아계신 하나님과의 대화이기 때문입니다. 기도는 예수를 믿고 성령으로 거듭난 성도의 기본입니다. 모든 영성 생활이 기도로 시작이 됩니다.

이 중요한 기도가 잘못된다면 열심히 믿음 생활하면서도 하나님과 교통할 수가 없게 됩니다. 하나님은 영이십니다. 영이시며 살아계신 하나님과 교통하려면 우리가 영적이 되어야 합니다. 영적이 되려면 기도해야 합니다. 아무렇게나 기도한다고 영적이 될 수가 없습니다. 반드시 성령으로 기도를 해야 합니다. 성령으로 기도하는 것은 말로 하는 것이 아닙니다.

살아서 역사하시는 성령께서 기도를 이끌어가게 해야 한다는 것입니다. 성령께서 기도를 이끌어가게 하려면 영안에 계신 성령님을 밖으로 나타나게 해야 합니다. 성령님을 밖으로 나타나게 하는 것이 성령의 세례입니다. 성령으로 세례를 받아야 비로소 성령의 이끌림을 받는 기도를 할 수가 있습니다. 그럼 우리가 날마다 하는 기도에 무엇이 문제가 있을까요? 제가 그동안 성령으로 치유사역을 하면서 나름대로 체험한 것을 정리하면 이렇습니다.

**첫째, 샤머니즘전인 기도 접목입니다.** 저는 목사가 되기 전에 평신도 생활을 15년 정도 했습니다. 그런데 어느 목회자가 기도에 대하여 바르게 알려주지를 않았습니다. 그저 기도하세요. 기도해야 문제가 풀립니다. 기도해야 하나님과 교통할 수가 있습니다. 기도를 어떻게 하라고 원리를 알려주지 않고 무조건 기도하라고 합니다. 그러니 모두 지난 세월 하던 샤머니즘적인 기도를 합니다. 아침에 밥솥 앞에 정안수 떠놓고 기도하던 것이 생각이 나니 그렇게 기도를 합니다. 돌무더기 앞에서 갈구하며 기도하던 것이 생각이 나니 그렇게 기도를 합니다.

절에 가서 불공을 드리며 빌던 것이 생각이 나니 그렇게 기도를 합니다. 이렇게 기도를 해도 누구하나 기도를 바로 잡아주는 사람이 교회에 없습니다. 그러니 무조건 기도 많이 하면 믿음이 좋은 것으로 생각을 하고, 기도하면 거듭난 성도인줄 믿어버립니다. 그러나 여기 에는 엄청난 잘못이 숨어 있습니다. 기도는 영의 활동입니다. 기도를 어떻게 하는 가에 따라서 성령의 역사도 일어나고 귀신도 끌어들일 수가 있습니다.

무당들도 철야하면서 얼마나 기도를 많이 합니까? 무당들이 북을 치고 장구를 치면서 기도하면 귀신들이 옵니다. 무당들은 큰 귀신을 접신 받으려고 유명한 산에 가서 철야하며 기도합니다. 또 한 가지 웃기는 것은 기도하면서 팔을 흔들거나 몸에 진동이 오면 성령으로 충만한 줄로 압니다. 그러나 기도를 하면 좌우지간 영의 상태가 됩니다. 귀신의 영향도 잘 받는 상태이고 성령의 영향도 잘 받는 무의식 상태가 됩니다. 이때 성령으로 충만한 사람은 성령의 역사가 나타나는 것입니다.

그러나 예수를 믿어도 샤머니즘적인 신앙의 잔재를 성령으로 치유 받지 못했으면 불을 보는 것과 같이 환한 귀신의 역사가 나타나는 것입니다. 일부 영적으로 눈이 열린 목회자들이 우려를 하고 있는 것이 사실입니다. 문제는 그런 양신의 역사를 분별하여 해결하지 못하는 것에 있습니다. 우리 기독교인들이 영적인 수준을 높여야 합니다. 그래서 "기도클리닉"을 하여 샤머니즘적인 기도가 성령의 인도받는 성령으로 하는 영의 기도가 되도록 해야 합니다.

기도회를 인도할 때 보신 분들은 제가 하는 이야기를 이해하실 것입니다. 예를 든다면 가족 중에 무당의 내림이 있는 분은 진동을 심하게 합니다. 팔을 흔들고 머리를 흔들면서 기도를 합니다. 더 지나면 발을 동동 구르면서 기도를 합니다. 이는 성령이 충만해서 일어나는 현상이라고 단정을 지으면 안 됩니다. 정확하게 성령의 임재로 무당의 영이 정체를 드러내는 것입니다.

그리고 중풍의 영향을 받는 분들도 팔과 다리를 흔들면서 기도를 합니다. 일부 초보 목회자들이 이를 성령의 역사라고 우기는 분들도 있습니다. 그러나 아닙니다. 성령의 지배가 아니면, 그 사람 안에 역사하는 악한 세력이 정체를 폭로한 것입니다.

이것을 분별하여 해결해야 할 분들이 누구입니까? 목회자분들입니다. 제가 분명하게 말씀을 드리면 기도하면 만사가 해결되는 것이 아닙니다. 바르게 성령으로 성령 안에서 기도를 해야 합니다. 성령으로 정확하게 기도를 하면 앞에서 지적한 모든 것이 해결 됩니다. 교회에서 이런 현상이 일어난다고 경계해서 해결 되는 것이 아닙니다. 원인을 찾아 해결해야 합니다. 우리 교회는 매 예배나 집회 시에 40-50분간 기도를 합니다. 기도를 시켜놓고 제가 돌아다니면서 안수를 합니다. 안수하면서 이상한 현상을 일으키거나 귀신의 역사가 일어나는 분들은 기도하는 행동이 이상합니다.

저는 기도를 정지시키고 안수를 합니다. 몇 번만 안수하면 모두 바르게 기도합니다. 왜냐하면 기도를 많이 해서 마음이 열려 있기 때문에 쉽게 드러나고 떠나가는 것입니다. 마음의 상처가 떠나가니 편안히 잔잔하게 기도를 합니다. 본인이 느낍니다. 기도도 성령으로 잘되고, 상처도 치유되고 영육의 질병도 문제도 해결되는 것을 말입니다. 목회자는 이런 상황을 영안으로 열어 분별하여 해결해주어야 합니다. 그래야 성도들이 영적으로 깊어지는 것입니다.

성도들이 기도를 많이 하고 신앙생활을 오래해도 변하지 않는 것은 목회자가 무조건 기도하면 문제가 해결이 된다고 하기 때문입니다. 무조건 기도하라고 해서 생각나는 대로 기도를 하니 이런 영적인 문제가 해결이 되지 않는 것입니다.

필자가 여기에서 부가해서 말한다면 기도할 때 마음 안에서 성령의 역사가 바르게 일어나면 샤머니즘적인 잔재들이 떠나갑니다. 그러기 때문에 성령으로 기도하면 잔잔하게 성령의 역사만 일어나는 것입니다. 분명하게 분별하여 치유해야 성도들이 하나님과 친밀하게 지내며 하나님의 복을 받을 수가 있습니다.

바른 기도를 하는 습관을 들여야 합니다. 습관이 잘못되면 고치는데 시간이 많이 걸리고 힘이 들기 때문입니다.

**둘째, 습관적인 기도입니다.** 기도를 바르게 하려면 제가 알려드리는 대로 기도를 해야 합니다. 기도는 영의 활동입니다. 그러므로 예수를 믿기 전에 세상에서 하는 것과 같은 식으로 갈구하며 기도를 하면 누가 역사를 하겠습니까? 이는 교회 안에서 기도해도 마찬가지입니다. 그래서 성경에 성령으로 기도하라. 성령으로 기도하라고 하는 것입니다. 자기가 세상에서 하는 기도를 과감하게 버리고 성령의 인도를 받는 기도를 해야 합니다. 성령의 인도를 받는 기도는 이렇게 하면 됩니다.

영의 통로가 열리지 않은 성도가 기도를 한다고 머리를 써서 중언부언하는 기도를 합니다. 하나님은 이렇게 중언부언 하는 기도는 들으시지 못합니다. 영의통로가 열리지 않았다고 생각되는 성도들은 이렇게 기도를 해야 합니다. 코로 숨을 아랫배까지 들이쉬고 내쉬면서  주여! 숨을 들이 쉬고 내 쉬면서 주여! 숨을 들이 쉬고 내 쉬면서 주여! 자연스럽게 주여! 주여! 를 하면 되는 것입니다. 방언으로 기도할 줄 아는 분들은 코로 숨을 아랫배까지 들이쉬고 내쉬면서 방언기도하고, 호흡을 들이쉬고 내쉬면서 방언기도를 합니다. 의식을 배꼽아래에 두고 최대한 호흡을 깊게 하면서 성령의 도우심을 받아가며 기도합니다. 의식을 배꼽 아래에 두라는 것은 생각이나 이성으로 기도하지 말고 전인격으로 기도하라는 것입니다. 온몸으로 기도가 되게 하라는 것입니다. 기도에 집중하라는 것입니다. 이렇게 주여! 주여! 주여! 하다가 어느 정도 충만해지면, ① 호흡을 들이쉬면서 하나님…. 내쉬면서 사랑합니다…. ② 호흡을 들이쉬면서 하나님…. 내쉬면서 도와주세요…. ③ 호흡을 들이쉬면서 하나님…. 내쉬면서 용서하여 주세요…. ④ 호흡을 들이쉬면서 하나님…. 내쉬면서 감사합니다…. 하나님 어떻게 합니까? 하나님 도와주세요. 하나님 지혜를 주세요. 하나님 해결방법을 알려주세요. 이 일을 어떻게 해야 합니까? 이렇게 마음 중심에서 나오는 자연스러운 말로 기도를 합니다. 이렇게 집중하며 기도를 하다가 보면 방언도 터지고 성령으로 충만해집니다. 이렇게 기도를 하면서 재미가 붙으니까, 기도하고 싶은 생각이 드는 것입니다. 내가 성령치유 사역을 하다가 경험한 바로는 주여! 주여! 주여! 하는 기도 아무나 못합니다. 주여! 주여! 주여! 만 잘해도 기도가 열린 성도입니다. 영의 통로가 막힌 성도에게 주여! 주여! 주여! 하라고 해도 죽어도 못합니다. 왜냐하면 마귀가 영을 내리 누르기 때문에 못하는 것입니다. 이것은 내가 지난 십 여 연간 성령치유 사역을 하면서 주여! 하는 기도를 시켜봤기 때문에 아주 잘 압니다. 장

로님도 권사님도 주여! 주여! 를 못하시는 분들이 다수 있습니다. 저는 이렇게 생각을 합니다. 주여! 주여! 주여! 하는 기도가 가장 기본적이면서 성령의 인도를 받기 쉬운 기도라고 말입니다. 주여! 주여! 주여! 하면서 기도하십시오. 하나님이 기뻐하십니다. 기도는 성령으로 쉽게 하는 것이 깊은 영의기도 입니다.

일단 이렇게 기도하여 영의통로를 뚫어야 합니다. 그다음에 마음으로 기도하고 영으로 기도하는 깊은 단계로 들어갑니다. 주의할 것은 코로 숨을 아랫배까지 들이쉬고 내쉬면서 주여! 를 하면 속에서 더러운 것들과 기침을 통해서 나가고 웃음과 울음이 터지기도 합니다. 이는 막혔던 영의통로가 뚫리면서 일어나는 성령의 역사입니다. 다른 문제는 기도에 관한 고정관념에 잡혀서 외형적 모습, 언어의 구사에 너무 신경을 쓰느라고 기도를 못하는 것입니다. 기도는 언어의 구사가 아닙니다. 하나님과 인격적인 관계로서 눈빛만 보아도 서로를 아는 관계에 들어가는 것이 바른 기도입니다.

그리고 특정한 장소에서 해야 기도가 된다는 잘못된 의식입니다. 기도는 교회, 산, 기도원, 새벽기도에서 하는 것이라는 기도에 대한 고정관념이 기도를 어렵게 만듭니다. 자연스럽게 어디서든지 성령의 지배 하에 마음으로 기도할 수 있어야 합니다. 기도의 본질은 무엇을 비는 것이라는 생각 때문입니다. 우리가 무속적인 기도인 '비나이다. 비나이다' 식의 갈구하는 기도의 개념은 문제없는 사람은 기도의 필요가 없다는 그릇된 생각을 가져왔습니다. 기계문명이 발달할수록 더욱 영성을 위하여 기도해야 하는데, 이러한 잘못된 생각 때문에 실상은 그 반대가 되었습니다.

문제가 하나님을 필요하게 만들어서는 안 됩니다. 하나님과 항상 교제함으로 문제가 해결되게 하세요. 기독교의 신앙의 본질은 예방 신앙이어야 합니다. 문제가 생기고 오기 전에 기도하여 예방하는 것이 바른 신앙입니다.

공동으로 모여서 하는 기도의 습관이 기도를 어렵게 합니다. 이러한 분위기가 아니면 기도할 수 없게 만드는 것은 좋은 기도의 습관이 아닙니다. 혼자서 자신 안에 계신 하나님에게 어디에서나 교제하고 대화할 수 있게 하는 기도가 되어야 합니다. 자신의 집에서도 마음으로 기도하시고, 차를 운전하시면서도 마음으로 기도하시고, 일을 하시면서도 마음으로 기도하시고, 전철을 타고 가시면서도 마음으로 기도하시기를 바랍니다. 기도는 이렇게 하나님에게 나의 생각과 마음을 하나님에게 집중하는 것이 바른 기도입니다.

**셋째, 중언부언 독백의 기도입니다.** 기도는 엄연하게 성령 안에서 성령으로 기도를 해야 하는 데 자신의 생각과 욕심을 가지고 중언부언하면서 갈구하며 기도를 합니다. 예수님을 믿기 전에 세상에서 하던 식으로 기도합니다. 새벽기도에 가서도 과거 정안수 떠놓고 빌던 방식대로 기도를 합니다. "무조건 비나이다"입니다. 실제로 제가 부교역자 할 때 제가 잘 아는 권사님이 계셨습니다. 이 권사님이 새벽기도에 나와서 꼭 제 뒤에서 기도를 하십니다. 제 뒤에서 기도를 하면 기도가 잘 된다고 꼭 제 뒤에서 기도를 합니다.

이분이 하는 기도가 너무나 재미가 있습니다. 기도하는 소리를 들어보면 이렇습니다.

"하나님! 우리 아들 직장생활 잘하게 해주시옵소서. 믿음생활도 잘하게 해주시옵소서. 손자들도 공부 잘하고 잘 자라게 해주시옵소서. 우리 큰 딸이 우울증에 걸려서 고생을 합니다. 우울증을 치유하여 주시옵소서. 우리 큰 사위가 술을 끊지를 못하고 있습니다. 술을 끊도록 도와주시옵소서. 외손자 외손녀가 상처 받지 않고 잘 자라게 해주시옵소서. 하나님! 우리 작은 딸이 질병으로 고생을 합니다. 병을 치유하여 주시옵소서. 사위도 사업이 잘되고 믿음 생활도 잘하게 하여 주시옵소서. 외손자가 건강하게 잘 자라기를 원합니다" 이렇게 조랑, 조랑, 조랑, 조랑, 조랑, 조랑, 하며 주시옵소서. 기도를 하는 것입니다. 이것이 무슨 이유입니까? 샤머니즘의 영향입니다. 돌무더기 앞에서 갈구하며 기도하던 습관 때문입니다.

필자라면 이렇게 기도하겠습니다. "하나님! 우리 아들이 살아계신 하나님을 날마다 만나며 체험하기를 원합니다. 하나님께서 저의 아들을 통하여 일하시기를 원합니다. 하나님께 쓰임을 받기를 원합니다. 우리 손자들도 어려서부터 성령으로 충만하고 예수님을 사랑하면서 공부 잘하고 예수님 안에서 자라게 해주시옵소서. 우리 큰 딸이 성령으로 충만 받기를 원합니다. 성령의 지배와 장악이 되기를 원합니다. 성령의 인도를 받아 우울증도 치유될 것을 믿습니다. 우리 큰 사위가 성령을 체험하고 성령충만 받기를 원합니다. 그래서 술을 먹을 때 쓴 독이 되어 토하도록 역사하여 주옵소서. 외손자 외손녀가 성령으로 충만한 믿음 생활하기를 원합니다. 영과 진리로 예배를 드리는 습관이 되기를 원합니다. 성령으로 역사하여 주옵소서. 하나님! 우리 작은 딸을 성령으로 지배하시고 장악되게 하여 주옵소서, 그리하여 질병에서 해방을 받아 하나님의 살아계심을 체험하게 하옵소서. 사위도 하나님을 뜨겁게 사랑하면서 하나님께 쓰임을 받는 성도가 되어 하는 사업이 잘되고 체험적인 믿음 생활을 하게 하도록 역사하여 주시옵소서. 외손자가 예수님 안에서 강건하게 잘 자라기를 원합니다."

이분이 제가 교회를 개척하고 집회할 때 찾아 오셨습니다. 자기 딸들이 몸이 불편하여 치유 받게 하려고 데리고 온 것입니다. 이 권사님이 오셔서 기도하다가 성령의 세례를 받고 방언이 터졌습니다. 따다다, 따다다, 하고 방언기도가 나오니까, 종전에 하던 식으로 아들과 딸들을 위하여 갈구를 할 수가 없는 것입니다. 저에게 따지는 것입니다. 왜 방언이라는 것을 받게 해가지고 나를 이렇게 답답하게 하느냐고 말입니다. 물어보니 이렇게 대답을 합니다. 아들과 딸들을 위하여 기도를 못하겠다는 것입니다. 제가 몇 번에 걸쳐서 설명을 하다가 이해하시지 못하여 그만 두고 권사님이 알아서 기도하시라고 한 적이 있습니다. 이와 같이 처음 교회에 들어올 때 기도에 대하여 바르게 가르쳐 주지 않으니 30십년을 예수를 믿어도 샤머니즘적인 갈구하는 기도를 탈피하지 못하는 것입니다.

**넷째, 통성으로 하는 기도입니다.** 교회에서 통성으로 기도를 할 때가 있습니다. 그때 통성를 기도 못하는 성도는 정말 죽을 맛입니다. 이것을 알아야 합니다. 제가 초신자 때 많이 당해봤기 때문에 잘 압니다. 저는 통성으로 기도하는 예배에는 아예 교회를 가지 않았습니다. 왜냐하면 통성기도를 못하기 때문에 가지 않았습니다. 통성기도 못하는 성도는 정말로 고역스러운 시간이 바로 통성기도 시간이기 때문입니다. 무슨 소리인지도 잘 모르면서 소리를 지르는 것입니다.

저는 이런 통성기도는 바로 육의기도, 혼의 기도로 하나님에게 상달이 될까 의아심을 가지고 있습니다. 교회마다 통성기도 하는 것을 보십시오. 나는 이렇게 기도를 잘한다. 하면서 자랑하는 면이 다분하게 있습니다. 기도를 성령으로 성령의 이끌림을 받으면서 해야 합니다. 차라리 이렇게 하는 편이 훨씬 좋을 것입니다. "통성기도를 못하시는 분들은 이렇게 기도하기를 바랍니다" 하고 기도를 시작하기 전에 기도 인도자가 미리 알려주어야 합니다.

통성기도 못하는 성도들은 숨을 코로 들이 쉬고 내 쉬면서 주여! 숨을 들이 쉬고 내 쉬면서 주여! 숨을 들이 쉬고 내 쉬면서 주여! 이렇게 하면 되는 것입니다. 방언도 못하고 기도도 열리지를 않은 성도들에게 무조건 통성으로 기도하라고 하니까, 기도 못하는 성도들은 아예 교회에 나오지를 않는 것입니다. 내가 초진자였을 때 그랬습니다. 그렇게 주여! 주여! 주여! 를 하다가 어느 정도 충만해지면, ① 호흡을 들이쉬면서 하나님…. 내쉬면서 사랑 합니다…. ② 호흡을 들이쉬면서 하나님…. 내쉬면서 도와주세요…. ③ 호흡을 들이쉬면서 하나님…. 내쉬면서 용서하여 주세요…. ④ 호흡을 들이쉬면서 하나님…. 내쉬면서 감사 합니다…. 이렇게 집중하며 기도를 하다가 보면 방언도 터지고 성령으로 충만해집니다. 이것도 못하면 호흡을 코로 깊게(방광까지) 들이쉬고 내쉬기만 하라고 하면 됩니다. 호흡만 깊게 들이쉬고 내쉬어도 성령으로 충만 받을 수가 있습니다. 이때 목회자가 가볍게 안수하면 성령의 충만함으로 기도가 터집니다. 이렇게 가볍게 해서 기도에 재미가 붙으니까, 교회에 가서 기도하고 싶은 생각이 드는 것입니다.

필자가 성령치유 사역을 하다가 경험한 바로는 코로 숨을 아랫배까지 들이쉬고 내쉬면서 주여! 주여! 주여! 하는 기도 아무나 못합니다. 주여! 주여! 주여! 만 잘해도 기도가 열린 성도입니다. 영의 통로가 막힌 성도에게 주여! 주여! 주여! 를 하라고 해도 죽어도 못합니다. 왜냐하면 마귀가 영을 내리 누르기 때문에 못하는 것입니다. 이것은 내가 지난 십여 년간 성령치유 사역을 하면서 주여! 하는 기도를 시켜봤기 때문에 아주 잘 압니다. 당신도 한 번 지금 주여! 를 해보기를 바랍니다. 만약 목회자가 이 책을 읽고 있다면 예배를 마치고 성도들에게 주여! 주여! 를 시켜보기를 바랍니다.

아마 내가 말한 것이 이해가 갈 것입니다. 앞에서도 거론이 되었지만 목사님도 사모님도 주여! 를 못하시는 분들이 다수 있습니다. 주여! 주여! 하면서 기도하십시오. 하나님이 좋아하십니다. 기도는 성령으로 쉽게 하는 것이 깊은 영의기도입니다. 그런데 일부 성도들이 기도가 어렵다고 합니다. 제가 이 책에서 알려드린 대로 기도하면 절대로 어렵지 않습니다. 오히려 기도가 즐겁게 될 것입니다. 기도하지 말라고 해도 기도하게 됩니다.

**다섯째, 제목 기도입니다.** 필자가 신학대학원 다닐 때와 부교역자 할 때 몇몇 교회를 다니면서 체험한 것입니다. 전부가 그런 것이 아니고 일부 교회가 이렇다는 것입니다. 금요 철야나 기도회가 있는 날이면 이렇게 기도를 합니다. 1부에 일반적인 예배를 드립니다. 2부 기도회가 진행됩니다. 기도회 인도자가 나와서 찬양을 부릅니다. 제가 지금 하는 이야기는 일반적으로 하는 것으로 분별하여 고쳐야 할 기도회를 말씀드리는 것입니다. 이렇게 하라고 알려드리는 것이 아닙니다.

기도회 인도자가 통성으로 기도회를 은혜롭게 인도하게 해달라고 성령님에게 부탁하는 기도를 합니다. 그리고 이렇게 말합니다. 오늘 기도회는 이런 제목으로 기도회를 진행합니다. 먼저 나라와 민족을 위하여 합심하여 기도합니다. 찬양 한 곡 부르고 주여! 세 번 부르고 기도합니다. 그리고 마침기도는 김 권사님이 해주십니다. 그래서 청중들이 찬양하고, 주여! 주여! 주여! 세 번하고 뜨겁게 한 3-5분 기도합니다. 김 권사가 마침기도를 합니다.

인도자가 이번에는 교회의 부흥성장을 위하여 합심하여 기도합니다. 찬양 한 곡 부르고 주여! 세 번 부르고 기도합니다. 그리고 마침기도는 박 권사님이 해주십니다.

그래서 청중들이 찬양하고, 주여! 주여! 주여! 세 번하고 뜨겁게 한 3-5분 기도합니다. 박 권사가 마침기도를 합니다. 다시 기도회를 인도하는 인도자가 이번에는 담임목사님의 건강과 영력을 달라고 합심하여 기도합니다. 찬양 한 곡 부르고 주여! 세 번 부르고 기도합니다. 그리고 마침 기도는 정 집사님이 해주십니다. 그래서 청중들이 찬양하고, 주여! 주여! 주여! 세 번하고 뜨겁게 한 3-5분 기도합니다. 정 집사가 마침기도를 합니다.

다시 기도회를 인도하는 인도자가 이렇게 말합니다. 이번에는 교회의 풍성한 재정의 축복을 달라고 합심하여 기도를 합니다. 찬양 한 곡 부르고 주여! 세 번 부르고 기도합니다. 그리고 마침기도는 성 집사님이 해주십니다. 그래서 청중들이 찬양하고, 주여! 주여! 주여! 세 번하고 뜨겁게 한 3-5분 기도합니다. 성 집사가 마침기도를 합니다. 이런 식으로 기도하고 자 이제 5분 동안 자신과 가정을 위하여 찬양 한 곡 부르고 주여! 세 번 부르고 기도합니다. 그리고 마침기도는 오 집사님이 해주십니다. 그래서 청중들이 찬양하고, 주여! 주여! 주여! 세 번하고 뜨겁게 한 3-5분 기도합니다. 오집사가 마침기도를 합니다.

대략 이렇게 기도회가 진행이 됩니다. 머리로 생각하고 사회자가 정해준 기도 제목에 따라서 기도하기 때문에 성령의 인도를 받을 필요도 없고 성령의 인도를 받을 수도 없습니다. 자연스럽게 인간적이고 육적인 기도가 되고 마는 것입니다. 육적인 기도를 영이신 하나님이 들어주시지 않습니다. 이런 기도를 하니 성도들이 영적으로 깊어질 수도 없고 성령 안에서 기도할 수도 없는 것입니다.

기도회는 성령의 인도를 받으며 기도할 수 있도록 기도회를 인도해야 합니다. 어떻게 하면 성령의 인도를 받으면서 기도할 수가 있을까요? 조금만 깊게 생각하면 알 수가 있습니다. 이렇게 인도하여 보시기를 바랍니다. 먼저 기도 제목을 모두 알려주고 성령이 인도하는 대로 기도하라고 합니다. 지금부터 한 시간 동안 깊은 영의기도를 합니다. 하고 담임목회자는 기도가 어느 정도 깊어지면 돌아다니면서 안수를 하는 것입니다. 이해하기 힘이 든다면 이 책을 끝까지 읽어보시면 깨닫게 됩니다.

**여섯째, 열심히 하는 기도입니다.** 열심히 기도하면 문제가 해결이 된다고 합니다. 그래서 기도원마다 철야를 하면서 열심히 기도를 합니다. 무엇을 어떻게 해야 할지도 모르면서 막연하게 기도합니다. 그저 해결하여 달라고 갈구하며 기도를 합니다. 이런 식으로 천일을 철야하며 기도해도 문제는 해결되지 않습니다. 오히려 생각지도 못한 문제가 생길 수도 있습니다. 그렇다고 기도하지 말라는 말은 아닙니다. 오해하지 마시기를 바랍니다.

기도를 어떻게 하라고 알려주지 않고 무조건 저녁마다 철야하고 기도하면 문제가 풀린다고 합니다. 그래서 기도원마다 철야를 하는 성도들이 있습니다. 그런데 철야하다가 이혼하는 성도가 많다는 것입니다. 실제로 내가 저녁마다 철야하고 새벽에 오는 성도의 남편에게 물어보았습니다. 밤마다 철야할 때 기분에 어떠했느냐고 말입니다. 그랬더니 이를 갈고 있었다는 것입니다. 죽이고 싶을 정도로 미웠다는 것입니다. 그래서 문제가 풀렸냐고 물었습니다. 더 악화되었다는 것입니다.

지금 사면초가에 걸려있다는 것입니다. 무조건 철야한다고 문제가 해결이 되는 것이 아닙니다. 반드시 말씀과 성령의 역사로 문제의 원인을 찾아 성령의 이끌림을 받는 깊은 기도를 해야 합니다. 깊은 기도를 하면서 원인을 영 안으로 보면서 영상기도하면서 회개도 하고 영적인 전쟁을 하면 문제는 서서히 해결이 됩니다.

그러나 막연하게 철야하면 해결이 되겠지 하면서 천일을 철야를 해도 문제는 해결되지 않습니다. 문제는 영적인 원리를 적용하지 않고 막연하게 철야만 한다는 것입니다. 영적인 원리에 따라 분명하게 적용을 하면서 기도를 해야 하는 것입니다. 반드시 영적인 조치를 하면서 기도를 해야 문제가 해결이 되는 것입니다.

우리나라 성도들이 기도를 엄청나게 많이 합니다. 그러면서도 정작 문제가 해결되지 않고 능력이 나타나지 않는 것은 바른 기도를 하지 않기 때문입니다. 한마디로 성령 안에서, 성령으로 기도하지 않기 때문입니다. 기도는 반드시 성령으로 성령 안에서 해야 합니다. 우리 성도들은 이런 기도를 예수를 믿고 교회에 발을 딛으면서 부터 숙달해야 합니다. 그렇지 않으면 샤머니즘적인 갈구하며 하는 기도가 될 소지가 있습니다.

**일곱째, 변화 없는 기도입니다.** 반드시 성령 안에서, 성령으로 기도하면 변화되게 되어 있습니다. 그럼 왜 그렇게 기도를 많이 하는데 변화되지 않고 더욱 성격이 예민해질까요? 제가 부교역자를 할 때 경험적으로 느끼고 안 것입니다. 이상하게 새벽기도에 빠지지 않고 잘 나와서 기도하고, 모든 예배에 빠지지 않고 잘 드리고, 십일조 정확하게 잘 드리고, 구역예배 잘 드리는 성도가 남이 하는 조그마한 소리도 받아들이지 못하고 분노하며 혈기를 내는 것입니다. 그러면서 그 성도가 늘 하는 말이 목사님 저는 기도를 많이 해서 신경이 예민해져서 남이 하는 조그마한 잔소리도 듣지를 못합니다. 그렇게 말하는 것입니다. 이 성도는 이러한 경우 때문에 기도는 많이 하지만 변하지 않고 혈기가 심한 것입니다. 기도는 영의 활동입니다.

사람은 마음 안에 영이 있습니다. 그래서 마음을 열어라, 마음을 열어라 하는 것입니다. 마음을 열어야 성령으로 영의 활동이 일어나기 때문입니다. 그런데 이 성도는 마음 안에 있는 영이 상처로 인하여 눌려있는 상태입니다. 그래서 이런 분들이 이구동성으로 하는 말이 나는 하루라도 기도를 쉬면 죽는다고 말을 합니다. 육신적인 눈으로 보면 아주 좋은 현상입니다. 그러나 영의 눈을 열어 영적으로 보면 문제가 있습니다. 상처 뒤에는 악한 영이 웅크리고 있습니다. 이 악한 영은 어떻게 하든지 사람의 영을 압박하여 충만하지 못하게 하려고 합니다.

그렇기 때문에 영안에 있는 성령의 역사가 밖으로 표출되지 못하는 것입니다. 이런 분들은 기도를 하면 영의 활동이 일어나 영안에 있는 성령의 역사로 상처가 목까지 올라오게 됩니다. 그러나 터져서 떠나가지는 않습니다. 왜냐하면 상처 뒤에는 악한 영이 있기 때문입니다. 제가 하는 이 이야기는 나중에 체험해보면 이해가 될 것입니다. 그래서 기도를 하면 가슴이 답답한 것이 조금 시원해집니다. 그러다가 기도를 쉬면 또 상처가 아래로 내려가면서 영을 압박합니다. 그러니 또 가슴이 답답한 것입니다. 그래서 또 기도하면 마음이 조금 시원해집니다. 이런 활동이 연속적으로 계속 일어나기 때문에 신경이 예민해 지는 것입니다. 왜냐하면 이 성도는 예수를 믿고 기도를 열심히 해도 아직 전인격이 성령으로 사로잡히지 않았기 때문에 우리의 생명(혼)에 역사하는 악한 영이 떠나 간 것이 아니기 때문입니다. 그래서 사람은 약합니다. 아무것도 스스로 할 수 없는 존재입니다. 생명(혼)을 가지고 있기 때문입니다.

그럼 이 성도가 언제 변하게 되느냐, 마치 사울이 다메섹 도상에서 예수님을 만나 눈이 멀어 식음을 전폐하고 삼일동안 고생하다가 성령이 충만한 아나니아가 가서 안수할 때 눈에 비늘 같은 것이 벗어지고 보게 되고 음식을 먹고 변화되어, 그 시로 주는 그리스도시라고 증거하며 돌아다닌 것같이, 성령 충만한 사람으로부터 안수를 받는 다든지, 불같은 성령의 역사를 체험하여 올라 갔다가 내려갔다가 하는 상처가 기침이나 토함이나 하품 등으로 빠져나가기 시작하면 변화가 오기 시작하는 것입니다.

이런 체험을 한 분들의 다수가 몸에 힘이 쭉 빠져서 며칠 동안 힘이 없는 체험을 하기도 합니다. 그러면 심령은 변하여 혈기가 없어지고 마음에 참 평안을 찾으며 영으로 기도를 하게 됩니다. 방언

기도를 하던 분들도 이런 체험을 하고난 다음에 방언기도의 소리가 달라지는 경우도 있습니다. 이는 그 성도의 속에서 역사하던 상처가 떠나가고 성령이 장악을 하니, 성령으로 변화되기 시작하는 것입니다. 성도의 심령은 말씀과 성령의 역사가 변화 시키는 것입니다. 아무리 자기가 변화되겠다고 마음을 먹어도 성령의 역사가 일어나지 않으면 변화되지 않습니다.

왜냐하면 인본주의에는 마귀가 역사하기 때문입니다. 마귀는 사람이 이길 수가 없습니다. 그래서 성령 충만한 사역자의 안수기도와 불같은 성령체험이 필요한 것입니다. 사람은 3차원이고 마귀는 초인적인 4차원이고 성령은 초자연적인 5차원입니다. 성령의 역사가 일어나야 자신 안에 역사하는 귀신이 떠나가는 것입니다. 필자는 단언 합니다. 성도가 바른 영의 말씀과 불같은 성령을 체험하고 심령을 치유하고, 성령의 인도를 받으며 영으로 바르게 기도만 된다면 모두 성격이 예수님의 성격으로 변하게 됩니다. 그리고 삶에서 성령의 열매를 맺으면서 살아갈 수가 있습니다.

저는 지금까지 성령치유 사역을 하면서 많은 분들이 이렇게 변화되는 것을 체험하며 사역을 하고 있습니다. 그리고 관상기도라는 말이 나왔으니까, 말씀을 드립니다. 참고로 관상기도는 주님을 대면하며 바라보고 기도한다고 관상기도라고 합니다. 천주교 수도원에서 수도사들이 하던 기도입니다. 이 기도를 개신교 목회자들이 배워가지고 와서 교회에 접목시킨 것입니다.

그렇기 때문에 체험하고 임상적인 경험이 뒷받침이 되지 않으면 잘못된 기도가 될 소지가 대단히 많습니다. 관상기도는 성령의 불세례를 체험하여 영의 통로가 열리고 성령의 이끌림을 받으며 통성으로 유창하게 기도를 할 수 있는 성도가 관상기도를 하는 것입니다. 많은 분들이 통성기도도 제대로 하지 못하고 육성에 사로잡힌 기도를 하면서 관상기도를 한다고 하는데 이는 지극히 위험한 영적 활동입니다.

왜냐하면 영의 통로가 열리지 않고 성령의 이끌림을 받는 기도가 아닐 수가 있기 때문에 심령을 악한 영의 역사가 장악 할 수가 있는 것입니다. 기도는 영의 활동입니다. 기도를 어떻게 하느냐에 따라서 성령도 역사하고 마귀도 역사할 수가 있습니다. 그러므로 영의 통로가 열리지 않은 육성이 펄펄 살아서 역사하는 성도가 관상기도 하는 것은 고려해야 합니다. 그래서 관상기도는 영적 체질을 훈련하는 데는 많은 이점이 있지만, 기금까지 말씀드린 성령역사와 악령의 역사하는 원리를 이해하고 하면 좋은 점도 많지만, 이러한 영적 원리를 이해하지 못한 상태에서 기도하면 위험한 요소도 그만큼 크다는 의미입니다.

그러나 말씀으로 영계가 열린 성숙한 심령이 되어 있는 자에게는 좋은 기도 방법이 될 수 있습니다. 심령이 성령으로 장악되고 깊은 영성을 유지할 수 있는 좋은 기도가 관상기도입니다. 기도는 꼭 성령의 이끌림을 받으면서 영으로 해야 합니다. 그래야 성령으로 충만해지고 심령도 유들유들한 예수님의 성품으로 변화되는 것입니다.

# 4장 성령 안에서 기도하는 비결.

(엡6:18~20) "모든 기도와 간구를 하되 항상 성령 안에
서 기도하고 이를 위하여 깨어 구하기를 항상 힘쓰며 여러
성도를 위하여 구하라."

하나님은 예수를 믿고 성령으로 거듭난 우리에게 성령 안에서
기도하라고 하십니다. 우리가 신앙생활 하는 가운데, 가장 어려운
것 한 가지가 바로 기도입니다. 기도하는 습관이 되지 않으면 기도
생활을 꾸준히 지속적으로 해 나가는 것이 얼마나 어려운 가를 우
리는 경험하며 살아가고 있습니다.

오늘날 우리가 당면하는 지속적인 기도생활이라는 도전을 우리
가 어떻게 감당할 수 있을까요? 이 고민을 극복하는 한 가지 길은
좋은 기도의 습관을 갖는 것입니다. 사람은 습관에 따라 살아가는
존재이기 때문에 좋은 기도의 습관이 형성되면, 그만큼 기도하기
가 쉬워집니다. 저는 기도하는 습관만 되면 기도는 쉽다고 항상 말
합니다. 왜냐하면 제가 기도하는 습관이 들으니 기도가 재미있고
쉬워졌기 때문입니다. 기도의 좋은 습관을 가지려면 3가지가 필요
한데 ①정해진 기도의 시간(자신이 기도하기로 작정한 시간 또는
무시), ②정해진 기도의 장소(골방: 자신의 마음 안), ③정해진 기
도의 제목(하나님의 뜻:하나님을 마음에 채우는 것)이 필요합니다.

당신은 어떻습니까? 당신의 기도생활에 정해진 기도시간이 있

습니까? 정해진 기도의 장소를 가지고 계세요? 어떤 때는 무엇을 놓고 기도를 해야 될지 모르다가도 정해진 기도의 제목이 있어서, 그 제목을 따라 기도하는 가운데 기도할 힘을 얻게 되는 그러한 경험을 해 보셨습니까?

**첫째, 성령의 지배 안에서 기도하라.** 기도를 할 때에 자신의 생각이나 머리에서 나온 지식이나 언어구사를 잘하려고 하는 생각으로 기도하지 말라는 것입니다. 전인격이 성령의 지배하에 성령의 의지를 따라서 기도하라는 것입니다. 바른 기도생활을 위해서 '좋은 기도의 습관'이 중요하긴 하지만 그 보다 더 중요한 것이 있습니다. 그것은 바로 성령으로 기도의 영을 받아 가지고 있는 겁니다. 우리가 새벽기도를 생각해볼 때 우리가 항상 새벽에 그 시간에만 살아가는 것이 아니지 않습니까? 우리가 예배당 안에서만 살고 있지는 않지 않습니까? 우리가 가정에서나 직장에서나 세상에서 살아갈 때 우리 앞에 다양하게 펼쳐지고, 우리에게 다가오는 그런 도전과 문제, 그 어려운 상황 속에서 우리의 기도가 정해진 기도의 제목만으로는 우리 삶을 다 감당하지 못해요. 그래서 좋은 기도의 습관을 갖는 것도 중요하지만, 우리가 기도의 영을 가져서 성령 안에서 기도하는 것 그것은 더욱 중요합니다.

마치 내 영이 기도의 영이신 성령 안에 푹 잠겨 있는 것처럼 내가 하루 24시간 어디에서 무엇을 하고 있든지 하나님과 끊임없는 교통가운데서 내 삶이 진행되는 것, 그것이 바로 기도의 영을 가지는 것인데, 이것이 바로 기도생활의 이상이라고 할 수 있습니다.

그래서 하나님 말씀은 우리에게 '성령 안에서 기도하라' '성령으로 기도하라'라는 말씀을 여러 번 당부하십니다. 그 중 한 곳인 에베소서 6장 18절을 같이 읽겠습니다. "모든 기도와 간구를 하되 항상 성령 안에서 기도하고 이를 위하여, 깨어 구하기를 항상 힘쓰며, 여러 성도를 위하여 구하라" 과거 개역에는 '무시로 성령 안에서 기도하라'고 했는데, '무시로'란 항상 이란 뜻입니다. 영어로 always 또는 all times입니다. 그렇다면 어떻게 기도하는 것이 '성령 안에서 기도'하는 것일까요? '성령 안에서 기도한다'는 의미는, "성령의 영성과, 성령의 지성과, 성령의 감성을 따라서 기도하는 것이다" 라고 말할 수 있습니다. 또, 성령의 지배가운데 기도하는 것입니다. 성령께서 주시는 생각으로 기도하라는 것입니다.

실제적으로 성경에 보면, 성령께서 우리를 위하여 말할 수 없는 탄식으로, 성령의 생각이 삼위일체 하나님과 합치된 상태에서 우리 안에 와계신 성령께서 우리를 위하여 계속 기도하고 계십니다. "이와 같이 성령도 우리의 연약함을 도우시나니, 우리는 마땅히 기도할 바를 알지 못하나 오직 성령이 말할 수 없는 탄식으로 우리를 위하여 친히 간구하시느니라. 마음을 살피시는 이가 성령의 생각을 아시나니 이는 성령이 하나님의 뜻대로 성도를 위하여 간구하심이니라 (롬8:26~27)." '성령 안에서 기도하라'는 엡6장 18절의 말씀을 실행 할 수 있는 그 약속이, 이 로마서 말씀에 주어져 있습니다. 로마서 8장 26~27절속에는, 성령의 [영성] [지성] [감성]이 나타나 있어요. 성령의 영성은 무엇과 같은가요? 어머니의 영성과 같지요. 어머니는 자녀들을 한없는 사랑으로 용납해주고 품어줍니다. 그러한 것처럼 성령은 포근한 영성, 온유하신 영성, 인자하신 영성으로서 마치 어머니가 자식을 위해 기도하듯이, 성령께서 우리를 위하여 기도하고 계신다는 거예요. 우리는 무엇을 위하여 기도하는지도 모르고, 우리 앞에 어떤 일이 일어날지도 모릅니다.

그렇기 때문에 성령께서 '우리를 위하여 마땅히 무엇을 위해서 기도할지 모르지만, 우리를 위하여 앞서 기도'하고 계신다는 것입니다. 성령의 영성이 그러하단 것입니다. 또 성령의 영성은, 성령은 지성을 가진 인격체이셔서 우리를 위해서 기도 할 바를 명확하게 인지하시고, 그리고 그 생각을 갖고 기도하고 계십니다.

롬8장 27절 말씀에 성령은 지성을 지니신 분이시다. 라는 것을 보여주는 한 표현이 있습니다. '마음을 살피시는 이가 성령의 생각을 아시나니' '성령의 생각'이라고 했습니다. 성령은 생각하신다. 즉, 지성을 지니신 분이십니다. 우리를 향하신 그 성령의 생각이 얼마나 많은지 시편 40편 5절에 이런 말씀이 나옵니다. "여호와 나의 하나님이여 주의 행하신 기적이 많고 우리를 향하신 주의 생각도 많도소이다" 우리의 부모가 자녀를 위해서 기도하지 않습니까? 자녀에 대한 모든 사정을 헤아리고 살펴서 자녀를 위해서 기도합니다. 부모는 자녀를 위해서 기도하지만, 자녀는 부모를 그렇게 생각하지 않아요. 자기 인생이 바쁘기 때문에 내리 사랑을 해서 부모는 자녀를 위해서 그렇게 안타깝게 간절히 기도하지만, 자녀들은 그 부모에 대한 마음을 헤아리지 못합니다. 저도 자녀를 위해서 기도하면서 '이 아이들이, 부모인 내가 이렇게 하나님 앞에서 간절히 자기들을 위해 기도하는 것을 알고 지내기나 하나?' 그런 생각을 할 때가 있습니다.

마찬가지로 우리는 별로 하나님을 생각하지 못하고 살아가지만 성령께서 우리를 위하여, 해변의 모래보다 더 많으신 그 생각, 그 사랑의 생각을 가지고 우리를 위해서 기도하고 계십니다. 또한 성령은 감성을 지닌 분이십니다. 로마서 8장 26절 말씀에 성령의 감성을 보여주는 한 어구 한 표현이 있습니다. "말할 수 없는 탄식으로 우리를 위하여 기도하시는 성령님"이라고 했습니다. 성령으로 기도하는 습관이 되어야 성령의 불로 충만한 삶을 살수가 있습니다.

**둘째, 성령으로 기도하라.** 성령께서 감동하시고 인도하시는 대로 기도하라는 것입니다. 성령께서 기도하시게 하라는 것입니다. 우리에게 자의적인 기도를 하는 습관이 있습니다. 자의적인 기도란 내 생각대로, 내 욕심대로, 내 마음대로 기도하는 것을 말하는 것입니다. 성령으로 기도하라는 것은 내 영이 성령 안에 잠긴 것처럼 성령이 그 영성과 지성과 감성을 따라서 기도하는 것, 그것이 바로 우리가 지향하는 이상적인 성령으로 하는 기도입니다. 부모가 어린자녀든 장성한 자녀든 자녀를 위해서 밤낮 기도하듯이 성령께서 우리에게 오셔서 나는 의식도 하지 못하는데, 나는 느끼지도 못하는 사이에 나를 위하여 말할 수 없는 탄식으로, 그 많으신 성령의 사랑의 생각을 갖고서, 하나님의 뜻에서 합치된 방향으로 나를 위하여 기도하고 계시는데 내가 그것을 깨닫고 성령의 인도를 따라 기도하는 것이 바로 성령 안에서 기도하는 것입니다.

그것이 그토록 중요한 이유는 우리가 성령 안에서 기도하게 되면, 우리가 중언부언하는 갈구하는 기도는 하지 못하죠. 여전히 우리는 내 짧은 욕심이 들러붙은 그런 마음의 손을 가지고 기도를 하는데, 우리가 점차적으로 성령 안에서 변화를 받게 되면, 우리가 마음속에 품게 되는 소원과 우리가 하나님께 아뢰는 기도의 제목들이 하나님의 뜻에 합치되는 방향으로 내 그 기도가 바뀐다는 것입니다. "이와 같이 성령도 우리의 연약함을 도우시나니 우리는 마땅히 기도할 바를 알지 못하나 오직 성령이 말할 수 없는 탄식으로 우리를 위하여 친히 간구하시느니라." 우리의 기도가 성령 안에서 드려지게 되면 우리가 간구하는 것이 하나님의 뜻에 맞게 되니까 하나님께서 하나님의 뜻을 이루어주시지 않겠습니까?

로마서 8장 28절에 보면 "우리가 알거니와 하나님을 사랑하는 자 곧 그 뜻대로 부르심을 입은 자들에게는 모든 것이 합력하여 선을 이루느니라."하셨습니다. 우리 기도가 성령 안에서 드려지는 기도, 우리의 뜻이 하나님의 뜻에 합치되는 방향으로 변화 받게 되면, 우리가 기도하는 바를 하나님이 응답해 주실 뿐만 아니라, 우리에게 둘러싼 삶의 환경을 하나님께서 절대주관 가운데 품으시고, 붙드시고, 변경하시고, 조정하셔서 모든 것들을 합력하여 선을 이루게 해 주신다는 겁니다.

그러니까 로마서 8장 28절에 "성도의 모든 것을 합력하여 선을 이루신다"는 구절은, 문맥상 26절과 연결해서 해석할 때, 성령 안에서 기도하는 성도에게, 모든 것이 합력해서 선이 이루어진다는 뜻입니다. 즉 28절의 "성도의 모든 것이 합력해서 선을 이루는" 은 총은 26절의 성령 안에서 기도하며 살아가는 자에게 주어지는 축복입니다. 시편 37편 4절 말씀에도 "또 여호와를 기뻐하라. 저가 내 마음의 소원을 이루어 주시리로다."라고 하셨습니다.

우리 기도가 성령 안에서 기도하는 것으로 점차로 바뀌어서 우리가 성령 안에서 하나님을 기뻐하며 살아가게 될 때, 성령님께서 우리 마음속 안에 있는 모든 소원들을 아시고 헤아리시고 살펴셔서, 우리로 하여금 하나님께 기도드려서 그 소원들을 다 이루게 해주시기 때문에 성령 안에서 기도하는 것이 그토록 중요합니다. 그런데 혹자는, '성령 안에서 기도 한다.'는 것은 방언기도 하는 것을 뜻한다고 하여 성령 안에서 기도와 방언기도를 동일시합니다. 저는 부분적으로는 맞는다고 생각해요. 그러나 다 맞는 것은 아니고, 부분적으로 맞습니다. 성령께서 우리에게 방언의 은사를 주시면, 그 사람은 그 방언기도를 하는 가운데 성령 안에서 기도하게 됩니다. 성령의 영성과 지성과 감성에 내가 편입되어서 내가 그 의미를 다 모르고 기도하는 사이에도 내가 성령 안에서 기도하는 것으로, 나의 기도가 바뀔 수가 있어요. 그래서 방언기도는 귀중한 은사입니다. 그런데 '성령 안에서 기도하는 것'을 방언기도로만 한정해놓으면, 방언기도를 하지 못하는 다른 그리스도인은 성령 안에서 기도할 수 없는 것으로 되니까. 그것은 말이 안 되는 것이지요. 그러므로 방언은사를 받지 않은 많은 그리스도인들도, 성령 안에서 기도할 수 있습니다. 성령께서 이끄시는 대로 기도하는 것이 성령 안에서 기도하는 것입니다.

**셋째, 성령으로 기도하는 법.** 기도에 대하여 바르게 알아야 합니다. 많은 성도들이 문제가 있으면 무조건 갈구하며 기도하면 문제가 풀어지는 줄로 알고 있습니다. 그래서 무조건 갈구하며 기도하라고 합니다. 그렇지 않습니다. 기도는 성령하나님의 계시를 받는 것입니다. 문제의 원인에 대하여 하나님께 질문하여 하나님께서 알려주시는 것을 해결하면서 기도해야 합니다. 예를 든다면 회개라든가, 용서라든가, 하나님께서 알려주시는 레마를 받아 순종하며 기도해야 문제가 풀어지는 것입니다. 막연하게 문제를 해결하여 주시옵소서. 하며 기도하면 문제가 해결되지 않습니다. 반드시 하나님에 알려주시는 해결 방법을 적용하여 해결하면서 기도해야 문제가 풀어지는 것입니다. 성도들이 바르게 알아야 할 것은 자신이 당하는 문제는 하나님의 문제라는 것을 믿어야 합니다.

그래서 자신에게 일어나는 문제는 하나님이 해결해야 합니다. 왜냐하면 자신은 예수를 믿을 때 죽었습니다. 다시 예수로 태어났습니다. 지금 예수님 인생을 사는 것입니다. 그렇기 때문에 성령으로 기도하여 영의 상태가 되면 하나님께 해결 방법을 질문하여 응답받은 대로 조치를 해야 문제가 해결되는 것입니다. 그렇기 때문에 문제를 해결하려면 기도하지 않으면 안 되는 것입니다. 성령으로 기도하여 성령이 충만하여 영의 상태가 되어야 내적인 상처도 치유되고, 귀신도 떠나가고, 병도 고쳐지고, 문제도 해결되고, 하나님의 음성도 들을 수가 있는 것입니다. 성령으로 기도하는 것은 성령의 지배가운데 성령 안에서 기도하는 것을 말합니다. 마음으로 기도하여 마음의 문이 열려야 영으로 기도하게 되는 것입니다. 영으로 기도하는 것이 성령으로 기도하는 것입니다. 그렇기 때문에 먼저 마음의 기도로 마음의 문을 열어야 영으로 기도할 수가 있는 것입니다. 성령으로 기도하는 비결은 이렇습니다. 숨을 코로 아랫배까지 들이 쉬고 내 쉬면서 주여! 숨을 들이 쉬고 내 쉬면서 주여! 숨을 들이 쉬고 내 쉬면서 주여! 자연스럽게 주여! 주여! 를 하면 되는 것입니다. 방언으로 기도할 줄 아는 분들은 아랫배까지 호흡을 들이쉬고 내쉬면서 방언기도하고, 호흡을 들이쉬고 내쉬면서 방언기도를 합니다. 즉 내면의 활동이 강화되어 자신의 마음안 지성소에 계신 성령이 밖으로 나오시게 해야 합니다. 코로는 바람을 들이쉬고 배꼽 아랫배로 호흡을 하는 것입니다. 호흡을 깊게 하면서 주여! 하면 성령께서 감동을 주시는 것이 있습니다.

예를 든다면 "자녀를 위하여 기도하라!"하실 수도 있습니다. 그러면 자녀를 위하여 기도하는 것입니다. 자녀에게 문제가 있는 것도 할 수가 있습니다. 자녀에게 바라는 것이 있으면 그것을 기도해도 좋습니다. 기도를 마치고 다시 주여! 주여! 주여! 하면서 기도를 합니다. 다시 성령께서 너의 물질문제를 기도하라고 하실 수도 있습니다. 물질문제를 기도합니다. 물질문제가 어떻게 해서 생겼는지 하나님에게 질문하며 기도합니다. 죄악으로 인한 것이라면 성령의 지배 가운데 회개를 합니다. 회개하고 계속 성령의 지배 가운데 기도를 계속합니다. 그러면 성령으로 충만하게 됩니다. 성령으로 충만하면 죄를 지을 때 들어왔던 귀신이 떠나갑니다. "예수 이름으로 명하노니 죄를 타고 들어온 귀신은 떠나가라. 떠나가라." 한다고 떠나가지 않습니다. 오히려 귀신들이 숨게 하는 것입니다. 그러면 잠시는 평안하다가 조금 지나면 다시 역사하는 것입니다. 성령으로 기도하여 성령으로 충만해지면 귀신이 떠나갑니다.

또 주여! 하면서 다시 기도합니다. 성령께서 다시 감동을 합니다. 너의 건강을 위하여 기도하라! 그러면 자신의 건강을 위하여 기도합니다. 기도하면서 하나님에게 질문을 합니다. 하나님! 저의 어느 부분이 문제가 있습니까? 하면서 기도하여 조치를 취하면 됩니다. 무엇을 결정해야 할 경우는 어느 정도 기도하여 성령으로 충만한 상태가 되면 지속적으로 문의 하는 것입니다. 이것을 어떻게 해야 합니까? 이것을 어떻게 해야 합니까? 이것을 어떻게 해야 합니까? 지속적으로 질문을 하면 문득 떠오르는 생각이 있습니다. 이것이 하나님의 방법입니다. 이것을 해결하면 치유가 되는 것입니다. 이것이 성령으로 기도하는 것입니다. 어려울 것이 없습니다.

자신의 생각이나 욕심을 내려놓고 순수하게 성령을 따라 기도하는 것입니다. 보통 성도님들이 하시는 말씀대로 기도분량이 채워지니까 성령께서 알려주신 것입니다. 기도분량이 채워졌다는 것은 성령님이 역사하실 수 있는 영적인 상태가 되었다는 것입니다. 절대로 성령은 육의 상태에서 응답을 주시지 못합니다.

반드시 성령으로 충만한 영의 상태가 되어야 레마를 들려주십니다. 그러므로 영의 상태가 되도록 성령으로 깊은 영의기도를 해야 합니다. 영의 상태에서 하나하나 감동이나 음성으로 알려주시는 것입니다. 기도의 성공요소는 성령으로 영의 상태에 들어가는 것입니다. 영의상태에서 성령님과 교통할 수가 있기 때문입니다. 영의상태가 되어야 세상에서 천국을 만끽하며 살아갈 수가 있는 것입니다. 천국을 누리는 것은 성령께서 자신을 지배하고 장악된 상태에서 가능한 것입니다. 천국을 만끽하면서 세상을 살아가려면 기도를 바르게 해야 자신 안 성전에 계신 성령께서 자신을 통하여 나타내심으로 가능한 것입니다. 기도가 참으로 중요합니다.

**넷째, 기도하는 장소를 바르게 알고 기도하라.** 필자가 어느 날 새벽에 기도하니까, 성령하나님께서 이렇게 감동하시는 것입니다. "왜 무당들이 유명한 산에 올라가 장구치고 북치고 하면서 기도하는지 알고 있느냐" 잠시 생각을 해보니까, 유명한 산에 역사하는 산신령을 접신 받으려고 유명한 산을 찾아 기도한다는 생각이 떠올랐습니다. 그래서 "산에 역사하는 산귀신을 접신 받으려고 산에 가서 기도하는 것입니다." 했더니 성령께서 "그렇다. 산에 역사하는 산신령을 접신 받으려고 산에 가서 기도하는 것이다." 말씀하시는 것입니다.

그러면서 목회자들이나 성도들에게 알려주어 기도 장소의 개념을 바르게 알고 기도하도록 하라고 말씀하셨습니다. "크리스천은 기도는 하나님이 주인으로 계시는 자신 안에 집중하여 기도하게 하라는 것입니다." 기도는 자신 안에 계신 하나님께 기도하시기를 바랍니다. 우리 성도들의 의식이 기도하려면 "기도원가야 한다. 산에 가야한다. 교회에 가야한다." 로 고정되어 있기 때문에 자신 안에 계신 하나님께 관심이 두지 않습니다. 자신의 마음 안에 관심을 두지 않기 때문에 예수를 믿으면서도 변화되지 못하는 것입니다. 그렇다고 교회나 기도원에 가서 기도하지 말라는 말로 이해하면 안 됩니다. 교회에 가서 기도에 대하여 바르게 배우고 바르게 해야합니다. 교회에 가서 성령으로 세례도 받아야 합니다. 필자는 자신 안에 계신 하나님께 관심을 가지고 기도하라는 것입니다.

기도는 자신 안에 계신 하나님께 기도하여 자신이 하나님의 입장이 되어 하나님의 길을 제대로 따라가고 있는지, 바르게 가고 있는지, 돌아가고 있는지를 보는 것입니다. 그리고 자신 앞에 있는 문제를 하나님께 기도하여 하나님의 해결 방법을 알아내는 것입니다. 그리고 알려주신 해결방법대로 순종하기 위해서 기도하는 것입니다. 기도는 하나님께 무엇을 얻어내려고 하는 것이 절대로 아닙니다. 자신의 상처를 치유하고, 성령으로 충만하며, 하나님과 대화하기 위하여 기도하는 것입니다. 지친 영혼의 쉼을 얻기 위하여 기도하는 것입니다. 기도는 영-혼-육이 쉼을 얻는 시간이라고 생각하며 성령으로 해야 합니다. 이 중요한 기도가 잘못되면 먼저 영혼이 만족을 누리지 못하는 것입니다. 다음은 혼이 만족을 누리지 못하니 정신이 안정되지 못하고 산란한 것입니다. 더 진전이 되면 육체의 질병으로 발생합니다. 따라서 예수를 믿으면서도 세상 사람들과 똑 같은 영육간의 고통을 당하고 사는 것입니다.

# 5장 영의 기도의 원리를 적용하라.

(행4:28-31)"하나님의 권능과 뜻대로 이루려고 예정하신 그것을 행하려고 이 성에 모였나이다. 주여 이제도 그들의 위협함을 굽어 보시옵고, 또 종들로 하여금 담대히 하나님의 말씀을 전하게 하여 주시오며, 손을 내밀어 병을 낫게 하시옵고 표적과 기사가 거룩한 종 예수의 이름으로 이루어지게 하옵소서, 하더라. 빌기를 다하매 모인 곳이 진동하더니 무리가 다 성령이 충만하여 담대히 하나님의 말씀을 전하니라."

성령으로 깊은 영의 기도를 할 때 자신을 다스리는 주체가 자신에게서 주님에게로 옮겨가게 됩니다. 깊은 영의 기도란 생각해서, 머리써서, 언어구사에 신경써서 무조건 크게 소리내어 갈구하며 기도하는 것이 아니고, 성령의 인도 가운데 최소한 마음으로 기도하는 것을 말합니다. 영의 기도를 통하여 내 자신이 점점 작아지며, 주님이 점점 내 안에서 커지게 됩니다. 이것이 '내가 주안에'의 의미입니다. 이렇게 되면 성령님에 취해서 성령님으로부터 에너지를 공급받아야 믿음 생활과 목회를 할 수 있습니다. 이러한 성령으로 하는 깊은 영적 기도가 모든 것의 기본입니다. 성령으로 하는 깊은 영적 기도를 통하여 내외적 치유가 되고,

믿음생활과 목회가 재미있게 됩니다. 성령 안에서 깊은 영적 기도를 하면 특별한 내적 치유가 필요 없게 됩니다. 자신의 마음 안에서 은사가 흘러나오고, 성령의 기름부음이 임하게 됩니다. 물질까지도 풍성하게 됩니다. 삶의 에너지가 흘러넘치게 되는 것입니다. 끝장 보는 기도를 하겠다고 다짐해야 합니다.

의지가 중요합니다. 이 기도는 인내력이 강한 사람이 할 수 있는 기도입니다. 절대로 쉽게 되지 않습니다. 쉽게 되지 않는다고 중간에 포기하지 말고 자꾸 하다가 보면 자신도 모르는 사이에 숙달이 되어 기도할 때 성령의 불이 임하고, 심령에서 성령의 불이 올라오는 깊은 영의기도가 될 것입니다. 성령으로 충만하여 영으로 깊은 기도를 하여 성령의 불이 임하고, 성령의 불이 심령에서 올라오는 깊은 영의기도를 하시기를 바랍니다.

**첫째, 인간적인 욕심을 버려야 한다.** 예수를 믿고 성령으로 거듭난 성도가 성령으로 장악되어 영의 사람으로 되어가는 대는 하나님의 정하신 시간표가 있다고 생각합니다. 많은 성도님들이 빨리 성령으로 깊은 영의기도에 들어가야 되겠다, 성령의 불을 받아야 되겠다는 인간적인 욕심을 가지고 있는 분들이 있습니다. 그러나 인간적인 욕심은 버리는 것이 좋습니다. 왜냐하면 인간적인 욕심이 더 깊은 영의 사람으로 되어 가는데 저해요소가 될 수 있기 때문입니다. 저의 지금까지 임상적인 경험에 비추어 보면 하나님이 본인을 영적으로 바꾸어 가는데 욕심을 부리지 않고 성령의 인도에 순종하고 따라가는 성도가 빨리 하나님이 원하시는 수준에 도달할 수가 있는 것입니다.

어린 아이의 심령을 가지고 성령에 순종하며 따라가면 성령께서 우리를 깊은 경지에 도달하도록 인도하실 것입니다. 단, 성령의 인도에 순종하여 내가 하나님이 원하는 영적인 수준에 도달하겠다는 의지는 꼭 필요합니다. 많은 분들이 의지가 부족하여 중도에 성령의 인도를 따르지 않고 포기하는 경우가 많이 있습니다. 그러므로 영적인 일을 하는데 인간적인 욕심은 대단한 해악이 됩니다. 그래서 성경은 이렇게 말합니다. "오직 각 사람이 시험을 받는 것은 자기 욕심에 끌려 미혹됨이니 욕심이 잉태한즉 죄를 낳고 죄가 장성한즉 사망을 낳느니라."(약1:14-15)

모든 인간적인 욕심을 버리시기를 바랍니다. 성령의 불이 임하고 심령에서 올라오는 기도를 하는 것은 하나님의 자녀답게 권세를 가지고 하나님의 나라 확장에 큰일을 감당하기 위해서 하는 것입니다. 여러분 하나님의 자녀답게 권세를 가지고 하나님의 도구로 쓰임을 받으시기를 바랍니다.

그리고 성도를 성도되게 하는 것은 전적으로 성령께서 하시는 일입니다. "너희는 주께 받은바 기름 부음이 너희 안에 거하나니 아무도 너희를 가르칠 필요가 없고 오직 그의 기름 부음이 모든 것을 너희에게 가르치며 또 참되고 거짓이 없으니 너희를 가르치신 그대로 주 안에 거하라"(요일2:27)

성도가 조금이라도 인간적인 욕심이 결부된다면 성령으로 충만하던 성도도 육체로 돌아가게 됩니다. 육체로 돌아가면 그 심령에 마귀가 역사를 하는 것입니다.

그래서 마귀는 항상 인간적인 욕심을 추구하게 하려고 성도들을 미혹하는 것입니다. 그 미혹에 아담과 하와가 넘어졌습니다. 왜 넘어졌습니까? 성령의 인도 없이 육체적으로 자의적으로 행동했기 때문에 마귀에게 져서 넘어진 것입니다. 그러나 항상 예수님은 마귀의 시험을 이기셨습니다. 어떻게 이겼습니까? 육적인 욕심이 하나도 없이 오직 하나님의 영광을 위하여 성령의 인도만 받았기 때문에 승리한 것입니다.

우리도 성령의 불이 임하고, 심령에서 불이 나오는 깊은 영의 기도를 할 때, 성령의 인도 없이 인간적인 욕심이 조금이라도 결부되면 가차 없이 마귀의 밥이 된다는 것을 명심해야 합니다. 그러므로 성령의 도우심을 구하시기를 바랍니다. 기도할 때마다 성령의 이끌림을 받으시기를 바랍니다. 어린아이와 같이 사심 없이 성령 하나님의 인도를 받으면 모두 깊은 영의 기도가 열립니다. 그리하여 능력 기도를 할 때 성령의 불이 임하고, 깊은 영의 기도를 할 때 성령의 불이 심령에서 올라오게 될 것입니다. 반드시 인간적인 욕심은 버리시기를 바랍니다.

**둘째, 성령으로 깊은 기도를 하라.** 우리가 깊은 기도의 단계에 들어가기 전에 통과해야 할 관문이 있습니다. 이는 부르짖는 기도의 단계입니다. 부르짖는 기도를 하지 못하는 성도가 깊은 기도를 하면 영이 막힐 수가 있습니다. 반드시 부르짖는 기도를 하여 마음이 열려서 막힌 영의 통로를 연 다음에 깊은 기도의 단계에 들어가야 한다는 것을 강조하고 싶습니다. 부르짖는 기도를 너무나 어렵게 생각할 필요는 없습니다. 호흡을 코로 배꼽아래까지 들이쉬고 내쉬면서 주여! 하면서 연속적으로 하면 영의 통로가 열리게 됩니다. 호흡을 코로 배꼽아래까지 들이쉬고 내쉬면서 주여! 주여! 주여! 를 연속적으로 하면 되는 것입니다.

1) **깊은 기도의 1단계**. 마음에서 불이 나오는 깊은 영의기도의 1단계는 소리 내어 하는 기도입니다. 깊은 영의기도의 첫 단계는 소리를 내어 또박또박 천천히 기도하는 것입니다. 이때 급하게 하지 말고 정신을 집중하여 기도 문장의 의미를 깊이 의식하면서 반복해야 합니다. 이 단계는 [영][혼][육] 중에서 "육으로 기도하는 단계"입니다. [영][혼][육]이란, 사람을 삼등분(삼분)하여 표현한 말입니다. "평강의 하나님이 친히 너희를 온전히 거룩하게 하시고 또 너희의 온 영과 혼과 몸이 우리 주 예수 그리스도께서 강림하실 때에 흠 없게 보전되기를 원하노라"(살전 5:23)

이는 앞으로 깊은 영의기도를 배우는데 핵심적이고 가장 중요한 요소이며 구별하고 알기가 무척 어려운 부분입니다. 다음은 필자가 깊은 영의기도를 숙달하기 위하여 훈련할 때 현실 수행에 맞게 효과적으로 만들어 사용한 기도문입니다. "하나님 사랑합니다." "하나님 도와주세요." "하나님 용서해 주세요." "하나님 감사합니다."

　여러 문장을 가지고 기도해 보았으나, 너무 길어서 효율이 떨어지고 나중에 자동으로 반복할 시에도 장애가 됩니다. 한번 자신이 정한 문장을 자주 바꾸면 반복하는데 어렵고 습관화시키는데 오랜 시간이 걸리므로 한번 정할 때에 간단명료하게 정하고 자주 바꾸지 말아야 합니다.

　나중에 이 "한번 기도하는데 걸리는 시간"이 "걸을 때에 오른발과 왼발을 한번 내딛는데 걸리는 시간"과 또는 "호흡 시 들이쉬고 내쉬는 시간"과 잘 맞아야 합니다. 기도문을 외우는 일에 집중할 때 성령으로 깊은영의기도에 도달할 수 있기 때문입니다

　그래서 필자가 바로 전에 말씀드린 간단한 기도문이 적절하다고 생각합니다. 자기 나름대로 기도문을 만들어 사용해도 됩니다. 자주 바꾸지는 마세요. 나중에 힘들어집니다. 이 음성기도는 무의식에 심겨져 자동으로 반복되어지는 것을 경험할 때까지는 계속되어야 합니다. 나중에 2, 3단계 기도에 어려움이 생길 때에는 다시 1단계의 음성기도로 돌아와서 집중력을 길러 다시 올라가야 합니다.


　**2) 깊은 기도의 2단계.** 심령에서 불이 나오는 깊은 영의기도 2단계는 마음의 기도입니다. 깊은 영의기도 2단계 기도를 숙달 할 때 "호흡법"을 기도와 연결하면 쉽게 습관화시킬 수 있습니다. 즉 숨을 들이쉬고 내쉬는 동작을 한 사이클로 해서 반복합니다.

조용하고 편안한 곳, 기도에 방해받지 않고 집중하여 기도할 수 있는 자세를 취하시기를 바랍니다. 의자 등받이에 등과 엉덩이를 밀착하여 앉거나, 무릎을 꿇고 하는 것도 좋습니다. 본인이 하기 좋고, 편안하고, 자기를 낮추어 겸손하게 만드는 자세를 취하는 것이 좋습니다. 예를 들면, 코로 숨을 들이쉬면서 "하나님" 하고, 숨을 천천히 내쉬면서 "사랑합니다." 하세요. 숨을 내쉴 때에 더 천천히 하여, "사랑합니다." 라고 말한 뒤에도 계속 기도 내용에 집중하여 머물러 있으면 좋습니다.

또 다른 방법은 숨을 들이쉬면서, "하나님 도와주세요." 하고, 숨을 천천히 내쉬면서 "하나님 용서해 주세요." 이렇게 하는 것은 특별한 왕도가 없고 본인이 편안하고 오래 집중적으로 할 수 있으면 됩니다. 절대로 남이 그렇게 했다고 따라서 할 필요는 없다는 것입니다. 2단계는 목소리를 죽이고 우리 머리의 생각을 죽이고 마음에 고도로 집중하여 기도합니다.

즉 우리의 "마음"을 이용하여 하는 기도입니다. 1단계 음성기도가 깊어지면 2단계 마음의 기도는 자연스럽게 반복됩니다. 오랜 시간 기도할 때 소리 내어 기도하는 발성기도로 오래하면 피곤하고 지치므로 1시간은 발성기도, 1시간은 마음의 기도를 하면 서로 조화를 이루는 기도가 됩니다.

이 마음의 기도가 안 되고 정신이 산란해지면 발성기도로 다시 돌아가야 합니다. 잘못하면 잡념에 사로잡히고 기도문이 막히는 경우도 생깁니다. 잡념을 해결하는 방법은 소리를 내어 발성

기도를 계속적으로 하든지, 또는 찬양을 하든지, 성경을 읽고 잡념을 몰아내든지, 지옥이나 예수님의 십자가 죽음을 묵상하든지 등등으로 해결책을 찾아야 합니다. 제일 좋은 방법은 기속적으로 예수님을 부르는 것입니다. 예수님 사랑합니다. 예수님 사랑합니다. 지속적으로 하다가 보면 성령으로 충만해지니 잡념이 물러가는 것입니다.

**3) 깊은 기도의 3단계.** 심령에서 불이 나오는 깊은 영의기도 3단계는 가장 어려운 단계로 영으로 하는 기도입니다. "정신의 핵심" 영이 거처하는 마음 안에 내려가 영과 하나가 되는 성령의 기도입니다. 즉 혼의 가장 깨끗한 핵심 부분인 "누스"(Nous)가 영과 결합하여 성령으로 드리는 영의기도입니다. 이 기도는 1,2 단계 기도가 충분히 발전되어 자동으로 깊은 영의기도가 24시간 쉼 없이 이루어질 때에 일어납니다. 쉬지 않고 하나님을 찾으며 기도하는 단계입니다. 항상 성령의 임재 가운데 있는 상태입니다. 즉 회개와 겸손과 희생으로 영. 혼. 육이 충분히 정화되고 성령의 조명을 받을 때에 일어납니다. 이때에 하나님을 대면하며 그의 현존과 임재를 느끼며, 우리의 全人(영.혼.육)이 치유되고 통합되는 신비한 체험을 합니다. 쎄오리아(Theoria), 즉 하나님을 "관상(Contemplation: 봄, 임재 하심을 느낌, 현존을 체험)" 하는 최고의 단계에 이릅니다. 이것은 어떤 부정적 의미의 신비주의나 엑스타시가 아니라, 내 전인이 변화를 받아 지혜와 사랑

을 얻기 위한 성령 하나님의 은총의 체험입니다. 이 관상의 결과로 하나님이 주신 성령의 불과 능력이 흘러나오며, 하나님이 주시는 참 지혜가 생기며, 세상을 향해 베풀 수 있는 사랑을 하나님으로부터 받게 됩니다. 저는 이 기도를 통하여 저의 영육의 치유와 깊은 영성을 유지하며 사역을 하고 있습니다. 이 깊은 영의기도 3단계에 의식적으로 들어가야 하겠다고 생각하면 절대 들어갈 수 없습니다. 2단계 마음의 기도를 집중적으로 몰입해서 계속하다가 보면 어느 순간에 영의기도에 들어갑니다. 영의 기도의 최고의 경지로서 여러 가지 영적 체험을 할 수 있습니다. 이 단계에 들어가려면 많은 훈련과 의지와 노력이 필요합니다.

**셋째, 기도의 10계명을 지켜라.**

첫째로 기도는 나와 하나님의 인격적 교제입니다. 내가 하나님 안에 하나님이 내안에 들어오시는 인격적인 교재입니다. 서로의 사정을 알고 대화하는 것입니다.

둘째로 기도는 성령님의 도움과 교통함으로 이루어집니다. 기도의 대상은 하나님이시고, 하나님은 영이 십니다. 영이신 하나님과 대화하려면 내가 하나님과 같은 영적인 상태가 되어야 하는 것입니다. 내가 영적인 상태가 되기 위해서는 성령으로 충만해야 합니다. 하나님의 사정은 하나님의 영 외에는 아무도 알지 못합니다. 하나님의 영은 성령이십니다.

셋째로 기도는 기도의 대상을 설득시키는 것이 아니고, 하나님의 뜻에 의해서 내가 나를 설득하는 것이며 고백하는 것입니다. 감사와 사랑을 드리는 것입니다. 하나님은 이미 가장 소중하신 것, 자기를 우리에게 주셨습니다. 하나님께 드리면 드릴수록 더 받게 됩니다. 마음을 드리세요. 마음을 담는 그릇인 시간과 물질, 헌신, 몸을 드리세요. 이미 가장 귀중한 것을 받았으니, 드리세요. 하나님에게 쓰임 받다가 갑시다. 하나님은 우리를 쓰시려고 부르셨습니다. 쓰임 받기 위해서 드리세요. 드리고 또 드려야 합니다. 드려야 하나님으로부터 받게 됩니다.

넷째로 기도는 하나님의 거룩한 뜻을 나의 뜻에 접목시키는 것입니다. 기도는 하나님께 집중하여 그분의 뜻을 아는 것입니다. 내 뜻을 아뢰는 것이 아니고 하나님의 뜻에 내가 순종하기 위해서 기도하는 것입니다. 하나님의 뜻에 맞아야 응답이 되는 것입니다. 하나님의 음성을 듣는 기도를 하려고 하세요.

다섯째로 기도는 하나님으로부터 심령의 상처, 질병을 치유받는 것입니다. 기도는 회복입니다. 실로 깊은 경지에 들어가면 성령의 역사로 마음 안에 스트레스와 세상 노폐물들이 나갑니다.

여섯째로 기도는 기도의 대상에게 집중하는 것입니다. 하나님은 쉬지 말고 기도하라고 하십니다. 쉬지 말고 기도하라는 것은 쉬지 말고 자신 안에 계신 하나님께 집중하라는 것입니다. 기도는 하나님께 집중하는 것입니다. 하나님께 집중하려니 항상 하나님을 찾는 습관이 되어야 합니다.

일곱째로 기도는 마음으로 하는 것입니다. 마음을 열고 성령의 인도를 받으며 마음으로 하는 것이 기도입니다. 마음 안에 영이 있습니다. 영 안에 성령이 계십니다. 그러므로 기도는 머리로 하는 것이 아닙니다. 마음을 열고 마음 안에 주인으로 계신 성령의 인도를 받으며 하는 것입니다.

여덟째로 기도는 진실, 단순해야 합니다. 순수하게 하나님을 찾는 것이 기도입니다. 목마른 사슴이 물을 찾는 것과 같이 단순하게 하나님을 찾는 것입니다. 하나님 사랑합니다. 하나님 감사합니다. 하나님 도와주세요. 하나님 용서해 주세요. 이렇게 진실하고 단순하게 하세요.

아홉째로 기도는 말하기보다는 듣는 것입니다. 말하고 듣고, 묻고 듣는 것입니다. 내 안에서 음성이 들리게 될 때까지 귀를 기울이는 것입니다. 마음에서 들리는 소리를 들으세요. 실패하면 또 다시 해보세요. 위로하고 격려하는 음성을 들으세요. 주님은 위로하고 격려하시는 분, 편하신 분, 나를 편안하게 해주시는 분입니다. 이 분을 편하게 찾아 나서세요. 하나님은 참으로 부드러운 분이십니다. 꿀보다도 더 달콤하고, 솜털보다 더 부드럽고, 더 따뜻한 분입니다. 이 분을 더 자주 찾으세요. 친절하신 분이며 겸손하신 분, 좋으신 분, 이 분을 찾아나서 세요. 기능보다 인격적인 하나님을 찾아나서세요. 만나고, 교제하고, 느끼세요. 그럴 때, 그 성품이 나에게 배어 들어옵니다. 쑥쑥 나에게 밀려들어옵니다. 하나님은 바로 이것을 원하십니다. 나도 남을 편안하게, 부드럽게 대해주게 됩니다. 나는 변할 수 있습니다. 주님을 통해서,

주님의 마음을 옮겨 받음으로 변할 수 있습니다.

열 번째로 기도는 사랑을 나누는 것입니다. 인격이신 주님과 사랑을 나누는 것입니다. 사랑을 주는 사람이 사랑을 받게 됩니다. 사랑의 말을 고백하세요. 인격적으로 사랑의 말을 나누세요. 주님의 사랑이 자신의 마음 안에 풍성하게 하세요.

**넷째, 성령의 인도에 순종하라.** 그리스도인은 성령에 의해 태어난 사람으로 성령은 그 사람 안에서 중생의 사역을 이루십니다. 성령으로 거듭나서 하나님의 자녀가 되는 것입니다. 그러나 사람이 성령에 의해 거듭났지만, 성령으로 세례 받지 못한 경우도 있습니다. 그러므로 중생과 성령세례는 동의어가 아니라는 뜻입니다. 불같은 성령으로 세례를 체험하시기를 바랍니다. 체험이라는 것은 내가 하나님의 역사하심을 눈으로 보고, 몸으로 느끼게 된다는 뜻입니다. 성령의 세례를 받음으로 비로소 성령충만 성령의 인도를 받을 수가 있습니다. 성령의 인도를 받아야 성령으로 깊은 영의 기도를 할 수 있게 되는 것입니다.

성령으로 깊은 영의기도를 하므로 성령의 불이 임하고, 심령에서 성령의 불이 올라오는 영의 기도를 할 수 있는 것입니다. 성령의 세례 성령의 불로 사로잡히는 것이기 때문입니다. 기도는 내 안에 계신 하나님께 하는 것입니다. 하나님은 영이시기 때문에 성령의 인도를 받아야 합니다. 그래서 기도는 영혼의 호흡이요 하나님과의 대화라 합니다. 이것은 가장 깊숙한 곳에 거하는 영의 흐름이 외부적으로 흘러나오는 것입니다. 영력이 흘러나오고 영적 생명이 흘러나옴으로 영에 몰입됨으로 인하여 성령 안에서 기도할 수 있게 되는 것입니다.

우리 몸의 지성소인 영속에 임재하시는 하나님의 성령이 흘러나오는 방편이기에 우리가 하나님을 만나기 위해서는 이 성령을 통하여 하나님으로부터 주어지는 각종 은혜와 능력과 응답을 받게 됩니다. 이러한 기도를 통하여 하나님으로부터 주어지는 생명이 우리의 심령을 거룩하게 만들어가고, 영적인 생명과 능력을 키워 나갑니다. 열매가 맺어지고 영적인 지각이 예민해지고 영성이 개발되어집니다. 그러므로 성령 안에서 기도하는 훈련이 필요합니다. 우리의 간구는 마음의 소원이나 원하는 바를 구함으로 성령 안에서 기도하기가 심히 어렵습니다. 그러나 영으로 기도하고 마음으로 기도하면 성령 안에서 기도하기가 쉬워집니다.

성령에 몰입되어 아무런 자신의 생각이나 욕심도 없이 오로지 하나님으로부터 주어지는 것을 받게 되는 기회가 되기 때문에 영으로부터 주어지는 각종 은혜와 은사가 넘치게 됩니다. 영적인 기능과 지각이 발달됨으로 성령의 인도함을 따르게 됩니다. 성령 안에서 기도하기 위하여 성전 뜰에서 먼저 육신의 생각으로 기도하지만, 시간이 흐르고 마음이 안정되고, 마음으로 주님의 사랑과 말씀을 묵상하면서 진지하고 순전한 마음으로 하나님의 성소에서 깊어지는 기도를 하게 됩니다.

그러나 하나님이 찾아오시는 경우에는 다르겠지만, 내가 하나님께 나아가는 경우가 대부분이기에 이때는 지성소로 나아가야 하는 것입니다. 내 생각과 구하는 것까지 모두 저 버리고, 오로지 성령 안에 깊이 사로잡히는 경지에 들어가서, 기도 줄을 잡고, 시간도 의식하지 않는 깊은 경지에 몰입되는 상태에서 주님과 더불어 주거니 받거니 하거나, 성령님과 주거니 받거니 하는 기도는 성령의 인도함을 따르는 가장 기본적인 훈련이 되는 것입니다.

**다섯째, 자신의 마음의 찌꺼기(스트레스)를 치유하라.** 마음 안에 쌓인 상처와 스트레스는 오만가지 문제의 원인이 됩니다. 영적인 문제의 원인이 되어 하나님과 친밀하게 지내지 못하게 합니다. 기도를 못하게 한다는 말입니다. 정신적인 문제가 발생하는 근본이 됩니다. 우울증, 불면증, 공황장애 등이 상처와 스트레스가 쌓여서 발생합니다. 육체의 질병을 발생하게 합니다. 체온을 떨어지게 하여 심인성질병이 생기게 합니다. 결국에는 하나님께서 정하신 수명대로 살지 못하고 빨리 영원한 천국에 가게 됩니다. 그러므로 기도하며 마음속의 상처와 스트레스를 치유해야 합니다.

세상을 살아가다가 보면 찌꺼기가 자꾸 들어오게 마련입니다. 이 찌꺼기란 바로 상처와 스트레스를 말합니다. 영적인 성도가 세상을 살아가는 것이 스트레스입니다. 이런 찌꺼기(스트레스)를 바로바로 치유하지 않으면 쌓이게 됩니다. 찌꺼기가 쌓이면 그곳이 마귀의 거처가 되기 쉽습니다. 그래서 깊은 영의기도에 몰입하지 못하게 됩니다. 무의식에 들어있는 찌꺼기를 처리해야 깊은 기도가 가능합니다. 이는 성령의 불세례를 받고 배에서 나오는 소리로 기도를 하여 일단 영의 통로를 열어야 합니다. 그리고 강한 호흡을 하면서 깊은 영의 기도를 하면 성령의 불이 심령에서 올라와 이러한 찌꺼기는 밖으로 밀려 나오는 것입니다. 왜냐하면 내 안에 계신 성령님은 세상의 그 무엇보다도 강하고 크신 분이시기 때문입니다. 그러므로 영으로 기도하는 것은 심령을 치유하는 능력이 됩니다. 하루가 지나기 전에(잠자리에 들기 전에) 영으로 기도함으로 심령을 정화 하시기를 바랍니다. 그리하므로 항상 깨끗한 심령을 유지 하시기를 바랍니다. 깊은 기도로 성령이 충만한 상태에서 잠을 자는 습관을 드리시기를 바랍니다. 그러면 영성에도 좋고 건강에도 유익합니다. 성령의 인도를 받는 깊은 기도를 하려면 무엇보다도 마음 안에 있는 찌꺼기의 처리를 먼저 해야 합니다.

**여섯째, 하나님의 음성(레마)을 들어라.** 많은 분들이 기도를 갈구하는 독백으로 생각합니다. 그냥 막연하게 하나님에게 아뢰는 것이 기도인 것으로 착각하는 성도님들이 계십니다. 그러나 기도는 하나님의 소리를 듣는 시간입니다. 그러므로 "기도를 하나님께 한다." 라는 표현 보다 "하나님의 소리를 듣는 것이다." 라고 표현하는 것이 맞습니다. 하나님은 영이 십니다. 기도는 예수를 믿는 성도가 영이신 하나님께 음성을 들으려는 적극적인 수단입니다. 그러므로 그분의 음성을 들으려면 나의 생각과 의지를 버리고, 오직 영이신 그분께 집중해야 합니다. 아니 하나님께 몰입한다는 표현이 맞습니다. 하나님이 영이시기 때문에 내가 성령으로 충만하여 영적인 상태가 되어야 하나님의 음성이 들리는 것입니다.

그러므로 하나님과 영적인 교통을 위해서는 우리의 육은 무익한 것입니다. 어찌하든지 영적인 상태가 되어야 하나님의 음성(레마)이 들립니다. 레마를 듣고 행동에 옮길 때 여러 가지 보이는 역사가 나타나는 것입니다. 그래서 바울은 "그러면 어떻게 할까 내가 영으로 기도하고 또 마음으로 기도하며 내가 영으로 찬송하고 또 마음으로 찬송하리라."(고전14:15) 고 하는 것입니다.

**일곱째, 끝장 보는 영의 기도를 하라.** 깊은 영의 기도는 처음에 막연하고, 허무하고, 공백상태 같고, 시간낭비, 게으름 같은 느낌을 가집니다. 그러나 그렇게 생각하지 말아야 합니다. 자꾸 하면할수록 자신의 영성과 성품의 변화를 체험적으로 느끼게 됩니다. 의지를 가지고 숙달하여 보시기를 바랍니다. 평소에 삶의 대부분을 정신의 활동에 익숙해왔기 때문에 마음의 활동이 무의미하거나, 이상하게 느껴질 수도 있습니다. 그러나 꾸준히 계속하면 놀라울 정도의 영적 발전을 하게 됩니다. 중요한 것은 불씨를 얼마나 귀하게 간직하고 키우는가 하는 것입니다. 지속적인 훈련이 중요합니다. 절대로 중간에 훈련을 놓치지 말아야 합니다. 깊은 영적 기도는 참으로 신앙생활의 보물이요 금맥입니다. 많은 것이 이 깊은 영적 기도를 통해 옵니다.

성령과 교제하는 깊은 영의 기도에서 중요한 것은 깊이 들어가는 것입니다. 깊이 들어가야 맑은 생수가 나오게 됩니다. 전에는 조금만 파도 되었으나, 이제는 오염되었으므로 깊이 파야합니다. 깊이 파는 훈련을 게을리 하지 말아야 합니다. 문제는 지속적인 훈련입니다. 얼마나 계속하느냐 입니다.

이것이 바로 믿음입니다. 믿음으로 계속하는 것입니다. 익숙해질 때까지 감각, 감정, 지성, 이성, 의지, 상상력을 최대한으로 중지한 상태에서 기도하다보면, 자신의 깊은 곳에서 무엇인가 새롭고 신비스러운 능력이 활동하며, 그러는 사이에 자신도 모르는 사이에 내적, 육체적 상처가 치유되며, 성품이 새로워지며, 삶의 소망과 기쁨이 넘치며, 영성이 발달되며 영감과 지혜가 발달되며, 신앙의 궁극적 목적인 하나님을 뜨겁게 사랑하게 됩니다.

**충만한 교회에서는 매주 월-화-금-토 집중 내적치유기도집회 시간을 갖고 있습니다.** 대상은 이렇습니다. 여기서도 저기서도 치유와 능력을 받지 못한 분/ 불치병, 귀신역사를 빨리 치유 받을 분/ 목과 허리디스크, 허리어깨통증, 근육통, 온몸이 아프고 무거움에서 치유해방 받고 싶은 분/ 자녀나 본인의 우울증, 공황장애, 조울증, 불면증을 빨리 치유 받을 분/ 가슴이 답답하고 기도하기가 힘이 드는 분/ 축복과 영의 통로를 뚫고 싶은 분/ 성령의 불세례를 체험하고 싶은 분/ 최단기간에 현실문제 해결과 성령치유 능력 받고 싶은 분입니다. 천국을 누리고 싶은 분은 믿음을 가지고 오시기만 하면 무슨 문제라도 치유되고 해결이 됩니다. 염려하시지 말고 성령께서 감동하시면 예약하시고 오셔서 빠른 시간에 치유 받고 권능을 받아 쓰임을 받으시기를 바랍니다(전화 02-3474-0675).

# 2부  성령으로 기도하라

## 6장  성령으로 기도를 어떻게 할 것인가?

(누가복음 18:1~8)"항상 기도하고 낙망치 말아야 될 것을 저희에게 비유로 하여 가라사대 어떤 도시에 하나님을 두려워 아니하고 사람을 무시하는 한 재판관이 있는데 그 도시에 한 과부가 있어 자주 그에게 가서 내 원수에 대한 나의 원한을 풀어 주소서 하되 그가 얼마 동안 듣지 아니하다가 후에 속으로 생각하되 내가 하나님을 두려워 아니하고 사람을 무시하나 이 과부가 나를 번거롭게 하니 내가 그 원한을 풀어 주리라 그렇지 않으면 늘 와서 나를 괴롭게 하리라 하였느니라 주께서 또 가라사대 불의한 재판관의 말한 것을 들으라 하물며 하나님께서 그 밤낮 부르짖는 택하신 자들의 원한을 풀어 주지 아니하시겠느냐 저희에게 오래 참으시겠느냐 내가 너희에게 이르노니 속히 그 원한을 풀어 주시리라 그러나 인자가 올 때에 세상에서 믿음을 보겠느냐 하시니라"

대게 기도는 세 가지 형태가 있습니다. 첫째는 성령 안에서 성령으로 하나님과 교통하는 기도입니다. 우리가 매일매일 하나님 앞에 감사와 찬양예배를 드리는 교통의 기도가 있습니다. 대단히 중요합니다. 서로 교통해야 친밀해지고 서로 가까워질 수가 있는 것처럼, 하나님께 교통하는 기도는 하나님과 가까워지는 길입니다. 반드시 성령 안에서 성령으로 기도해야 합니다.

둘째는 중보(도고)기도인 것입니다. 성령의 이끌림을 받아 주변 사람이나 나라를 위하여 기도하는 것입니다. 우리는 나라와 민족을 위해서 우리 가족을 위해서 이웃을 위해서 간절히 기도합니다. 중보기도는 위대한 힘을 발휘하는 것입니다.

셋째는 집중적인 사역의 기도입니다. 성령 안에서 성령으로 특별한 목적을 가지고 집중적으로 하는 기도인 것입니다. 하나님의 뜻을 구하는 것입니다. 이 기도는 확실한 응답을 바라고 기도하는 기도입니다. 하나님을 예배하고 교통하는 기도는 즉시 응답을 받는 기도는 아닙니다. 중보기도도 우리는 중보하고 기도하지만, 내 눈에 현실적으로 즉각 나타나는 결과를 기대하지 않습니다. 집중적인 기도 사역의 기도는 문제가 절박하기 때문에 해답이 와야 되는 것입니다. 그러므로 오늘 저는 확실한 응답을 바라고 기도드리는 사역의 기도에 관해서 말씀을 해드리고자 합니다.

예전에 심장병에 걸린 자매님 한분이 여러 병원에 다니면서 온갖 치료를 받아도 낫지 않다가 저희 교회에 찾아왔어요. 그래서 안수기도를 받기 원했습니다. 저는 자매님께 물었습니다. "어떻게 지금까지 기도를 해왔습니까?" 그러니 "보통 하는 기도를 하지요. 전지전능, 무소부재하신 하나님! 어제도 계시고 오늘도 계시고 장차 오실 하나님, 영광의 하나님! 하나님께서 긍휼히 보시사. 나를 치료해 주시옵소서." 그렇게 기도한다고 했습니다.

"자매님! 지금 목숨이 경각에 달렸는데 너무 수사가 많습니다. 병 고쳐 달라는 것은 조금밖에 안하고 앞에 하나님께 대한 수사가 너무 많습니다. 다급한 사람은 그렇게 하지 않습니다. 지금 물에 빠져 죽는 사람이 전지전능, 무소부재하신 하나님, 천지와 만물을 지으신 하나님, 영광의 대 주재시오, 아름답고 높으신 이름을 가지신 하나님이여 나를 물에서 건져 주시옵소서. 하면 꼬르륵하고 죽어 버리고 맙니다. 물에 빠진 사람은 그렇게 할 시간이 없습니다. 하나님! 살려 주세요. 주여! 살려 주세요. 주여! 살려 주세요. 주여~ 그렇게 해야지 무슨 수사를 그렇게 많이 합니까?"

그러므로 자매님은 이제부터 내가 시키는 대로 기도를 하십시오. "하나님! 내 심장병의 원인이 무엇입니까? 알려주세요. 원인을 알려주세요. 저는 원인을 모릅니다. 알려주세요. 어떻게 해야 치유 받을 수가 있습니까? 다른 말하지 말고 이렇게 집중적으로 하루에 세 시간씩 기도하십시오" 그리고 보냈습니다.

몇칠 있다가 이 자매님이 얼굴에 환한 미소를 가지고 저를 찾아왔어요. "목사님 시키시는 데로 하루 세 시간씩 하나님! 제 심장병의 원인을 알려주세요. 세 시간씩 이렇게 반복기도를 한 결과. 하나님이 환상 중에 원인을 알려주셨습니다. 원인에 따라 용서하고 회개를 했습니다." "목사님! 안수해주세요" 안수를 해주었습니다. 한 달이 지난 다음에 밝은 표정으로 왔습니다. "목사님 안수 받고 가슴 답답함이 뻥하고 뚫리더니 사라져서 병원에 가서 초음파로 조사를 해보니까 심장병이 깨끗이 나았습니다."

우리가 집중적인 사역의 기도를 할 때는 하나님의 응답을 바라고 하는 기도인 것입니다. 응답이 와야 문제가 해결될 수 있는 것입니다. 문제의 해답을 구하는 집중적인 사역의 기도를 할 때 우리가 언제나 취해야 될 몇 가지 방법이 있습니다.

**첫째, 하나님과 관계가 열려야 한다.** 확실히 죄와 허물을 고백하고 용서받은 상황에서 기도를 해야지 죄가 있으면 우리의 기도는 응답되지 않습니다. 용서를 받는 것은 예수님을 주인으로 영접하고 성령으로 세례를 받아 성령으로 기도하는 것입니다.

이사야 59장 1절로 2절에 "여호와의 손이 짧아 구원치 못하심도 아니요 귀가 둔하여 듣지 못하심도 아니라 오직 너희 죄악이 너희와 너희 하나님 사이를 내었고 너희 죄가 그 얼굴을 가리워서 너희를 듣지 않으시게 함이니" 라고 말하고 있는 것입니다. 또한 이사야 55장 6절로 7절에 "너희는 여호와를 만날만한 때에 찾으라. 가까이 계실 때에 그를 부르라. 악인은 그 길을, 불의한 자는 그 생각을 버리고 여호와께로 돌아오라. 그리하면 그가 긍휼히 여기시리라. 우리 하나님께로 나아오라. 그가 널리 용서하시리라"고 말씀했습니다.

시편 32편 5절로 6절에 "내가 이르기를 내 허물을 여호와께 자복하리라. 하고 주께 내 죄를 아뢰고 내 죄악을 숨기지 아니하였더니 곧 주께서 내 죄의 악을 사하셨나이다. 이로 인하여 무릇 경건한 자는 주를 만날 기회를 타서 주께 기도할찌라. 진실로 홍수가 범람할찌라도 저에게 미치지 못하리이다"

우리는 우리의 죄를 자꾸 감추기를 원합니다. 하나님 앞에 우리의 죄를 감추면 하나님 앞에 긍휼을 받지 못합니다. 그러나 하나님 앞에 나가서 무릎을 꿇고 우리 마음을 열어 놓고 성령의 임재 가운데 죄를 회개하면 하나님은 우리 죄를 용서하시고 하나님과 우리 사이에 막힌 담을 다 헐어 버리는 것입니다. 성도가 사역의 기도를 할 때에 하나님의 응답을 꼭 받아야 할 때는 마음에 아무 거칠 것이 없어야 합니다.

우리가 하나님에게 기도할 때는 죄를 회개할 뿐 아니라, 성도의 의무를 실천해야 하는 것입니다. 내가 주일날도 지키지 아니하고, 주일날 개인적 할일 다 하고 돌아다니다가 답답한 일이 생기면 "주님이여 나를 도와주시옵소서." 고함치면 무슨 소용이 있겠습니까? 인간(아담)이 되어가지고 하나님에게 고함을 친다고 영이신 하나님이 듣습니까? 성령으로 거듭난 성도는 주일날은 주님이 부활한 날이요, 주께서 교회에서 우리를 만나주는 날인 것을 알고 행하는 것입니다. 예수님이 부활하시고 난 다음 꼭 주일날 제자들이 모인 곳에 찾아오셔서 만나 주셨습니다.

그 날 이후로 제자들은 주일날 예수님이 오실 것을 기대하고 모였습니다. 오늘날도 우리가 이와 같이 성일에 모이면 주님께서 성령을 통해서 이 자리에 찾아와서 우리를 만나주시는 것입니다. 주님이 우리를 만나러 기다리고 계시는데 주님을 만나지 않고 주님을 박대하고 난 다음에 내가 문제가 생겼을 때 주님 나를 만나 주십시오. 외치는 것은 어불성설인 것입니다. 치유되고 문제가 해결이 되는 것은 자신이 하나님의 나라가 성전이 된 다음에 이루어지는 것입니다. 그러므로 성경에는 출애굽기 20장 8절에 "안식일을 기억하여 거룩히 지키라"고 말씀했는데 유대인의 안식일은 오늘 우리 부활하신 날을 기념하는 주일인 것입니다.

그뿐만 아니라, 우리가 마음을 다하고 뜻을 다하고 정성을 다하여 주 하나님을 주인으로 섬기는 마음을 가져야 됩니다. 내 물질이 있는 곳에 내 마음이 있다고 했습니다. 내가 하나님을 정말 사랑하고 섬기면 내 물질이 주님께 있어야 하는 것입니다.

말라기 3장 10절에 "만군의 여호와가 이르노라 너희의 온전한 십일조를 창고에 들여 나의 집에 양식이 있게 하고 그것으로 나를 시험하여 내가 하늘 문을 열고 너희에게 복을 쌓을 곳이 없도록 붓지 아니하나 보라" 그렇게 말씀한 것입니다.

내가 하나님께 십일조 드리지 아니하고 물질을 하나님보다 더 좋아하고 물질을 섬긴다면 내가 하나님 필요할 때에 하나님께 부르짖으면 하나님 뭐라고 말씀했습니까? "물질 찾아 가거라. 물질을 네가 나보다 더 섬기지 않았느냐. 물질이 너희 하나님이고, 너희 우상이니 너희 하나님인 물질을 찾아가라"고 말씀하지 않겠습니까?

내가 물질보다도 하나님을 더 사랑하고 모든 소유가 하나님의 것이니 소득의 십일조를 정성으로 드리고, 날마다 마음으로 하나님을 찾으며 정성스럽게 섬기면 어려움 당할 때 "하나님 내가 고난 중에 처했으니 나를 도와주소서." "하나님 제가 어떻게 해야 되겠습니까?" 그러면 하나님이 "오냐. 네가 마음을 다하고 뜻을 다하고 정성을 다하여 나를 사랑하였은즉 내가 너를 도와주리라"고 하시면서 지식의 말씀과 지혜의 말씀으로 알려주실 것입니다.

잠언서 28장 9절에 "사람이 귀를 돌이키고 율법을 듣지 아니하면 그의 기도도 가증하니라"고 말한 것입니다. 완전하게 육체가 되어서 하나님의 법을 듣지 아니하고 하나님의 법에 등을 돌리면 그러한 사람의 기도는 하나님이 가증스럽게 본다는 것입니다. 우리의 삶에 성령으로 충만하여 하나님의 법을 지키는 삶을 살아야 하는 것입니다. 우리가 개인적으로 인생을 살 때도 의롭게 살아야 되고, 참되고 진실하게 살아야 하고, 그리고 성령으로 충만하여 거룩하게 살아야 하는 것입니다. 어떻게 의롭게 삽니까? 의롭게 사는 것은 영이신 하나님의 계명을 지킴으로써 의롭게 사는 것입니다. 어떻게 진실하게 삽니까? 거짓이 없이 사는 것입니다. 성령으로 기도하며 성령의 감동에 순종하는 것입니다.

하나님이 뱀을 미워합니다. 왜 뱀을 미워합니까? 뱀은 진실하지 못하고 꼬부랑, 꼬부랑하기 때문에 그래서 하나님이 성경말씀에 보면 꼬불꼬불한 뱀에게 야단을 쳐서 죽일 것이라고 말한 것입니다. 하나님은 꼬불꼬불 이랬다가 저랬다가 하는 것을 원치 않습니다. 바른 마음을 가지고 진실하게 사는 것을 원하고, 그리고 세상과 짝하지 아니하고, 거룩하게 사는 것을 원하시는 것입니다. 거룩하게 사는 것은 성령 안에서 사는 것을 말합니다.

무엇보다 성령 안에서 영적인 삶을 살기를 원하시는 것입니다. 하나님은 영이시기 때문입니다. 그리고 사람을 대할 때는 온유하고 겸손하게 용서와 사랑을 가지고 대해야 하는 것입니다. 사람들에게 율법적으로 대하고 비평하고 평론하고 사람을 해하는 그런 삶을 살아서는 하나님 앞에 기도가 응답되지 않습니다.

그러므로 우리는 언제나 용서하고 사랑하는 마음과 온유하고 겸손한 마음으로 무장하고 하나님께 무시로 성령으로 기도하며 의와 진리와 거룩함으로 삶을 살면 우리의 기도가 막히지 아니하는 것입니다.

그럴 뿐만 아니라 하나님 앞에 늘 은혜 받은 것을 감사하고 살아야 기도가 응답되는 것입니다. 시편 50편 23절에 "감사로 제사를 드리는 자가 나를 영화롭게 하나니 그 행위를 옳게 하는 자에게 내가 하나님의 구원을 보이리라"고 말씀하신 것입니다. 감사하면 하나님께서 영화로움을 느낀다 했습니다. 마음이 영화로워집니다. 하나님께 감사하면 삶이 행복하게 하십니다.

**둘째, 목표가 분명해야 한다.** 중언부언하지 말라고 주님께서 말씀합니다. 기도 제목을 여러 수십 가지를 해서 나열하고 중언부언하면 하나님께서 결정적인 무엇을 응답하실 수가 없습니다. 마태복음 6장 7절로 8절에 "또 기도할 때에 이방인과 같이 중언부언하지 말라 저희는 말을 많이 하여야 들으실 줄 생각하느니라. 그러므로 저희를 본받지 말라 구하기 전에 너희에게 있어야 할 것을 하나님 너희 아버지께서 아시느니라" 하나님은 우리가 원하는 것을 알고 계시기 때문에 단도직입적으로 명쾌하게 목표를 분명히 해서 기도를 해야지요. 목표가 희미하게 해서 중언부언하면 안 되는 것입니다. 요한1서 5장 14절에 "그를 향하여 우리의 가진바 담대한 것이 이것이니 그의 뜻대로 무엇을 구하면 들으심이라"고 말한 것입니다.

누가복음 11장 8절로 9절에 예수님이 이런 예를 들으셨습니다. 밤중에 친구가 왔는데 먹일 떡이 없습니다. 그런데 이웃집은 부자라 떡이 많습니다. 그래서 친구를 위해서 이웃집에 가서 문을 두드렸습니다. 아무 소리가 없습니다. 내 친구가 밤중에 왔는데 떡 3덩이만 빌려달라고 두드렸습니다. 아무 소리가 없습니다. 계속해서 문을 두드리니까 나는 이미 애들과 다 일을 끝마치고 잠자리에 들었으니 일어나서 줄 수가 없다. 내일 날이 밝거든 오거라. 그러나 이 사람은 지금 친구가 배가 고파 있으니 먹여야 되겠습니다. 계속해서 문을 두드리면서 "떡 3덩어리만 빌려 달라. 떡 3덩어리만 빌려 달라." 안에 있는 친구의 소리가 없습니다. 그는 낙심하지 아니하고 뒤로 물러가지 않고 "떡 3덩어리, 떡 3덩어리, 떡 3덩어리." 계속해서 고함을 쳤습니다. 나중에는 방에서 대답이 나왔습니다. "내가 네가 친구기 때문에 떡 3덩어리 주는 것이 아니라, 잠을 잘 수가 없기 때문에 시끄러워 견딜 수가 없다. 그래서 일어나서 떡 3덩어리를 주었다." 고 주님 말씀하시면서 우리도 그렇게 기도하라고 말한 것입니다. 우리가 기도할 때 막연하게 기도하지 말고, 분명한 목표를 가지고 간결하게 부르짖어 기도해야 되는 것입니다. 우리가 기도하면서 언제나 목표가 이루어진 모습을 바라보면서 성령으로 기도해야 되는 것입니다.

내가 기도하면서 막연하게 그냥 이루어진 모습을 바라보지 않고 기도하면 힘이 없습니다. 바라봄의 법칙은 얼마나 중요한지 모릅니다. 기도할 때 이루어진 모습을 바라봅니다. 성경에는 주께서 말씀하기를 "누구든지 이 산들에게 명하여 저 바다에 던지라 하고 그 말한 것이 이룰 줄 마음에 믿고 의심하지 아니하면 그 대로 되리라"라고 말씀합니다. 거기에 보십시오. 분명히 이 산을 저 바다로 던지라고 마음에 바라보면서 성령으로 기도하라는 것입니다. 막연한 기도가 아닙니다. 이 산이고 저 바다입니다. 분명히 마음속에 그를 바라보고 성령으로 기도하는 것입니다.

아브라함은 이 바라봄의 법칙을 사용한 대표적인 믿음의 조상인 것입니다. 창세기 13장 14절로 15절에 보면 "롯이 아브람을 떠난 후에 여호와께서 아브람에게 이르시되 너는 눈을 들어 너 있는 곳에서 동서남북을 바라보라 보이는 땅을 내가 너와 네 자손에게 주리니 영원히 이르리라" 가나안 땅을 하나님께서 아브라함에게 그냥 준 것이 아니라 동서남북을 바라보고 가나안 땅을 주장하라. 그리하면 이것을 너와 네 자손에게 주리니 영원하리라고 말한 것입니다. 아브라함의 눈에 보이는 것만 주겠다는 것입니다. 바라봄의 법칙인 것입니다. 아브라함의 나이 85세가 되고, 그의 아내가 75세가 되어 자녀를 얻지 못할 때 하나님께서는 아브라함을 불러내어서 밤중에 별들을 헤아리게 했습니다.

창세기 15장 5절로 6절에 "그를 이끌고 밖으로 나가 가라사대 하늘을 우러러 뭇별을 셀 수 있나 보라 또 그에게 이르시되 네 자손이 이와 같으리라 아브람이 여호와를 믿으니 여호와께서 이를 그의 의로 여기시고" 바라봄의 법칙입니다. 그냥 막연하게 하나님이 자손 주겠다고 말하지 않았습니다. "하늘의 별들을 헤아려 보라." 별들을 하나, 둘, 셋, 넷 헤아리니까 "하나님이 너희 자손이 저 별들처럼 많을 것이다." 별들을 통하여 자손들의 얼굴과 숫자를 아브라함은 바라보았던 것입니다. 바라봄의 법칙은 우리의 마음속에 신앙을 강화시키는 것입니다. 그러므로 기도할 때 우리가 이루어진 모습을 바라보아야 되는 것입니다. 아무것도 없는데 어떻게 바라봅니까? 성경에는 하나님은 죽은자를 살리시며 없는 것을 있는 것같이 말씀하신 하나님이라고 했습니다. 없는 것을 있는 것처럼 바라보고 성령으로 기도해야 되는 것입니다. 바라봄의 법칙입니다. 이것을 우습게 생각하지 마십시오. 바라봄의 법칙이 중요하지 않다면 하나님께서는 왜 아브라함에게 늘 바라봄의 법칙을 사용하라고 했겠습니까? 하나님께서는 우리가 기도할 때 분명한 목표를 설정하고 그것이 이룬 것을 바라보고 기도하기를 원하시는 것입니다. 바라봄의 법칙을 사용하십시오.

**셋째, 확실히 이룰 줄 믿어야 한다.** 기도하면서도 마음속에 될까? 안될까? 자꾸 의심을 하면 안 되는 것입니다. 자꾸 의심이 생기는데 어떻게 합니까? 믿음이라는 것은 선택에 있습니다. 내가 믿겠다고 선택을 하면 믿는 것입니다. 내가 의심하겠다고 생각을 하면 자꾸 의심하게 되는 것입니다. 나는 사나 죽으나 믿겠다. 나는 의심을 받아들이지 않는다. 마음에 결정을 내리면 의심은 예수 이름으로 물리쳐 버리고 믿음으로 설수가 있는 것입니다.

야고보서 1장 6절로 7절에 "오직 믿음으로 구하고 조금도 의심하지 말라 의심하는 자는 마치 바람에 밀려 요동하는 바다 물결 같으니 이런 사람은 무엇이든지 주께 얻기를 생각하지 말라" 여기에 의심하지 말라고 명령했습니다. 우리 마음에 의심하지 않겠다고 결심하면 의심을 받아들이지 않을 수 있기 때문에 그렇게 말한 것입니다.

베드로 보십시오. 예수님이 물위로 걸어오실 때 "주님이시면 나를 물위로 걷게 하소서." 예수님이 오라고 하니까 그가 예수님만 바라보고 의심하지 않고 걸어갈 때 물위로 베드로가 걸었습니다. 사람이 물위로 걸은 것은 처음입니다. 그런데 일진광풍이 불어오고 물보라가 얼굴을 치니 그만 예수님을 바라보던 눈을 돌이켜 파도를 바라보고 두려워했습니다. 의심을 했습니다. 그 결과 베드로는 물에 빠졌습니다. 그때 예수님께서 뭐라고 말했습니까? "믿음이 적은자여 왜 의심하였느냐?" 의심하는 사람은 믿음이 적은 사람인 것입니다. 그러나 의심을 내팽개치고 굳세게 주님을 바라보면 믿음이 강한자가 되는 것입니다.

우리가 기도할 때 눈에는 아무증거 안보이고 귀에는 아무소리 안 들리고 손에는 잡히는 것 없어도 마음에 작정을 해야 되는 것입니다. "나는 끝까지 믿겠다. 사나 죽으나 나는 믿는다. 눈에는 아무증거 안보이고 귀에는 아무 소리 안 들리고 손에는 잡히는 것 없어도 나는 믿겠다" 믿음을 결심하는 것입니다. 이것 굉장히 중요한 것입니다. 그러지 않고 중립적인 마음에 서서 믿을만하면 믿고, 의심이 생기면 의심을 받아들이겠다. 그러한 상황 속에서는 요동하는 바다물결 같아서 아무것도 하나님께 구하여 얻을 수가 없는 것입니다. 우리는 의심하지 않고 하나님 앞에 기도하기 위해서는 말씀을 부여잡아야 됩니다. 저 하늘이 무너지고 이 땅이 꺼져도 일점일획도 변치 않는 것이 하나님의 말씀인 것입니다. 부여잡을 것이 있어야 되지 않습니까? 바람이 불고 파도가 칠 때 내가 붙잡고 매달릴 것이 있어야 되는데 하나님 말씀은 요동치 않습니다.

고린도후서 1장 20절에 보면 "하나님의 약속은 얼마든지 그리스도 안에서 예가 되니 그런즉 그로 말미암아 우리가 아멘! 하여 하나님께 영광을 돌리게 되느니라." 고 말씀한 것입니다.

옛날 태평양을 횡단하던 중에 배가 파선되어 20일 이상 뗏목을 타고 표류하다가 극적으로 구조된 사람이 있습니다. 바로 리건 베이커라는 선장과 젊은 두 선원이었습니다. 그들은 뗏목을 타고 20일 동안 바다에 떠돌아 다녔습니다. 낮에는 작열하는 태양으로 온몸이 다 타는 것 같고, 목이 마르고, 그리고 밤에는 너무나 얼어 죽을 듯이 춥고 상어 떼의 습격을 받고 어마어마하고 무시무시한 상황 속에서 절대적인 적막과 고독 속에 20일 동안 뗏목을 타고 바다를 표류했던 것입니다. 그럴 동안에 그 선장은 신앙이 깊어서 늘 시편 23편을 외웠습니다. "내가 사망의 음침한 골짜기로 다닐지라도 해를 두려워하지 않을 것은 주께서 나와 함께 계심이라 주의 지팡이와 막대기가 나를 안위하시나이다." 그리고 마태복음 6장 31절로 34절은 암송했습니다. "그러므로 염려하여 이르기를 무엇을 먹을까 무엇을 마실까 무엇을 입을까 하지 말라. 이는 다 이방인들이 구하는 것이라. 너희 천부께서 이 모든 것이 너희에게 있어야 할 줄을 아시느니라. 너희는 먼저 그의 나라와 그의 의를 구하라 그리하면 이 모든 것을 너희에게 더하시리라. 그러므로 내일 일을 위하여 염려하지 말라 내일 일은 내일 염려할 것이요 한 날 괴로움은 그날에 족하니라."

두 성경 구절을 늘 암송하면서 그는 하나님께 매달렸습니다. 그러다가 23일 만에 구조 되었는데 신문기자들이 물었습니다. "어떻게 인간의 한계선을 뛰어넘어 23일 동안 바다에서 살아남을 수 있었느냐"고 하니까 그 선장은 말하기를 "나는 선한 목자 되신 하나님께서 그의 말씀대로 나를 잔잔한 물가로 인도하실 것을 의심하지 않았습니다. 그 약속의 말씀을 붙들고 기도했기 때문에 염려하지 않고 하루하루 이겨나갈 수 있었고 결국에는 역경을 극복하고 살아남을 수가 있었습니다." 보십시오. 말씀이 얼마나 중요합니까? 믿음은 들음에서 나며 들음은 그리스도의 말씀으로 말미암는다고 말씀한 것입니다. 어떠한 역경에 처해도 말씀을 부여잡고 의심하지 아니하고 하나님께 부르짖어 기도하면 하나님의 역사가 일어나게 되는 것입니다.

그리고 언제나 우리 인간적인 이성으로 생각하면 안 됩니다. 내 이성적으로 생각해볼 때 이것은 불가능하다. 경험적으로 생각해볼 때 이것은 불가능하다고 생각하면 안 됩니다. 하나님은 기적을 행하시는 하나님이기 때문에 크고 은밀한 일을 행하시는 하나님인 것입니다. 내 상상을 초월해서 하나님의 기적이 일어날 것을 기대해야 되는 것입니다.

예레미야 33장 3절처럼 "너는 내게 부르짖으라 내가 네게 응답하겠고 네가 알지 못하는 크고 은밀한 일을 네게 보이리라" 우리가 하나님을 찾고 부르짖으니 영적인 상태가 됩니다. 하나님과 같은 영의 상태가 되니 우리가 알지 못하는 길을 하나님은 보여

주시는 것입니다.

하나님은 자기를 사랑하는 자 곧 그 뜻대로 부르심을 입은 자들을 위해서 모든 길을 예비해 놓으신 것입니다. 예비해 놓았기 때문에 우리가 하나님의 예비하신 크고 비밀한 일이 나타날 것을 기다려야 되는 것입니다. 이는 힘으로도 되지 않고 능으로도 되지 않으나 하나님이 영으로 말미암아 되는 것입니다.

시편 145편 19절에 "저는 자기를 경외하는 자의 소원을 이루시며 또 저희 부르짖음을 들으사, 구원하시리로다" 라고 말씀하신 것입니다. 기독교 역사상 기도응답을 많이 받기로 유명한 사람이 있는데 그 사람이 바로 고아의 아버지 죠지 뮬러였습니다. 그는 어떠한 사람에게도 가서 손을 내밀지 아니하고 오직 성경가지고 기도실에서 무릎을 꿇어 기도만 하므로 3천명의 고아를 먹이고 입히고 교육시키고 시집, 장가 다 보낸 것입니다. 그는 일평생에 5만 번 기도응답을 받았다고 그 기록에 기록하고 있는 것입니다. 그런데 그에게 기도 응답받는 비결을 묻자. 그는 말하기를 나는 성경 마가복음 11장 24절에 기록한 말씀대로 "그러므로 내가 너희에게 말하노니 무엇이든지 기도하고 구하는 것은 받은 줄로 믿으라. 그리하면 너희에게 그대로 되리라"고 했기 때문에 나는 기도할 때 반드시 받은 줄로 믿고 기도를 합니다.

한번은 한파가 몰아쳤습니다. 그런데 어린아이 병동에 고아동에 아주 갓난아기로부터 시작해서 이제 겨우 걸어 다니는 어린애들을 수용한 고아 동에 보일러가 고장이 났습니다. 추운 한파가 불어오는 한 겨울에 보일러가 고장이 났으니 아이들이 다 얼어 죽게 되었습니다. 그 많은 어린 아이들을 다른데 어디 수용할 수 없었습니다. 사람들은 비상이 걸려서 큰일이 났다고 했습니다. 그러나 죠지 뮬러 목사님은 조금도 동요하지 않고 그는 성경 책 하나 가지고 기도실에 들어가서 하나님께 기도했습니다.

"하나님 아버지! 아버지는 고아의 아버지이시며 과부의 변호 자가 되시며 나는 아버지의 명령을 쫓아 돌보는 총무에 불과합니다. 이제 애들 유아 동에 보일러가 고장이 나서 불을 땔 수가 없습니다. 이 한파에 애들 다 얼어 죽게 되었는데 아버지가 자녀들을 안 돌보겠습니까? 하나님 크고 비밀한 기적을 나타내사 어떻게 하든지 어린아이들 얼어 죽지 않게 해주시옵소서."

그렇게 기도를 했는데 보일러가 꺼지는 그 시간부터 동풍이 불어오기 시작하면서 영국 전역에 봄이 다가왔습니다. 사람들은 이 한겨울에 갑자기 이렇게 봄날같이 따뜻할 수 있냐고 겨울옷을 장농 안에 넣고 봄옷을 끄집어내어서 갈아입었습니다. 그럴 동안에 보일러를 수선했는데 보일러가 다 수선되어서 불을 때기 시작하지 마자 혹한 겨울바람이 불어오기 시작한 것입니다. 하나님의 크고 비밀한 기적을 베풀어 주신 것입니다.

우리 인간의 생각을 초월해서 오늘날도 하나님은 부르짖는 성도들을 위해서 크고 비밀한 일을 나타내 주시는 것입니다. 그렇기 때문에 우리에게 소망이 있는 것입니다. 우리가 이성적으로 생각할 수 있고 경험할 수 있는 것만 한다면 우리는 절망할 때 어디를 바라봅니까? 그러나 하나님께서는 우리의 상상을 초월해서 기적을 베푸시는 하나님이신 것입니다. 크고 비밀한 일을 나타내 주시는 것입니다.

**넷째, 간절히 기도에 집중해야 한다.** 뜨거운 마음, 한이 서린 마음으로 기도를 해야 되는 것입니다. 우리가 기도할 때 그냥 중언부언하고 마음에 냉랭한 마음으로 기도해서는 하나님이 응답받지 않습니다. 마음이 끓어올라야 되는 것입니다. 뜨거운 마음, 한이 서린 마음이 되어야 되는 것입니다. 누가복음 18장 6절로 8절에 "주께서 또 가라사대 불의한 재판관의 말한 것을 들으라 하물며 하나님께서 그 밤낮 부르짖는 택하신 자들의 원한을 풀어주지 아니하시겠느냐 저희에게 오래 참으시겠느냐 내가 너희에게 이르노니 속히 그 원한을 풀어 주시리라 그러나 인자가 올 때에 세상에서 믿음을 보겠느냐 하시니라"

사람이 마음에 원한을 품으면 밤낮 잊어버리지 않습니다. 원한이 마음에 있으면 자나 깨나 밥을 먹으나 일을 하나 마음속에 그 원한으로 사무치게 되는 것입니다. 우리가 하나님께 기도응답을 받고자 하면은 뜨거운 마음, 한이 서린 마음으로 자나 깨나 그것을 잊어버리지 말고 먹으나 일하나 잊어버리지 말고 집중하는 마음을 가지고 기도를 해야 되는 것입니다.

성경에 보면 한 과부가 있는데 그가 억울한 일을 당하여서 재판관에게 가서 내 원한을 갚아 달라고 했습니다. 그 재판관은 하나님을 두려워하지 않고 사람을 무시하는 분인데 더구나 과부가 와서 부탁을 하니 눈도 깜짝하지 않았습니다. 그러나 이 과부는 뜨거운 마음, 원한에 서린 마음으로 자나 깨나 그 재판관의 집 앞에 기다리면서 내 원수에 대한 원한을 갚아달라고 부르짖었습니다. 한동안 무시했으나 너무나 계속하므로 나중에 재판관의 마음이 번뇌스럽고 고통스러워 견딜 수가 없습니다.

내가 하나님을 두려워하지 않고 사람을 무시하나 이 과부가 밤낮 와서 나를 번거롭게 하므로 내가 응답해 주겠다고 해서 그 문제를 해결해 주었다고 말한 것입니다. 불의한 재판관도 뜨거운 마음과 원한서린 마음으로 밤낮 부르짖는 과부의 기도를 응답했는데 하물며 천부께서 그 택하신 자가 밤낮으로 한이 서린 마음으로 주님께 부르짖어 기도할 때 응답해 주지 않겠느냐고 주님께서 말씀한 것입니다.

이와 같이 아예 죽으면 죽으리다하는 마음으로써 간절히 기도하면 하나님의 기적이 일어나는 것입니다. 뜨거운 마음, 원한서린 마음으로 기도해야 응답을 받습니다. 성경에는 세례요한부터 지금까지 천국은 침노를 당하노니 침노하는 자가 빼앗는다고 말한 것입니다. 전력을 기울여서 뜨거운 마음과 열정적인 심정으로 기도하되 끝까지 인내해야 되는 것입니다.

히브리서 10장 36절로 38절에 "너희에게 인내가 필요함은 너희가 하나님의 뜻을 행한 후에 약속을 받기 위함이라 잠시 잠깐 후면 오실 이가 오시리니 지체하지 아니하시리라 오직 나의 의인은 믿음으로 말미암아 살리라 또한 뒤로 물러가면 내 마음이 저를 기뻐하지 아니하리라 하셨느니라." 응답받을 때까지 물러가지 말아야 합니다. 성도는 잘 훈련된 사냥개와 같이 되어야 되는 것입니다. 잘 훈련된 사냥개는 짐승의 목을 물면은 죽을 때까지 흔들고서 안 놓습니다.

　기도의 사람인 죠지 뮬러에 대해서 제가 다시 한 번 말하고 싶은 것은 죠지 뮬러가 어릴 때부터 자란 다섯 친구가 있었어요. 그가 이 친구들을 주께로 인도해서 천국으로 데려가야 되겠다고 결심을 하고 다섯 사람을 위해서 기도했는데 그가 기도한지 18개월 만에 한 사람이 구원을 받고 또 기도한지 5년이 지나서 두 번째 사람이 응답을 받아 구원을 받고, 그리고 기도한지 12년 후에 세 번째 사람이 응답을 받아 구원을 받았습니다.

　그러나 네 번째, 다섯 번째 친구를 위해서는 52년 동안 계속 기도를 했습니다. 죠지 뮬러가 이제 병이 들어 죽게 되었는데 하루는 몸이 몹시 아픔에도 불구하고 마지막 설교를 하겠다고 그는 하나님께 기도하고 힘을 얻어 강단에 나가서 마지막 설교를 할 때에 그 설교를 듣고 네 번째 친구가 구원을 받고, 그 다음에는 다섯째 친구가 구원 받는 것을 보지 못하고 죠지 뮬러는 세상을 떴습니다. 그래서 사람들은 말하기를 "죠지 뮬러가 52년 동안 기도해도 완전한 응답은 받지 못했다."고 했는데, 죠지 뮬러 장례식에 이 마지막 다섯째 친구가 찾아 왔다가 관이 흙속에 내려가는 것을 보고, 그 자리에 무릎을 꿇어 회개하고 기도하고 변화받아, 주의 종이 되었습니다. 이 마지막 사람이 온 영국을 돌아다니면서 하는 말이 "뮬러 목사의 기도는 다 응답되었습니다. 제가 그 최후의 응답자입니다. 그러므로 당신들의 모든 기도도 반드시 응답될 것이다"라고 전도하고 다녔다고 합니다.

# 7장 기도할 때 성령이 역사하신 사건

(행 13:1-5)"안디옥 교회에 선지자들과 교사들이 있으니 곧 바나바와 니게르라 하는 시므온과 구레네 사람 루기오와 분봉 왕 헤롯의 젖동생 마나엔과 및 사울이라. 주를 섬겨 금식할 때에 성령이 이르시되 내가 불러 시키는 일을 위하여 바나바와 사울을 따로 세우라 하시니, 이에 금식하며 기도하고 두 사람에게 안수하여 보내니라. 두 사람이 성령의 보내심을 받아 실루기아에 내려가 거기서 배 타고 구브로에 가서 살라미에 이르러 하나님의 말씀을 유대인의 여러 회당에서 전할새 요한을 수행원으로 두었더라"

성령 안에서 성령으로 기도할 때 성령으로 충만한 역사가 일어납니다. 기도가 아니면 영이신 하나님과 교통할 수가 없습니다. 사람이 숨을 쉬지 아니하면 4분 이상 생명을 유지하지 못합니다. 아무리 물고기가 활달하더라도 물밖에 나오면 살수 없습니다. 이와 같이 우리 예수를 믿는 사람들은 성령의 교통이 없이는 그 영혼이 살아남을 수가 없습니다. 우리는 원래 아담의 후예로서 죄악 가운데 영이 죽은 사람들인 것입니다.

이러므로 영이 죽은 사람들은 아무리 인간의 힘으로 깨우치려고 해도 깨우칠 수 없습니다. 오직 하나님의 성령께서 우리 마음에 감화, 감동을 주셔서 우리가 얼마나 비참한 죄인인 것을 깨닫게 해 주시고 성령께서 우리 주 예수그리스도를 우리에게 계시해 주셔서 비로소 예수그리스도 안에서 우리가 용서를 받고 구원을 받은 것을 믿을 수가 있게 되는 것입니다.

이러므로 성경은 밝히 말씀하기를 성령으로 말미암지 않고는 예수를 그리스도로, 주로 부를 사람이 없다고 말하고 있는 것입니다. 더구나 이 마지막 때를 사는 우리들은 그 누구보다도 간절하게 성령의 충만함을 받도록 하나님께 간구해야 될 것입니다. 성령은 우리가 예수그리스도를 믿고 회개할 때, 우리 속에 들어와서 거하십니다. 그래서 우리에게 그리스도에 대한 계시를 보여주시는 것입니다.

그러나 이것만으로 만족할 수 없습니다. 우리는 성령의 세례를 받고 나아가 성령의 충만함을 받아야 되는 것입니다. 우리 주 예수께서 이 세상을 떠나서 천국 가시기 전에 너희는 요한의 물세례를 받았으나 몇 날이 못 되어 성령으로 세례를 받으리라고 말씀하신 것입니다. 성령이 너희에게 임하시면 너희가 권능을 얻고 예루살렘과 온 유대와 사마리아와 땅 끝까지 이르러 내 증인이 되리라고 말씀하신 것입니다. 이러므로 성령으로 세례를 받아야 비로소 우리의 신앙생활 속에 권세가 있고 권능이 나타나게 되는 것입니다. 기도에 권능이 생기고 전도에 권능이 생기고 신앙에 힘이 생기고 또 성령의 여러 가지 은사가 나타나서 우리의 생애 속에 하나님의 살아 계신 증거가 뚜렷해지는 것입니다.

이러므로 오늘날 우리 하나님의 교회에 필요한 것은 더 많은 의식이나 형식이나 제도가 아니라 하나님의 성령의 능력이 우리에게 필요한 것입니다. 그러면 우리는 초대교회를 살펴봄으로 말미암아 어떻게 초대교회에 하나님의 성령이 역사 했는지 우리 한번 알아보십시다.

**첫째, 마가의 다락방의 성령의 역사.** 마가 요한의 집 다락방에 임하였던 성령의 역사를 우리가 한번 상기해보겠습니다. 예수님께서 죽은 지 사흘 만에 부활하셔서 40일 동안 동에 번쩍 서에 번쩍 하면서 흩어져 가는 제자들을 불러 모았습니다. 그래서 예수께서 마지막 감람산에서 승천하실 때는 500여 명의 사람들이 예수님이 하늘로 올라가는 것을 눈으로 목격했었습니다. 그 중에 120명이 내려와서 마가 요한의 다락방에서 성령이 임할 때까지 열흘 동안 마음을 같이하여 간절하게 전심으로 기도했습니다. 성령으로 충만함 받기 원하는 사람은 전심으로 기도하지 않고는 성령의 역사가 일어나지 않습니다. 지나가는 바람처럼 잠시 기도하고는 마는 그러한 것으로 성령이 어떻게 충만할 수 있는 것입니까? 마음에 갈급한 심령이 있어서 시간을 내어 하나님 앞에서 전심으로 뜨겁게 부르짖어 기도할 때 성령이 임하는 것입니다.

그러므로 오순절 다락방에도 무려 그들이 성령이 임할 때까지 열흘 동안 하나님 앞에서 간절히 기도했는데 오순절 날이 임하자 갑자기 하늘에서 강한 바람 같은 소리가 나고 불의 혀같이 갈라지는 것이 각 사람 머리 위에 하나씩 임하여 있더니, 그들이 다 성령으로 충만함 받고 성령의 말하게 하심을 따라 다른 방언으로 말하기 시작한 것입니다.

여기에서 하나님의 성령께서 무엇을 하시겠다는 확실한 예언을 주신 것입니다. 그것은 무엇이냐 하면 그들이 모인 자리에 하나님의 성령이 임하실 때 강한 바람 같은 소리를 내고 성령이 임하신 것입니다. 왜 성령이 강한 바람 같은 소리를 냈을까요? 하나님의 성령은 강한 바람 같이 임하여서 우리의 생애 속에 염려, 근심, 불안, 초조, 절망의 모든 고리타분하고 썩어진 공기를 일시에 다 씻어내 버리고 마는 것입니다. 오늘날 수많은 사람들이 교회에 와서 예수님을 믿는다고 하면서도 그 마음속에 염려와 근심, 불안과 초조, 절망과 불신앙을 그대로 안고 있습니다. 이것을 쫓아낼 힘이 없습니다. 그러나 성령의 바람이 불어오면 어떠한 독가스라도 다 성령의 불로 불려나가 버리고 마는 것입니다.

오늘날 세상에 성령의 역사와 함께 악령의 역사가 많습니다. 모두 다 헬라 언어로는 성령도 푸뉴마토스 바람이라고 말하고, 악령도 푸뉴마토스 바람입니다. 나쁜 바람입니다. 더러운 바람, 악령, 악한 귀신, 점치는 귀신, 거짓말하는 귀신, 연약케 하는 귀신, 질병을 가져오는 귀신, 여러 가지 악령들이 자리를 차지하고 있습니다. 이 악한 바람을 쫓아내기 위해서는 하늘에서 내려오는 강한 바람, 초자연적인 하나님의 성령의 바람이 불어오면 여기에 침체된 모든 썩어진 고약한 바람들은 다 불려나가 버리고 마는 것입니다. 이렇기 때문에 우리의 신앙생활 가운데 마음속에 있는 모든 부정적이고 잘못된 악한 것들을 불어내는 것들은 하나님의 성령의 역사 이외에는 있을 수가 없습니다. 때문에 성령의 충만함을 받지 않고, 진실로 강한 믿음과 소망과 사랑을 가지고 신앙생활 할 수가 없는 것입니다.

성령이 또한 불같이 임하신 이유는 불은 열심을 나타냅니다. 마음이 뜨거워져서 열렬한 마음으로 하나님을 찾고 기도하고 소망이 뜨겁고 믿음이 뜨겁고 사람이 뜨거워야 됩니다. 우리 신앙생활이 미지근하면 아무것도 안 되는 것입니다. 성경에는 차든지 덥든지 하라. 미지근하면 토해버리겠다고 말씀한 것입니다. 이러므로 우리의 마음에 뜨거운 신앙을 갖기 위해서는 성령의 뜨거운 불이 임해야 됩니다. 그래서 이 불이 우리의 생애 속에 모든 더러운 육체에 속한 찌꺼기들을 다 불태워버리고 우리의 영혼이 하나님의 거룩한 믿음, 소망, 사랑의 불로 불타게 만드는 것은 성령의 역사 이외에는 없습니다.

또 성령의 말하게 하심을 따라 방언을 말하게 된 이유는 그냥 기도하면 몇 분을 기도하고 나서는 한 시간 이상 더 계속 기도할 수가 없습니다. 그러나 방언으로 찬송하고 방언으로 기도하고 또 방언으로 기도하고 아는 말로 주여! 하며 기도하고 이와 같이 계속함으로 한 시간도 좋고, 두 시간도 좋고, 세 시간도 좋고, 계속 하나님 앞에서 기도할 수 있습니다. 여하간 하나님 앞에서 오래 기도하면 할수록 영적인 깊은 은혜 속에 들어가게 되는 것입니다. 하루에 한 시간

이상 기도하지 아니하고 성령의 충만한 생활을 할 수 있는 사람은 한 사람도 없습니다. 오늘 교회가 필요한 것은 더 많은 시간을 내어서 하나님 앞에 기도할 수 있는 성도들을 훈련시키는 것입니다.

너무나 성도들이 기도를 하지 않습니다. 미국 교인들 통계를 보니까 하루에 미국교인들은 평균 1분 이하로 기도한다고 그랬습니다. 하루에 1분 이하로 기도하고 무슨 하나님의 능력과 영광이 나타납니까? 밥 먹는데도 하루에 적어도 세 시간 보내면서 영생을 얻고 하나님과 교제하는 그 기도를 한 시간도 안하고 신령한 신앙생활을 할 수 있다고 생각합니까? 한 시간 기도하라는 것은 아침에 30분만 일찍 일어나고 저녁에 30분만 늦게 자면 한 시간 기도는 실컷 할 수 있는 것입니다. 뿐만 아니라, 걸어 다니는 성전이 되어 무시로 기도할 수가 있어야 합니다. 이러므로 우리가 성령으로 충만해서 성령의 말하게 하심을 따라 다른 방언으로 말하면 방언으로서 하나님께 찬미하고 성령으로 기도할 수 있습니다.

그리고 또 하나님께서 방언을 주신 이유는 이제는 온 천하만국에게 하나님께서 방언을 통해서 모든 사람을 구원한다는 것입니다. 이 방언이란 무엇이냐 하면 각 국 나라말을 말하는 것입니다. 옛날에 유대인들은 생각하기를 하나님은 히브리말만 사용하고 유대민족만 구원한다고 생각했는데 오순절 날에 성령이 임하셔서 각 나라말로 말하기 시작함으로 이제 하나님께서는 유대민족만 구원하는 것이 아니라 하늘 아래 만민들을 구원한다. 모든 만민과 족속들을 구원하는 때가 왔다는 것을 보여주신 것입니다. 이러므로 성령이 충만해야 우리 교회 우리 민족만 위해서 전도해야 되겠다고 생각하지 않고 성령 충만하면 각 방언을 좇아서 선교사를 보내고 나가서 복음을 증거 하도록 하나님의 성령께서 이끌어 가시는 것입니다.

이러기 때문에 성령 충만이야말로 비로소 우리의 마음이 하늘나라의 계시로서 충만하게 되고 열심 있는 신자가 되고 또 온 천하만국에 나가서 복음을 증거할 수 있는 선교적인 뜨거운 소명이 마음속에 임하시게 되는 것입니다. 이러기 때문에 오늘날 이 시점에 우리가 성령 충만하지 않는 신앙생활로서는 절대로 하나님을 기쁘시게 할 수가 없는 것입니다. 기도해야 성령충만 해지는 것입니다.

**둘째, 왜 우리가 성령 충만을 받아야 되나.** 빌립이 사마리아에 가서 부흥회를 인도했습니다. 빌립은 하나님의 종이자 집사였습니다. 그가 예수그리스도를 전도하니 많은 사람에게 붙었던 귀신이 소리치며 나가고 많은 절름발이와 앉은뱅이가 나으니 그 성에 기쁨이 충만하더라고 말했습니다. 오늘날도 예수그리스도를 증거 하는 곳에는 귀신이 소리치며 나가고 절름발이와 앉은뱅이가 낫는 기사와 이적이 일어나야만 되는 것입니다. 성경은 말씀하시기를 예수그리스도는 어제나 오늘이나 영원토록 동일하다고 말했습니다. 너희 두 세 사람이 내 이름으로 모인 곳에는 나도 너희 가운데 있겠다고 말씀하신 것입니다. 그러므로 예수그리스도는 이 자리에 와서 계신 것입니다. 당신과 함께 계신 것입니다. 이러므로 예수그리스도를 전파하는 곳에는 귀신들이 소리치며 나가야 되는 것입니다. 왜냐하면 하나님의 성령의 불이 와서 부딪치기 때문에 귀신이 머물러 있을 수가 없는 것입니다.

그럼에도 불구하고 그곳에 성령을 받은 사람이 없었습니다. 사람들은 회개하여 구원을 받고 혹은 귀신이 쫓겨나가고 병이 낫기도 하는데 성령은 아무도 받은 사람이 없었습니다. 이래서 예루살렘에서 베드로와 요한을 파견해서 베드로와 요한이 그들이 성령 받기 위해서 기도하매 그들에게 성령이 임하기 시작한 것입니다.

구하지 아니하면 하나님께서 절대로 주시지 않습니다. 빌립이 사마리아 가서 복음을 증거 할 때 영혼 구원을 구하니까 구원받는 사람이 생겼습니다. 귀신을 쫓아내니까 귀신이 쫓겨 나갔습니다. 병은 기도하니까 나았었습니다. 그러나 성령 받기를 구하지 아니하였기 때문에 성령이 임하지 않았었습니다. 그러나 베드로와 요한이 와서 성령 받기를 하나님께 기도하매 그들에게 성령이 임하기 시작한 것입니다. 이러므로 우리가 성령을 달라고 하나님께 간절히 간구하고 부르짖어 기도해야 하나님의 성령께서 임하시는 것입니다. 하나님께 간절히 간구하고 갈급한 심정을 가진 사람들에게는 하나님의 성령이 오게 되어 있는 것입니다.

**셋째, 사울의 성령 체험.** 사울은 나중에 바울이 되었지만 그는 예수그리스도를 미워하고 기독교회를 훼파했었습니다. 가는 곳마다 교인들을 잡아 감옥에 넣고 채찍으로 때리고 스데반이 죽을 때

증인으로 서있었습니다. 그는 예루살렘에서 대제사장으로부터 허가를 받아서 시리아의 땅 다메섹으로 피난간 신자들을 모조리 잡아끌고 와서 감옥에 넣고 형벌하기 위해서 그는 군졸들을 데리고 시리아로 갔습니다. 다메섹으로 가는 길에서 바로 다메섹 성이 눈앞에 보입니다. 그런데 시리아의 햇볕은 마치 소나기처럼 쏟아진다고 했었습니다. 공기와 습기가 없고 맑기 때문에 소낙비처럼 햇살이 비춰 내려옵니다.

그런데 갑자기 대낮에 햇빛보다 더 밝은 빛이 하늘에서 비치므로 모든 사람들이 놀라서 땅에 엎드렸습니다. 사울도 말에서 떨어져서 땅에 엎드렸습니다. 그러자 하늘에서 소리가 났습니다. "사울아! 사울아! 네가 왜 나를 핍박하느냐?" 그는 엎드려서 말했습니다. "주여! 뉘시오니까?" "나는 네가 핍박하는 예수라" 깜짝 놀랐습니다. 자기는 하나님 일한다고 해서 기독교회를 훼파하고 교인들을 죽였는데 바로 그 훼파하는 기독교회의 주인인 예수가 하나님이라는 것을 깨달았습니다.

그는 일어나 보니 눈이 장님이 되었습니다. 사람들에게 끌려서 다메섹에 들어가서 사흘 낮, 사흘 밤을 금식하면서 회개하고 부르짖었습니다. 그러자 하나님의 영광이 임하시기 시작한 것입니다. 하나님께서 아나니아라는 사람에게 나타났습니다. 그리고 말씀하기를 "아나니아야, 사울이라는 사람에게 찾아가서 안수하여 보게 하고 성령으로 충만함 받게 하라"고 했었습니다. 아나니아가 말했습니다. "그 사람은 예루살렘에서도 많은 교인들을 죽이고 감옥에 가둬 놓고 교회를 훼파했습니다. 이 자리에도 예수교인을 잡으러 왔는데요" "그렇지 않다. 그 사람은 내가 택한 그릇이다. 나를 위해서 많은 어려움을 당하게 될 것이다. 직가라 하는 곳에 가서 사울을 찾아서 기도해 주어라" "사울이 아나니아라 하는 사람이 들어와서 자기에게 안수하여 다시 보게 하는 것을 보았느니라 하시거늘"(행 9:12). 예수님이 사울에게 아나니아가 와서 안수하여 다시보게 할 것이라고 알려주었습니다.

그래서 아나니아가 사울에게 찾아와서 네가 길에서 올 때 만난 그 예수가 나를 보내서 왔다 하고 사울에게 안수하고 사울에게 성령으로 충만하게 하자. 눈에서 비늘 같은 것이 떨어져서 눈이 보이게 되고, 그는 성령으로 충만함 받고, 그 때로부터 일어나서 기독교 역사상 최대의 사도가 되어서 천하에 복음이 전파되는데 가장 큰 기여를 한 분이 된 것입니다.

바로 이는 성령으로 충만함 받고 난 다음부터 그의 생애 속에 의심은 다 사라지고 믿음, 소망, 사랑이 충만해서 마지막 로마에서 목이 베어질 때까지 복음을 증거한 것입니다. 오늘날도 성령의 세례를 받아야 우리가 정말 하나님이 살아 계신 것을 체험하게 되고 능력과 권세가 임하여서 우리의 모든 유혹을 물리치고 하나님의 위대한 일꾼이 될 수가 있는 것입니다.

**넷째, 고넬료 가정의 성령체험.** 고넬료는 이탈리아 사람이었습니다. 이탈리아의 육군대위였습니다. 그는 유대인이 아니었습니다. 이방인 이었습니다. 그럼에도 불구하고 그는 구제를 많이 하고 하나님께 기도를 많이 했는데 오후 3시에 간절히 기도하니까 갑자기 천사가 그 앞에 나타났었습니다. "고넬료야! 고넬료야!" 하매 깜짝 놀라서 소스라쳐 쳐다보니까 "네 구제와 기도가 하늘에 상달되었다. 욥바에 사람을 보내서 베드로라는 사람을 청하라. 그가 구원에 대한 말을 해줄 것이다." 원래 고넬료는 그 식구들과 함께 기도를 많이 했었습니다.

그래서 베드로가 오기 전까지 온 친지들을 모아 놓고 간절히 기도하고 있는데 베드로가 와서 하나님의 말씀을 증거 합니다. 모세의 율법으로도 의롭다 함을 받지 못한 사람이 예수를 믿으면 그 피로 말미암아 죄 사함을 받고 의롭게 된다는 설교를 하자 그것을 믿고 그것을 믿자 말자 베드로에게 역사하던 성령이 임하신 것입니다. 그래서 고넬료와 그 가족들이 다 성령의 충만함을 받고 하나님을 높이며 방언을 말하고 역사가 일어났었습니다.

그 결과 고넬료 같은 이탈리아 사람이 군대 복무를 마치고 로마로 돌아가서 얼마나 열심히 전도했던지 주후 300년 만에 로마가 거꾸러져 예수를 믿고 그 당시 온 구라파가 주 예수께로 돌아오게 된 것입니다. 고넬료와 같은 이러한 군인이 정말 성령의 충만함을 받고 하나님의 능력으로 로마의 고향 땅에 돌아가서 열심히 하나님의 능력을 전도했기 때문에 로마가 온통 예수를 믿고 구원받는 역사가 일어날 수 있었던 것입니다.

이러므로 아무리 종교를 가졌다고 해도 성령의 능력을 받지 아니하면 종교는 아무런 힘도 없습니다. 우리가 아무리 의식적인 지식적인 신앙을 가졌다고 자부해도, 그것이 자신과 다른 사람을 구원할 능력도 없는 것입니다. 왜냐하면 지식적인 신앙은 육이기 때문입니다. 이러므로 주께서는 예루살렘을 떠나지 말고 아버지의 약속하신 것을 기다리라. 요한은 물로 세례를 베풀었거니와 너희는 몇 날이 못 되어 성령으로 세례를 받으리라고 말씀하신 것입니다. 그러므로 성령세례 받지 아니한 사람은 성령 세례 받기를 간절히 사모해야 될 것입니다.

**다섯째, 에베소서 교회의 성령운동.** 에베소 교회는 아볼로라는 유명한 웅변을 잘하는 목사님의 설교로 세워진 교회입니다. 웅변을 통해서 사람들이 주님께로 나왔지만은 신앙의 힘이 희미합니다. 성령의 세례 성령의 체험 없는 신앙은 언제나 희미합니다. 성령의 체험 없는 신앙으로는 마귀를 이길 수가 없습니다. 그래서 에베소 교회의 교인들은 웅변만 듣고서 감동으로 나왔으나 기도에 힘이 없고 하나님을 바라는 신앙에 힘이 없었습니다.

바울이 와서 보니까 열두 명쯤 되는 사람이 살았다 하나 죽은 상태입니다. 그래서 바울이 물었습니다. "너희가 믿을 때에 성령을 받았느냐?" "우리는 성령이 있음도 알지 못하노라" 바울이 그들에게 그리스도를 전도하고 물로 세례를 베풀고 안수하고 기도해주었더니 성령세례를 받아 방언도 하고 예언도 하니 모두 열두 사람쯤 되었습니다. 그 결과 에베소에서 이 열두 사람이 성령세례를 받자

불길이 일어나기 시작한 것입니다.

하나님의 역사가 에베소 일대를 뒤흔들었습니다. 얼마 있지 아니하여 소아시아 전체가 그리스도의 복음을 듣게 되고 하나님의 영광이 하늘에 사무치게 된 것입니다. 이 사람들이 성령을 받자 그 열두 사람으로부터 시작해서 가장 큰 성령의 운동이 소아시아 일대에 일어나게 된 것입니다.

**여섯째, 안디옥 교회의 기도회 및 성령의 교통**. 안디옥 교회는 평신도들이 세운 교회입니다. 예루살렘에 핍박이 일어나서 많은 신자들이 뿔뿔이 다 흩어질 때 안디옥에 평신도들이 내려가서 복음을 증거 하여 세운 교회가 안디옥 교회요 초대교회에서 가장 큰 교회였었습니다.

기독교 역사를 통해서 볼 때 안디옥 교회 교인 수가 50만 명이었다고 말하고 있는 것입니다. 그러므로 오늘날로 말하면 여의도 순복음교회 교인 숫자만큼 많았다는 것입니다.

그런데 안디옥 교회가 그렇게 자란 이유는 성경에 보니 안디옥 교회는 기도하는 교회였었습니다. 바울과 바나바와 마나엔과 그 젖동생들과 연합해서 하나님 앞에 엎드려 금식하며 기도했었습니다. 안디옥 교회가 자란 것은 그 곳에 있는 사람들이 하나님 앞에서 금식하며 기도하며 시간을 내어서 하나님을 섬겼기 때문에 하나님의 역사가 일어날 수 있은 것입니다. 오늘날 너무나 많은 사람들이 자기를 섬깁니다. 무엇을 먹을까? 무엇을 입을까? 무엇을 마실까? 만 염려하고 세상일에만 집중하여 시간을 내어서 하나님 말씀을 읽고 성령으로 하나님께 기도하고 하나님을 찬미하며 하나님을 주인으로 섬기는 일을 등한히 하기 때문에 하나님의 성령의 역사가 일어나지 않습니다.

안디옥 교회의 성도들이 하나님을 섬겨 금식할 때 하나님의 성령께서 임하여서 말씀했습니다. "바울과 바나바를 내가 시키는 일을 위하여 따로 세우라" 오늘날도 생생한 성령의 음성 듣기를 원합니까? 성령의 지혜를 얻기를 원합니까? 성령의 지식을 얻기 원합니까? 하나님의 성령의 권능 받기를 원합니까? 그렇다면 주를 섬겨 금식하며 성령 안에서 성령으로 기도해야만 되는 것입니다. 안디옥 교회가 성령의 능력으로 말미암아 무장하고 성령의 지혜와 총명과 보내심을 받아 선교사들을 파견했기 때문에 온 구라파가 예수께로 돌아오는 기적이 일어날 수가 있는 것입니다.

사람들은 이 세상에 예수 믿고 자기 혼자 사는 것으로 생각 하지만은 성경에는 내가 너희를 고아와 같이 버려놓지 않고, 너희와 함께 하리라고 말씀하신 것입니다. 성령도 우리 연약함을 도우시기 위해서 우리와 같이 계시는데, 우리가 하나님 앞에 기다리며 기도할 때 하나님의 성령이 우리와 더불어 역사할 수 있는 것입니다.

그런데 성령이 역사하면 어떤 일이 생길까요? 하나님께 기도하고 엎드리고 있으면 마치 밤새 눈에 안 보이게 이슬이 내려와서 아침에 풀숲에 물이 흥건히 고이는 것처럼, 하나님께 엎드려 있을 때 하나님의 성령께서 이슬같이 믿음으로 임하시고, 소망으로 임하시고, 사랑으로 임하시고, 마음속에 지혜로 지식으로 총명으로 임하시고, 권능으로 임하셔서, 우리의 생활 가운데 믿음으로 일어났을 때는 하나님의 영광이 충만하게 만들어 주시는 것입니다.

우리는 매일 매일같이 심각한 결정을 내려야 될 때가 많습니다. 우리는 모두 다 매일 매일같이 결정을 내리고 사는 것입니다. 장사를 할 것이냐 말 것이냐, 사업을 할 것이냐 말 것이냐, 이 물건을 살 것이냐 안 살 것이냐, 저 사람과 만날 것이냐 안 만날 것이냐 매일 매일같이 결정을 내려야 되는 것입니다. 올바르고 성공적인 결정을 내리는 사람은 그것이 합쳐져서 생활이 나중에 위대한 성공이 될 수 있는 것이요. 결정을 잘못 내려서 늘 잘못된 결정을 내리면 이것이 합쳐져서 나중에 낭패와 실망이 되게 만들어 주는 것입니다. 어떻게 하면 올바른 결정을 내릴까요? 이것이 하나님의 지혜인 것입니다.

학교에서 공부를 많이 못했다고 해도 하나님이 주신 지혜로 사물을 올바르게 분별하고, 올바른 결정을 내리면 지혜로운 사람이 되는 것입니다. 이 지혜는 어디서 얻을까요? 안디옥 교회와 같이 하나님을 섬겨서 기도하고 기다릴 때 하나님의 성령께서 자기도 알지 못하는 사이에 지혜를 주셔서 사물을 올바르게 판단하게 만들어 주시는 것입니다.

더 많이 하나님께 엎드려 기도하고 성령과 교제했더라면 우리들을 더 올바르게 이끌어 주었을 것입니다. 우리의 생활을 더 올바른 길로 이끌어 갔을 것입니다. 우리의 사업을 더 성공적으로 인도해 주었을 것입니다. 사람과 교제하는데 잘못된 사람, 사기꾼을 만나지 않았을 것입니다. 잘못된 사람과 손을 잡고 일을 해서 파탄에 이르지 않았을 것입니다.

성경에는 주께서 말씀하시기를 너희 중에 지혜가 부족하거든 꾸짖지 아니하시고 후히 주시는 하나님께 구하라. 그리하면 저가 주시리라고 했기 때문에 무시로 하나님께 간절히 기도하고, 성령으로 충만하여 성령이 주시는 지혜를 받아서 인생을 살아가게 되시기를 소원합니다. 무시로 어떻게 기도를 하느냐. 걱정할 필요가 없습니다. 자신 안에 계신 하나님을 찾는 것입니다. 하나님! 사랑합니다. 하나님! 도와주세요. 하나님! 어떻게 할까요. 하나님! 기도의 영을 부어주세요. 기도를 너무 어렵게 생각하지 마시고, 그저 성령의 지배 안에서 하나님을 찾으세요. 습관이 되면 제일 재미가 있고 쉬운 것이 기도입니다. 습관이 되면 성령으로 기도하는 것이 쉽습니다. 성령 안에서 성령으로 기도하면 치매도 예방이 됩니다.

지금의 시대를 인생 백세시대라고 합니다. 그런데 60대의 10%가 80대는 25%가 치매로 고통을 당합니다. 치매가 걸리면 사람대접을 받지 못하고 짐승처럼 살다가 인생을 마감하게 됩니다. 50-60대 사람들이 제일 무서워하는 것이 치매라고 합니다. 치매를 사전에 예방하는 믿음생활이 되어야 합니다. 성령 안에서 성령으로 기도하면서 기도를 쓰는 것도 치매를 사전에 예방할 수가 있습니다. 더 자세한 치매예방에 대하여는 필자가 집필한 **"치매예방 건강 장수하는 비결"**을 참고하시기를 바랍니다.

# 8장 영의통로를 열어 응답받는 기도

(왕상 18:30-39)"엘리야가 모든 백성을 향하여 이르되 내게로 가까이 오라 백성이 다 저에게 가까이 오매 저가 무너진 여호와의 단을 수축하되 야곱의 아들들의 지파의 수효를 따라 열 두 돌을 취하니 이 야곱은 여호와께서 옛적에 저에게 임하여 이르시기를 네 이름을 이스라엘이라 하리라 하신 자더라. 저가 여호와의 이름을 의지하여 그 돌로 단을 쌓고 단으로 돌아가며 곡식 종자 두 세아를 용납할 만한 도랑을 만들고, 또 나무를 벌이고 송아지의 각을 떠서 나무 위에 놓고 이르되 통넷에 물을 채워다가 번제물과 나무위에 부으라 하고, 또 이르되 다시 그리하라 하여 다시 그리하니 또 이르되 세번 그리하라 하여 세번 그리하니, 물이 단으로 두루 흐르고 도랑에도 물이 가득하게 되었더라. 저녁 소제 드릴때에 이르러 선지자 엘리야가 나아가서 말하되 아브라함과 이삭과 이스라엘의 하나님 여호와여 주께서 이스라엘 중에서 하나님이 되심과 내가 주의 종이 됨과 내가 주의 말씀대로 이 모든 일을 행하는 것을 오늘날 알게 하옵소서. 여호와여 내게 응답하옵소서 내게 응답하옵소서 이 백성으로 주 여호와는 하나님이신 것과 주는 저희의 마음으로 돌이키게 하시는 것을 알게 하옵소서 하매, **이에 여호와의 불이 내려**

서 번제물과 나무와 돌과 흙을 태우고 또 도랑의 물을 핥은
지라. 모든 백성이 보고 엎드려 말하되 여호와 그는 하나님
이시로다 여호와 그는 하나님이시로다 하니"

영의통로라 함은 자신 안에 하나님과 관계가 열린 것을 말합니
다. 자신 안에 주인으로 계시는 하나님과 주거니 받거니 할 정도
로 관계가 열린 것을 영의통로가 열렸다고 말하는 것입니다.

주전 9세기경에 북 이스라엘 나라의 선지자가 있었습니다. 그
이름이 엘리야였습니다. 엘리야는 아합 왕이 이방신을 섬기는 아
내 이세벨을 데려다가 결혼하고 온 북 이스라엘로 하여금 바알과
아세라를 섬기는 신앙으로 가득하게 만들었습니다.

여호와의 선지자들을 다 잡아 죽이고 여호와의 제단(성전)을
헐어 버렸습니다. 그 결과로 하나님의 진노가 이스라엘에 임하게
되었습니다. 엘리야가 아합 왕을 만나서 내 입에서 말이 떨어지기
전에 이 땅에 우로가 없을 것이라고 했습니다. 이는 하나님의 계
시를 전한 것입니다. 그 결과로 3년 6개월 동안 북이스라엘에 우
로가 없었습니다.

그러므로 기근이 막심하고 사람들이 굶어죽고 짐승들이 다 죽
고 처참하게 되었습니다. 그 후에 엘리야가 아합 왕을 만나서 우
리 결단을 내리자. 여호와가 참 하나님인지, 바알이 참 하나님인
지, 시험을 해 보자. 온 바알의 선지자와 이스라엘 대표들을 갈멜
산으로 모아와서 그곳에서 여호와가 참 하나님인지 바알이 참 하

나님인지 우리가 시험을 하자고 했습니다. 그래서 아합 왕이 갈멜산으로 바알의 선지자 450명과 아세라 선지자 400명, 모든 이스라엘의 대표들을 다 모았습니다.

거기에서 엘리야가 이런 제시를 했습니다. 우리가 단 두 개를 쌓되 바알의 단도 있고 여호와의 단도 있는데 바알의 단이나 여호와의 단에 각각 송아지 한 마리를 잡아서 각을 떠서 얹어 놓고 기도해서 불로 응답하는 신이 참 신으로 하자. 바알은 그 제사장 수가 450명이 되니 먼저하라. 그래서 바알의 제사장들이 단을 쌓고 장작을 펼쳐놓고 송아지를 각을 떠서 얹어 놓고 단 주위에 뛰고 춤추며 바알이여, 바알이여, 불을 주소서 불을 주소서, 고함을 치고 오전 때가 되어도 불이 임하지 않습니다. 그러니 엘리야가 나와서 조롱을 합니다. 더 고함을 쳐라 너희 신이 잠에 들었나보다 깨워라 혹은 여행을 떠났는가 보다. 빨리 돌아오게 하라. 그러니 바알의 선지자가 답답하니깐 칼로써 자기 몸을 찢으며 피를 흘리고서 부르짖어도 응답이 없습니다.

저녁에 엘리야의 차례가 왔습니다. 엘리야는 사람들에게 모여오라 이스라엘의 무너진 제단(성전)을 수축했습니다. 이스라엘의 12자녀의 이름대로 12돌을 취해서 제단(성전)을 만들고, 그 위에 송아지의 각을 떠서 얹고 난 다음, 물 세 동이를 가지고 와서 부으라고 하십니다. 부으니깐 물이 제단(성전)과 도랑에 가득했습니다. 두 번째 도 부어라 세 번째도 그리하라. 그리고 난 다음 하나님 앞에 꿇어 엎드려서 하나님 아버지여 여호와께서 하나님이신 것과 제가 하나님의 종인 것과 이렇게 하는 것이 하나님의 뜻인 줄 알게 하여 주옵소서. 하나님께서는 유일한 하나님이요. 이 백성으로 하여금 마음을 돌이켜 여호와를 섬기게 하는 줄로 알게 하여 주시옵소서. 내 기도에 응답하시고 불을 내리소서, 불을 내리소서 하며 기도하니, 마른하늘에 불이 제단(성전)에 떨어지면서 제단(성전)이 바싹 타 버렸습니다.

온 제물도 타고 물도 다 타고 돌도 다 탔습니다. 그러자 사람들이 엎드려 여호와 그는 참 하나님이라! 여호와는 참 하나님이라고 고함을 칠 때에 엘리야는 말하기를 바알의 선지자와 아세라 선지자를 다 잡아라, 군종들이 일어나서 850명을 잡으니 그를 기손 시냇가에 내려가서 엘리야가 칼을 빼서 850명의 바알의 선지자와 아세라 선지자들의 목을 다 쳤습니다. 냄새가 나지 않도록 피와 시체를 기손 시냇물로 모두 떠내려 보냈습니다.

그리고 난 다음에 그는 갈멜 산에 올라가서 하나님께 비를 달라고, 기도할 때에 얼마나 간절히 기도했던지 배가 무너져서 얼굴이 두 다리 사이에 들어갔습니다.

그러면서 자기 종보고 산꼭대기에 올라가서 증거가 있는지 보라, 처음 올라가서 아무 것도 안 보입니다. 일곱 번까지 올라가라 일곱 번째에 가보니 손바닥만 한 구름이 떴습니다. 그러자 빨리 아합 왕에게 가서 비에 막히지 않게 병거를 준비하고 빨리 이스르엘로 들어가라. 그러자 곧장 하늘을 덮고 비가 쏟아지는데 억수같이 쏟아집니다. 하나님의 성령이 엘리야에게 임하매 그는 내내 병거 앞에서 뛰어서 이스르엘까지 들어갔다는 이야기가 있습니다. 이 이야기는 위대한 승리를 의미하는 것입니다. 오랫동안 우상 숭배하던 북 이스라엘에 하나님의 선지자 엘리야가 여호와의 이름으로 위대한 승리를 가져온 기록인 것입니다. 이것이 우리에게 가르치는 많은 교훈이 있습니다. 우리도 자신 안의 하나님과 영의통로를 열어 우리의 삶 속에 위대한 신앙의 승리를 가져오기 위해서는 이렇게 해야 합니다.

**첫째, 무너진 신앙의 성전을 수축해야 한다.** 하나님의 성전을 무너뜨리고 난 다음에 아무리 부르짖어도 불도 내려오지 아니하고 하나님의 축복의 단비도 임하지 않는 것입니다. 성령의 불이 임하고 축복의 단비가 내리게 하기 위해서는 우리의 생애 속에 무너진 성전을 먼저 수축해야만 하는 것입니다. 무너진 성전이 무엇입니까? 예수님을 주님으로 모시는 마음의 성전을 수축해야만 하는 것입니다. 무시로 주님을 찾는 성전을 수축해야 합니다.

성경은 고린도후서 13장 5절에 "너희가 믿음에 있는가 너희 자신을 시험하고 너희 자신을 확증하라 **예수 그리스도께서 너희 안에 계신 줄을 너희가 스스로 알지 못하느냐** 그렇지 않으면 너희가 버리운자니라." 우리가 그냥 형식적 의식적으로 교회 왔다 갔다 하면서 예수 그리스도가 나의 구주인 것을 잊어버리고 시인도 아니 하고, 근본적인 성전이 무너져 있는데 하나님의 성령의 불이 임할 이유도 없고, 축복의 단비가 임할 이유도 없습니다. 우리 스스로 예수 그리스도께서 우리 안에 있는 것을 항상 확정하고, 하나님 앞에서 신앙 고백을 하는 성전을 수축해야만 합니다. 그리고 주일 예배의 성전을 수축해야만 합니다.

이사야 56장 2절에 "안식일을 지켜 더럽히지 아니하며 그 손을 금하여 모든 악을 행치 아니하여야 하나니 이같이 행하는 사람, 이같이 굳이 잡는 인생은 복이 있느니라"고 말씀하셨습니다. 우리가 주님께서 부활하신 날을 우리 예수 믿는 사람들은 성일로 지키는데 이 성일을 거룩히 지키면 하나님께서 이러한 사람에게 복을 주겠다고 말씀하셨습니다. 성일날 마음대로 일락을 취하며 자기의 욕심대로 그 날을 보내면 성전이 무너졌습니다. 이 무너진 주일 예배의 성전을 수축해야 하나님의 역사가 일어납니다.

또 십일조와 헌금의 성전을 수축해야만 합니다. 십일조와 헌물을 도둑질하고는 하나님 앞에 기도해서 성령의 불이 임하거나 축복의 단비가 내릴 수 없지요.

말라기 3장 9절에서 12절에 "너희 곧 온 나라가 나의 것을 도적질하였으므로 너희가 저주를 받았느니라. 만군의 여호와가 이르노라 너희의 온전한 십일조를 창고에 들여 나의 집에 양식이 있게 하고 그것으로 나를 시험하여 내가 하늘 문을 열고 너희에게 복을 쌓을 곳이 없도록 붓지 아니하나 보라. 만군의 여호와가 이르노라. 내가 너희를 위하여 황충을 금하여 너희 토지소산을 멸하지 않게 하며, 너희 밭에 포도나무의 과실로 기한 전에 떨어지지 않게 하리니, 너희 땅이 아름다워 지므로 열방이 너희를 복되다

하리라 만군의 여호와의 말이니라"

여기에서 손으로 하는 산업에 복을 주어서 저주가 임하지 못하도록 함으로 복되게 하겠다고 말씀을 하는 것입니다. 오늘날 우리가 하는 모든 산업에 하나님의 복이 임하도록 모든 훼방과 불안과 저주를 제하여 주시겠다고 하시니, 이와 같이 십일조와 헌금의 성전을 재 수축해야 하나님 앞에 우리가 올바로 설 수가 있습니다. 십일조는 하나님의 성전된 성도만이 감사함으로 드리는 것입니다.

그리고 말씀 묵상과 성경 공부의 성전을 수축해야만 합니다. 디모데후서 3장 16절에서 17절에 "모든 성경은 하나님의 감동으로 된 것으로 교훈과 책망과 바르게 함과 의로 교육하기에 유익하니 이는 하나님의 사람으로 온전케 하며 모든 선한 일을 행하기에 온전케 하려 함이니라" 우리 신앙이 온전케 되기 위해서는 끊임없이 말씀을 읽고 묵상하고 공부해야 합니다. 말씀이 우리 속에 들어가서 우리를 변화시키는 것입니다. 그렇기 때문에 말씀 공부의 성전을 쌓아야만 합니다. 우리가 매일 하나님의 말씀을 읽고 묵상하고 성령으로 기도하는 말씀의 성전이 허물어지면 하나님의 역사는 사라지는 것입니다.

그리고 성령으로 기도의 성전을 수축해야만 하는 것입니다. 누가복음 21장 34절에 "너희는 스스로 조심하라 그렇지 않으면 방탕함과 술 취함과 생활의 염려로 마음이 둔하여지고 뜻밖에 그 날이 덫과 같이 너희에게 임하리라" 누가복음 21장 36절에 "이러므로 너희는 장차 올 이 모든 일을 능히 피하고 인자 앞에 서도록 항상 기도하며 깨어 있으라 하시니라" 기도하지 않으면 영이 잠듭니다. 영의통로가 막혔다면 부르짖어 기도하여 영의통로를 뚫어야 합니다. 그러지 않으면 세상의 탐욕이 홍수같이 휘몰아치기 때문에 탐욕의 깊은 잠에 빠져버리고 맙니다. 기도해야 탐욕의 잠에서 깨어있을 수 있으니 기도의 성전을 수축해야만 합니다. 우리가 그냥 왔다 갔다 하면서 기도를 등한히 하면 안 됩니다. 언제나 우리는 기도의 성전에 매달려 있어야 하는 것입니다.

한국인의 종교 실태와 종교 의식을 한국 갤럽조사 연구소에서 2019년도 조사한 것을 보니깐 우리나라 종교 분포 중에 개신교가 21%로 불교 천주교 외 종교보다 가장 앞서 있습니다. 2019년도 조사 이후 개신교가 처음 앞선 주원인을 보니깐 2018년도 조사에 기도를 많이 하고 성경을 많이 읽으며 헌금을 많이 함으로 말미암아 타종교보다 월등하게 성장했다고 말했습니다. 개신교에는 약 60%가 십일조 생활을 하고 있는데요. 2017년에는 42%였으나 2019년도에는 57.7%가 십일조는 드리고 있는 것을 볼 수 있는 것입니다. 이와 같이 우리 개신교가 성장 발전한 것은 기도를 많이 하고 성경을 많이 읽고 헌금을 많이 하는 이 역사가 일어나기 때문에 하나님께서 응답을 해 주신 것입니다.

우리는 또한 전도의 성전을 수축해야만 하는 것입니다. 디모데후서 4장 1절에 2절에 "하나님 앞과 산 자와 죽은 자를 심판하실 그리스도 예수 앞에서 그의 나타나실 것과 그의 나라를 두고 엄히 명하노니 너는 말씀을 전파하라 때를 얻든지 못 얻든지 항상 힘쓰라 범사에 오래 참음과 가르침으로 경책하며 경계하며 권하라" 때를 얻든지 못 얻든지 항상 있는 그 자리에서 전도에 힘쓰라, 영혼 전도의 성진입니다. 능력 전도의 성전이 허물어지면 안 됩니다.

마가복음 16장 15절에 "또 가라사대 너희는 온 천하에 다니며 만민에게 복음을 전파하라" 우리나라 민족 뿐 아니라 다른 민족 모든 족속에게 복음을 전하라고 말한 것입니다. 성전을 수축한다는 것은 잘 못된 삶을 회개하고 바로 서는 것을 말합니다. 성전을 수축하고 난 다음에야 기도하면 불이 떨어지는 것처럼, 엘리야가 성전을 수축하고 난 다음 제물을 얹어 놓고 기도할 때 불이 떨어진 것처럼, 우리의 성전을 수축하고 예수 그리스도의 이름으로 부르짖을 때에 성령의 불이 떨어지는 것입니다.

성령의 불이 떨어져야 되요. 성령의 불이 떨어져야 하나님 아버지와 예수님께서 참 하나님인 것이 증명되는 것입니다. 이 세상에 우상과 사신이 가득하고 다른 종교가 많은데 진실로 우리 하나님 아버지와 예수님께서 유일한 구주가 되심을 무엇으로 증명합니까? 하늘에서 불이 떨어져야 합니다. 성령의 불이 우리 마음속에 가득히 임해야만 하는 것입니다. 그러기 위해서는 우리의 생활 속에 성전을 수축해야만 하는 것입니다. 허물어진 성전 가지고는 아무리 불을 질러봤자 역사가 일어나지 않습니다. 회개해서 성전을 수축하시기를 바랍니다. 성전은 성도 한사람한사람을 말하는 것입니다. 모든 성도는 걸어 다니는 성전이 되어야 합니다.

**둘째, 귀신을 쫓아내라.** 불이 떨어지고 난 다음에 엘리야가 뭐라고 했습니까? 바알의 선지자를 다 잡아라. 그리고 그들을 시냇가에 데리고 가서 칼을 들고 목을 쳐서 다 죽였습니다. 이 바알의 선지자 450명과 아세라 선지자 400명이라는 것은 사단을 상징하는 것입니다. 마귀와 귀신의 제자들인 것입니다. 우리가 성전을 수축하고 성령의 불이 임하면 그 다음 우리의 삶 속에 붙어서 다니는 귀신들을 다 쫓아내야 하는 것입니다. 오늘날 안 믿는 사람은 말할 필요 없이 공중에 권세 잡은 악의 영에 잡혀 있지만은 믿는 사람들이 너무나 많이 귀신들하고 같이 삽니다. 주여! 주여! 이름을 부르면서 귀신이 아예 몸에 주렁주렁 붙어 있습니다.

우리가 하나님 앞에 성전을 수축하고 성령의 불을 받고 난 다음에는 우리의 생애 속에 귀신을 다 때려잡아야 합니다. 주님께서는 마지막에 떠나기 위해서는 너희가 내 이름으로 귀신을 쫓아내라고 말했습니다. 귀신이 없는데 왜 쫓아내라고 했겠습니까? 예수님께서 복음 증거를 시작하신 후 가장 강도 깊게 행하신 것이 귀신을 쫓아내며 병을 고치는 것입니다. 예수님이 쫓아 낸 영들 중에는 더러운 귀신 있습니다. 나사렛 회당에 더러운 귀신들린 사람이 있었다고 누가복음 4장 33절에 말했습니다. 주님이 더러운 귀신을 쫓아냄에 그가 쓰러져 고함을 치고 나갔다는 것입니다. 거라사 지방에 거하던 군대 귀신 들린 자도 저 무덤 사이에서 고함 고함치면서 자기 몸을 상처 입히고 있었습니다.

누가복음 8장 29절에 "이는 예수께서 이미 더러운 귀신을 명하사 이 사람에게서 나오라 하셨음이라 (귀신이 가끔 이 사람을 붙잡으므로 저가 쇠사슬과 고랑에 매이어 지키웠으되 그 맨 것을 끊고 귀신에게 몰려 광야로 나갔더라)" 돼지 떼에 들어가기를 간청한지라 2천여마리의 돼지 떼에 들어가니 돼지가 갈릴리 호수로 뛰어 들어 몰사했다고 기록하고 있는 것입니다.

　오늘날 세속 문화는 더러운 귀신으로 꽉 들어 차있습니다. 병든 일류가 지향하는 병든 문화는 모두다 귀신이 오늘 만들어 냅니다. 모든 분야, 더러운 귀신들에 사람이 잡혀 있어도 무감각합니다. 더러운 생각, 더러운 말, 더러운 행동, 더러운 소설, 더러운 비디오, 더러운 영화, 이 세상에 어느 곳에 추하고 더럽지 않은 것이 어디에 있습니까? 더러운 귀신은 가는 곳마다 문화라는 이름으로 사람들을 부여잡고 더러움 속에서 살게 만들고 멸망을 받게 만드는 것입니다. 더러운 귀신을 쫓아내야 합니다. 같이 살면 안 됩니다. 더러운 귀신이 오늘 안방에 함께 들어와 있으면 안 되요. 그 다음 악한 귀신이 있습니다. 예수께서 하신 말씀 중에 더러운 귀신이 사람에게 나갔을 때 물 없는 곳을 구하되 얻지 못하고 나온 집으로 들어와 보니 비어있고 소제되어 수리 되었거늘 이에 가서 저 보다 더 악한 귀신이 일곱을 데리고 들어가서 그 안에 거하니, 그 사람이 나중 형편이 전보다 더 심하게 되니라. 이악한 세대가 이렇게 되는 것입니다. 악한 귀신은 사람들의 마음속에 들어와서 악하게 합니다. 악은 자기 스스로 괴롭히고 서로를 괴롭히고 남을 못살게 괴롭힙니다. 악한 귀신에 잡힌 남편은 아내와 자식들을 못

살게 괴롭힙니다. 악한 귀신이 아내에게 들어가면 아내는 남편을 못살게 고통을 줍니다. 악한 귀신의 조종아래 있는 사람은 사회와 국가 속에서 몹시 악한 일을 행하고 가는 곳마다 고통과 파괴를 가져옵니다. 악한 귀신 쫓아냅시다. 오늘 우리 한국 사회에 악한 귀신이 꽉 들어차서 물고 찢고 못살게 만드는 것입니다.

거짓말하는 귀신을 또 쫓아내야 합니다. 요한복음 8장 44절에 "너희는 너희 아비 마귀에게서 났으니 너희 아비의 욕심을 너희도 행하고자 하느니라. 저는 처음부터 살인한 자요, 진리가 그 속에 없으므로 진리에 서지 못하고 거짓을 말 할 때마다 제 것으로 말하나니 이는 저가 거짓말쟁이요. 거짓의 아비가 되었음이니라" 마귀와 귀신은 거짓말쟁이입니다. 마귀는 거짓의 아버지요, 귀신들은 우리에게 와서 다 거짓말을 하고 있지요. 그러므로 거짓말하는 귀신을 쫓아내야 합니다.

그리고 점치는 귀신을 쫓아내야 합니다. 신명기 18장 10절에서 12설에 "그 아들이나 딸을 불 가운데로 지나게 하는 자나 복술자나 길흉을 말하는 자나 요술을 하는 자나 무당이나 진언자나 신접자나 박수나 초혼자를 너의 중에 용납하지 말라. 무릇 이런 일을 행하는 자는 여호와께서 가증히 여기시나니 이런 가증한 일로 인하여 네 하나님 여호와께서 그들을 네 앞에서 쫓아내시느니라" 구약에서는 이런 자들을 돌로 쳐서 죽이라고 하셨습니다. 우리 사회에서 빼 놓을 수 없는 화제가 바로 이 점치는 것입니다. 평소 자신이나 가족들의 운수를 볼 뿐 아니라 연초나 특히 요즘 같이 나라 경제가 어렵고 사회가 어수선할 때는 점집을 찾는 사람이 너무나 많습니다. 강남에 점집이 4백여 개가 있다고 합니다. 주요 고객 80%가 20-30대 벤처 사업가라고 말합니다. 한 주에 적어도 한 집에 20명 이상이 들어와서 점을 친하고 합니다. 벤처 기업은 최첨단 과학을 처리하는 기업입니다. 그런 과학적인 두뇌가 왜 점집에 찾아 가서 점을 치고 있습니까? 이것은 유한한 삶이나 불확실한 미래나 내일의 불안감 때문에 그런 것입니다. 그러므로 이 점치는 귀신을 따라가서 사는 사람은 미혹되어 점치는 귀신이 시키는 대로 했다가 패가망신한 일이 얼마나 많습니까? 예수를 믿고 하나님의 약속 위에 확실하게 서야지 점치는 귀신의 말을 듣고 나갔다가는 큰일 나는 것이니 이 점치는 요행을 말하고 사행심을 조장하는 점치는 귀신을 내어 쫓아야 됩니다.

그 다음 질병의 귀신을 내어 쫓아야 합니다. 누가복음 4장 40절에서 41절에 "해 질 적에 각색 병으로 앓는 자 있는 사람들이 다 병인을 데리고 나아오매 예수께서 일일이 그 위에 손을 얹으사 고치시니 여러 사람에게서 귀신들이 나가며 소리질러 가로되 당신은 하나님의 아들이니이다. 예수께서 꾸짖으사 저희의 말함을 허락치 아니하시니 이는 자기를 그리스도인줄 앎이러라"고 말했습니다. 누가복음 13장 11절에 "십 팔년 동안을 귀신들려 앓으며 꼬부라져 조금도 펴지 못하는 한 여자가 있더라"고 말했습니다.

사도행전 10장 38절에 "하나님이 나사렛 예수에게 성령과 능력을 기름 붓듯 하셨으매 저가 두루 다니시며 선한 일을 행하시고 마귀에게 눌린 모든 자를 고치셨으니 이는 하나님이 함께 하셨음이라"고 말씀하셨습니다. 우리의 질병의 대다수는 귀신이 눌러서 들린 병인 것입니다. 그러므로 귀신을 쫓아내면 병이 치유되어 버리는 것입니다. 그러므로 우리는 끊임없이 질병의 귀신을 내어 쫓아야 합니다. 에베소서 6장 10절에서 12절에 "종말로 너희가 주 안에서와 그 힘의 능력으로 강건하여지고 마귀의 궤계를 능히 대적하기 위하여 하나님의 전신갑주를 입으라. 우리의 씨름은 혈과 육에 대한 것이 아니요 통치자와 권세와 이 어두움의 세상 주관자들과 하늘에 있는 악의 영들에게 대함이라" 우리 주위에 악의 영들이 얼마나 많은지 모릅니다.

그들은 도적질하고 죽이고 멸망시키려고 하는 것입니다. 그렇기 때문에 우리가 단호하게 제단(성전)을 수축하고 성령의 불을 받고 난 다음에 종행무진으로 귀신을 쫓아내야 하는 것입니다. 오늘날 사람들이 정상적인 사람의 마음을 갖지 못하고 귀신의 마음을 갖고 있습니다. 귀신의 마음을 갖고 있으니 귀신이 하는 짓을 합니다. 서로 물고 찢고 싸우며 파멸을 가져 오는 것입니다.

귀신을 우리는 단호하게 성령의 능력에 의지해서 내어 쫓는 분들이 되시기를 바랍니다. 절대로 귀신을 무서워하지 말고 축귀하시기를 바랍니다. 귀신은 성령으로 기도하여 성령이 충만하면 떠나가지 말라고 해도 떠나가는 것입니다. 귀신축사에 대해서 더 자세한 것을 알고 싶으면 **"귀신축사 속전속결" "귀신축사 차원 높게 하는 법"**를 읽어보시기를 바랍니다.

**셋째, 비가 오기를 기도하라.** 엘리야가 제단(성전)에 성령 불이 임하고는 귀신의 제자들을 다 잡아 죽이고 그 다음에 비오기를 구했습니다. 비가 온다는 것은 축복을 말하는 것입니다. 하늘이 비를 주고 땅에 열매를 맺지 않습니까? 우리의 삶에 열매 맺는 복 받는 삶을 살기 위해서는 축복의 단비를 구해야 하는데 이 축복의 단비는 그냥 구한다고 오는 것이 아닙니다. 성전을 수축하고 성령 불을 받고 그리고 귀신을 쫓아내고 축복을 구해야 하는 것입니다. 비오기를 구해야 합니다. 축복을 받기를 기도해야 됩니다. 우리는 간절히 기도해야 합니다. 엘리야가 기도할 때 얼마나 간절했던지 머리가 두 다리 사이에 들어갔다고 합니다. 기도를 간절히 하면 배가 오므라집니다. 머리를 두 다리에 넣고 간절히 기도하되 그 종에게 산꼭대기에 올라가서 증거가 있는지 일곱 번이나 올라가라고 했습니다. 증거가 나타날 때까지 기도하는 것입니다. 우리는 간절한 기도를 하기 위해서 새벽기도를 합니다.

새벽기도는 예수님도 하셨습니다. 마가복음 1장 35절에 "새벽 오히려 미명에 예수께서 일어나 나가 한적한 곳으로 가사 거기서 기도하시더니" 예수님도 새벽에 기도했습니다. 우리가 교회는 새벽에 못 나올지라도 새벽에 집에서 일어나서 반드시 기도해야 합니다. 하루를 기도로 시작해야 해요.

또 우리는 매일같이 정시 시간을 정해놓고 하나님께 기도해야 하는 것입니다. 우리가 기도를 정해놓고 난 다음에 해야 합니다. 아침에 일어나서 한 30분 기도하고 점심 때라도 기도해야 합니다. 너무 시간이 없다고 하면은 10분이라도 기도해야 합니다. 또 저녁에도 정해 놓고 정시 기도를 해야지, 기도를 생각나면 하고 생각 안 나면 안하는 그렇게 해서는 안 됩니다.

또 철야 기도가 있지요. 누가복음 6장 12절에 "이 때에 예수께서 기도(祈禱)하시러 산으로 가사 밤이 맞도록 하나님께 기도하시고" 예수님께서는 철야 기도를 늘 하셨습니다. 초대교회에도 처형 직전에 있을 때에 예루살렘 부인회가 철야기도를 하고 천사가 나타나서 감옥의 베드로를 구출한 역사가 일어나고 있는 것입니다. 바울과 신라도 빌립보 지하 감옥에서 철야 기도하다가 성령이 임하고 지진이 일어나서 옥토가 흔들리고 감옥 문이 다 열린 사건이 있는 것입니다. 철야 기도가 있습니다. 그 다음에는 금식기도가 있습니다. 안디옥 교회에 금식 기도한 사건이 기록되어 있습니다.

사도행전 13장 2절에서 3절에 "주를 섬겨 금식할 때에 성령이 가라사대 내가 불러 시키는 일을 위하여 바나바와 사울을 따로 세우라 하시니 이에 금식하며 기도하고 두 사람에게 안수하여 보내니라" 금식 기도는 가장 강한 기도인 것입니다. 금식 기도는 죽기를 각오하고 기도하는 기도가 금식기도인 것입니다. 이것은 가장 힘 있는 기도로써 우리가 능력 있고 힘 있는 기도, 반드시 응답을 받아야 되겠다는 절박한 그러한 상황 속에서는 금식기도가 굉장한 힘이 있는 것입니다. 이런 기도를 어떻게 할 것이냐 구름이 떠오를 때까지 해야 합니다. 한두 번 기도하고 집어치우면 안 됩니다. 구름이 떠오를 때까지 기도하세요. 구름이 뭡니까? 마음에 떠오르는 확신의 구름인 것입니다. 마음이 불안과 초조 공포로 꽉 들어차 있을 때에 기도하면 마음에 확신의 구름이 떠오르기 시작한 것입니다. 확신이 들어와요. 그때까지 기도해야 합니다.

야고보서 1장 6절에 "오직 믿음으로 구하고 조금도 의심하지 말라 의심하는 자는 마치 바람에 밀려 요동하는 바다 물결 같으니" 의심이 사라지고 믿음이 마음속에 구름장처럼 떠올라야 합니다. 마가복음 21장 22절에 "너희가 기도할 때에 무엇이든지 믿고 구하는 것은 다 받으리라 하시니라" 믿음이 들어올 때까지 기도해야 되요. 환경에 떠오르는 증거의 구름이 있습니다. 우리가 믿음으로 기도를 할 때에 환경에 응답이 오는 증거가 보이는 것입니다.

무시로 기도해야 합니다. 길을 걸어가면서도 기도하고, 일을 하면서도 기도하고, 마음으로 하나님을 찾으면서 기도를 해야 합니다. 잠언 3장 6절에 "너는 범사에 그를 인정하라 그리하면 네 길을 지도하시리라" 기도를 간절히 하는데 하나님의 지도하는 손길이 나타나게 하시는 것입니다. 사람이 찾아온다던지 환경이 변화 된다던지 역사가 일어나기 시작하는 것입니다. 그럴 때까지 기도해야 합니다. 그리고 난 다음, 마음에 확신의 구름장이 떠오르고 환경에 증거나 나타나거들랑 입으로 강하고 담대하게 시인하십시오. 엘리야가 뭐라고 말했습니까? 빨리 가서 왕에게 병거를 정비하고 출발하도록 하시어 큰 비의 소리가 들린다고 말했습니다. 아직 비가 내리지 않는데도 없는 것을 있는 것과 같이 시인

했습니다.

마가복음 11장 23절에 "내가 진실로 너희에게 이르노니 누구든지 이 산더러 들리어 바다에 던지우라 하며 그 말하는 것이 이룰 줄 믿고 마음에 의심치 아니하면 그대로 되리라" 고 말씀하신 것입니다. 고린도후서 6장 1절에서 2절에 "우리가 하나님과 함께 일하는 자로서 너희를 권하노니 하나님의 은혜를 헛되이 받지 말라 가라사대 내가 은혜 베풀 때에 너를 듣고 구원의 날에 너를 도왔다 하셨으니 보라 지금은 은혜 받을 만한 때요 보라 지금은 구원의 날이로다." 라고 말한 것입니다.

지금 은혜에 베풀 때에 구원의 날에 하나님의 성령의 단비, 축복의 단비가 쏟아지게 하기 위해서는 우리는 엘리야가 하는 것처럼, 무너진 성전을 수축하고 성령의 불을 구해서 받아야 하는 것입니다. 무너진 성전은 자신이 살아계신 하나님의 성전이 되는 것입니다. 하나님은 "너희는 너희가 하나님의 성전인 것과 하나님의 성령이 너희 안에 계시는 것을 알지 못하느냐"(고전 3:16) 말씀하셨습니다. 그러고는 우리 주위에 모든 귀신들을 성령으로 다 쫓아내야 하는 것입니다. 예수 이름으로 마귀와 귀신을 쫓아내고, 그리고 축복의 단비를 간절히 간구할 때에 하나님께서는 메마른 하늘에서 축복의 단비를 부어 주십니다. 3년 6개월 동안 메말라도 하늘에서 단비를 부어주십니다. 그리고 땅에 열매를 맺습니다. 우리의 삶이 영혼이 잘 됨 같이 범사에 잘되며 강건하고 생명을 얻되 넘치게 얻는 열매를 맺게 되는 것입니다.

# 9장 낙망하지 않고 응답 받는 기도

(눅 18:1-8)"예수께서 그들에게 항상 기도하고 낙심하지 말아야 할 것을 비유로 말씀하여 이르시되 어떤 도시에 하나님을 두려워하지 않고 사람을 무시하는 한 재판장이 있는데 그 도시에 한 과부가 있어 자주 그에게 가서 내 원수에 대한 나의 원한을 풀어 주소서 하되 그가 얼마 동안 듣지 아니하다가 후에 속으로 생각하되 내가 하나님을 두려워하지 않고 사람을 무시하나 이 과부가 나를 번거롭게 하니 내가 그 원한을 풀어 주리라 그렇지 않으면 늘 와서 나를 괴롭게 하리라 하였느니라. 주께서 또 이르시되 불의한 재판장이 말한 것을 들으라. 하물며 하나님께서 그 밤낮 부르짖는 택하신 자들의 원한을 풀어 주지 아니하시겠느냐 그들에게 오래 참으시겠느냐. 내가 너희에게 이르노니 속히 그 원한을 풀어 주시리라 그러나 인자가 올 때에 세상에서 믿음을 보겠느냐 하시니라"

우리들은 조금 기도하고 쉬이 응답이 없으면 곧장 낙망하고 맙니다. 그러나 우리 앞서서 믿었던 믿음의 용사들은 그렇게 쉽게 낙망하지 않았었습니다. 아브라함은 나이 75세에 하나님의 부르심을 받아 가나안으로 나아갈 때 하나님께서 그 후사인 아들을 주시겠다고 언약하셨습니다. 그럼에도 불구하고 아브라함은 10년을 기도하고 또 10년을 기도하고, 그러고도 또 5년을 기도해서 25년 동안 쉬지 않고 낙심하지 않고 기도한 결과로 그의 나이 100세에 응답을 받았었습니다. 믿음의 기도란 하나님의 약속 위에 굳게 서서 끈질기게 응답이 될 때까지 기도하는 것입니다. 믿음의 기도란 뒤로 물러갈 줄 모르고 낙심할 줄 모르는 기도요, 믿음의 기도란 하나님의 뜻이 이루어지도록 불퇴전의 인내로 부르짖는 기도가 믿음의 기도인 것입니다.

**첫째, 불퇴전의 기도를 하라.** 절대 절망을 뚫으려는 이 과부의 심정을 보십시오. 이 과부에게서 우리가 배울 것이 굉장히 많습니다. 절대절망의 문제에 부딪혀서 그 절대절망을 꿰뚫고 나가려는 이 과부의 태도에 우리는 놀라운 교훈을 배울 수가 있습니다. 이 과부는 재판관에게 나올 때 돌이킬 수 없는 마음의 결단을 내린 것입니다. 더 이상 억울한 인생은 살지 않겠다. 이것이 인생의 큰 변화의 동기가 된 것입니다. 그냥 응답 안 해주면 그 뿐이고 응답해주면 좋고 막 그렇게 두리 뭉술하게 인생을 살겠다면 이러한 사람은 불가능을 가능으로 만들지 못합니다. 절망을 소망으로 변화시키지 못합니다. 이 과부가 자기 처지가 너무나 비참하고 초라할지라도 그가 이 재판관에게 나왔을 때 그는 돌이킬 수 없는 마음의 결단을 가지고 나왔습니다. 더 이상 억울한 인생은 살지 않겠다. 나는 더 이상 과부라 짓밟히고 무시받고 멸시받는 인생은 살지를 않겠다.

많은 병든 자들이 저에게 안수기도를 받으러 오는데요. 제가 23년 동안 가만히 살펴보고 비교해 보니까 하나의 공통된 응답 받는 사람의 원리를 발견했습니다. 그것은 뭐냐, 병들어 온 사람이 "나는 더 이상 이 병으로 말미암아 고통당하지 않겠다" 그냥 낫아지면 좋고 안 낫아도 좋고 그런 것도 아니고, 그저 "주여! 낫게 해 주옵소서" 이런 것이 아니고, 비장한 각오를 가지고 "나는 더 이상 이 병에 짓밟히고 끌려가지 않겠다. 더 이상은 이런 인생은 살지 않겠다. 나는 각오하고 단호하게 변화를 가져 와야 되겠다. 하나님의 보좌를 붙잡고 내가 몸부림치고 부르짖어 죽더라도 나는 더 이상 이와 같은 비참한 인생은 살지 않겠다. 나는 새로움을 가져 와야 되겠다. 나는 치유 받고 말겠다." "예수님의 이름으로 명하노니 더러운 질병의 영은 떠나가라" 이러한 돌이킬 수 없는 마음의 결단과 의지와 믿음을 가진 사람은 다 고침 받더라고요. 이런 마음에 결단이 정말로 우리에게 필요한 것입니다. 이 과부가 도저히 계란으로 바위를 치는 것 같은 그런 처지에 놓였음에도 불구하고 이 불의한 재판관에게 나올 때 그 마음에 무시무시한 결단을 내린 것을 우리는 기억해야 되는 것입니다. 그 과부는 더 이상 억울한 인생은 살지 않겠다. 내가 죽더라도 이런 인생은 살지 않겠다. 그런 결단과 각오를 가지고 나왔습니다. 이것이 어마어마한 힘이 있습니다. 우리가 기도할 때 크던지 작던지 마음에 결단이 있어야 되는 것입니다. 그저 희미하게 기도해서는 안 됩니다. 큰 문제든지 적은 문제든지 "내가 이 문제를 하나님의 역사로 해결하고야 말겠다. 나는 더 이상 이 문제로 괴롭힘을 당하지 않겠다. 이런 인생은 살지 않겠다" 그러한 마음에 결단을 할 때 거대한 변화의 역사가 일어나게 되는 것입니다. 그랬으니까 이 과부는 피맺힌 간절한 호소를 할 수밖에 없습니다. 그의 호소는 평범한 호소가 아닙니다.

피맺힌 호소입니다. 뱃속에서 우러나오는 부르짖음인 것입니다. "내 원수에 대한 원한을 갚아 주소서" 똑같은 말이지만 그 뱃속에서 우러나오는 원한 맺힌 호소하고, 그냥 머릿속에서 나오는 호소하고는 틀립니다. 머릿속에서 나오는 것은 그냥 "내 원수에 대한 원한을 갚아 주소서, 꼭 갚아 주소서" 이런 정도겠지만 뱃속에서 넘쳐 나온 원한 맺힌 간절한 호소는 애끓는 소리로 "내 원수에 대한 원한을 갚아 주소서. 내 원수에 대한 원한을 갚아 주소서" 예수님이 겟세마네 동산에서 하나님께 도움을 구할 때 얼마나 피맺힌 간절한 호소를 했겠습니까? 큰 통곡과 눈물로 기도했던 것입니다. 얼마나 애쓰고 힘을 썼기에 그 피에 모세혈관이 터져서 땀구멍으로 피가 솟아올랐습니다. 답답한 사람은 피맺힌 호소를 하게 되는 것입니다.

이 과부는 낙심치 않기로 각오했습니다. 낙심 같은 것 없습니다. 얼마나 돌이킬 수 없는 결단을 내리고 피맺힌 간절한 호소를 하니까 죽기 아니면 살기로 낙심 같은 것은 없습니다. 그것은 호사스러운 것입니다. 평안하고 좋을 때 낙심도 있지 아예 벽에 부딪히면 낙심 같은 것 없어요. 죽기 아니면 살기지, 결사적이라는 말이 바로 거기에 있는 것입니다. 결사적인 사람이 무슨 낙심이 있습니까? 안되면 죽는 것이지. 낙심은 없는 것입니다. 그리고 그는 계속해서 부르짖었습니다. 봄이 오고 봄이 가고 여름이 오고 여름이 가고, 낙엽이 떨어지고 싸늘한 바람이 부는 가을이 오고, 그 다음에는 곧장 눈이 내려서 눈보라 치면 눈을 덮어 쓰고라도 이 재판관의 집 앞에 엎드려서 "내 원수에 대한 원한을 갚아 주소서" 외쳤습니다. 무시무시한 사람입니다. 보통은 겁이 안 나지만 이렇게 나오면 겁이 나는 겁니다. 어마어마한 결단을 한 것입니다. 거기에 대해서 재판관의 태도는 누가복음 18장 4절로 5절에 기록되어 있습니다. "그가 얼마 동안 듣지 아니하다가 후에 속으로 생각하되 내가 하나님을 두려워 아니하고 사람을 무시하나 이 과부가 나를 번거롭게 하니 내가 그 원한을 풀어 주리라 그렇지 않으면 늘 와서 나를 괴롭게 하리라 하였느니라" 그는 얼마 동안 무관심했지요. 그 여자가 집 앞에 엎드려서 부르짖어도 아예 개같이 보고, 그가 재판소에서 나올 때, 또한 그를 따라 오면서 고함 고함치며 와도 그는 무관심해 버렸습니다. 속으로 웃기는 사람 있네. 그리고 무관심했습니다. 그러나 이것이 봄이 가고 여름이 오고 여름이 가고 가을이 오고 또 겨울이 오고 계속하니까 이제 귀찮습니다. 번거로워요. "와! 저 여자 어찌해야 되겠나? 저 죽이지도 못하고 살리지도 못하고 저거 정말 처치 곤란하다" 아주 귀찮게 여겼습니다. 그 다음에는 마음에 분노가 생겼어요.

이제는 대문 앞을 나가다가 분노가 있어서 "이렇게 계속할 거야? 왜 남의 집 앞에 엎드려서 고함을 치고 야단이야. 물러가!" 재판소 앞에 가면 "이게 뭐야. 관공소 앞에 나와 가지고서 고함을 치고 정말 이럴 거야? 내 가만 안두겠어" 분노로 변했습니다.

그러나 그 분노도 얼마 지나지 않아서 이젠 마음이 번거로워졌습니다. 이제는 밤에 잘 때 그 부인의 꿈을 꾸기 시작해요. 꿈에 그 여자가 삼발을 하고 막 달려드니까 밤에 자다가 진땀을 흘리고. 아침밥을 먹을 때도 그 여자 생각이 나고 재판소에서 일할 때도 그 여자 생각이 나고 아 이젠 큰일 났습니다.

이제는 그 여자가 바깥에 있던 여자가 이젠 머릿속에 들어왔어요. 24시간 떠나지 않고 그에게 달려드니, 그가 마음이 번거로워져서 나중에는 두 손을 들게 되었습니다. 이 과부가 나를 번거롭게 하니 내가 그 원한을 풀어 주리라. 그렇지 않으면 늘 와서 나를 괴롭게 하리라 하였느니라. 그래서 그는 그 과부를 위해서 문제를 풀어 준 것이 아니라, 자기를 위해서 그 문제를 풀어 주고 과부는 문제 해답을 얻게 된 것입니다.

이와 같은 영적 심리적 전쟁은 하루 이틀에 끝나지 않습니다. 우리가 하나님께 나가 부르짖을 때도 이와 같은 전쟁입니다. 이런 전쟁은 하루 이틀에 끝나지 않지요. 수없는 좌절과 낙망의 언덕을 넘어야만 하는 것입니다. 그러나 이와 같은 시련과 고통을 단호하게 참고 나가면 우리에게 승리는 다가오게 되는 것입니다.

**둘째, 불퇴전의 기도를 한 사람.** 그 사람은 헬라의 수로보니게 여인의 기도인 것입니다. 예수님께서 두로와 시돈에 쉬러 가셨습니다. 사람 몰래 쉬러 갔는데 예수님이 왔다는 소문이 나자 수많은 병든 자들이 병 고치러 왔습니다. 예수님이 제자들과 함께 길을 가는데 한 여인이 와서 소리를 칩니다. 다윗의 자손 예수여 나를 불쌍히 여기소서 내 딸이 흉악히 병들었나이다. 내 딸이 귀신 들려 고통 중에 있으니 고쳐주소서 고함고함을 치고 따라옵니다. 그러나 예수님께서는 대답도 하지 않았습니다. 주님께서는 아예 그 기도에 응답하려고 생각을 하지 않으셨습니다. 그러자 그 여인이 뛰어와서 제자들을 붙잡습니다. 나를 불쌍히 여기소서 내가 딸이 하나 있는데 귀신들려서 인사불성이니 내 딸을 도와주소서. 제자들에게 얼마나 간청했던지 제자들이 예수께 와서 중보를 했습니다. 주님! 이 여자가 너무나 비참하게 울고 간청을 하니 좀 돌보아 주시지요. 그러자 예수님은 단호하게 말씀하십니다. 나는 이스라엘의 집의 잃어버린 양 외에는 다른 데로 보내심을 받지 아니하였다. 아직 때가 오지 아니하였다. 십자가에 못 박힌 이후로 이방인 시대가 왔지 십자가에 못 박히기 전에는 예수님은 이스라엘 백성을 위해서 오신 것입니다. 그러므로 때가 안 왔으므로 이방인을 도와줄 수는 없다는 것입니다. 그래서 제자들이 그 여인에게 가서 말했습니다. 지금은 때가 아니라 주님이 이방인은 도와줄 수가 없다고 말씀하십니다.

그러자 여자가 제자들을 헤치고 난 다음에 예수님께 나와서 길을 막고 절하고서 주여! 나를 도우소서 간청했습니다. 그럴 때 예수님께서 그 여자를 바라보시고 난 다음에 얼음장같이 찬 얼굴로 이렇게 말했습니다. 자녀의 떡을 취하여 개들에게 던짐이 마땅치 아니하다, 이스라엘 백성은 하나님의 자녀요. 너희 이방인은 지금 개다 개에게는 안 준다. 이쯤 했으면 보통 사람 같았으면 무엇이 어쩌고 어째요. 기도 안 해주면 안 해 줬지 뭐 개라고요? 아이구! 억울해 이럴 수가 있느냐. 그리고 소매를 걷고 한바탕 하려고 했을 것입니다. 그러나 그 여인은 물러가지 않았습니다.

그 여인은 예수님 앞에 계속 엎드려서 길을 막고 말했습니다. 옳소이다. 주여! 그러나 개들도 주인의 상에서 떨어지는 부스러기는 먹습니다. 이 얼마나 놀라운 말입니까? 얼마나 놀라운 끈질긴 기도입니까? 이 여인의 말이 맞습니다. 개들도 주인의 밥상 밑에 떨어지는 부스러기를 먹지 않습니까? 주님이 그 말을 듣자마자 크게 감동해서 오 여인아 네 믿음이 크도다! 네가 이 말을 하였으므로 네 딸에게서 귀신이 나갔느니라 이렇게 말씀하셨습니다. 그 여인이 집에 들어가 보니 딸에게서 귀신이 나가고 딸이 침상에 완전히 회복되어 누워있는 것을 발견하게 된 것입니다. 만일 이 여인이 쉽게 물러갔더라면 그는 절대 하나님의 기적을 체험하지 못 했을 것입니다.

사도행전시대에 오순절 다락방에 성령이 임하여 120문도가 성령으로 충만함을 받고 그때로부터 예루살렘으로 유대로 사마리아로 땅 끝으로 복음이 증거가 되었는데 야 사도행전에 어떻게 그렇게 성령이 임했는가, 사람들은 의아해 하거나 탄식합니다. 그러나 한 가지 알 것은 이 120명의 주를 따르는 사람들이 한 열흘 동안 집에도 돌아가지 아니하고, 일도 하지 아니하고, 마음을 같이 하여 일심으로 주야로 성령을 내려 달라고 하나님께 기도했다는 사실을 잊어서는 안 되는 것입니다.

오늘날도 어떠한 개인이나 어떠한 교회나 어떠한 국가라도 이렇게 많은 사람이 열흘 동안 모든 마음과 뜻을 다해서 하나님께 은혜 받기 위해서 부르짖는다면 사도행전 때보다 더 큰 성령의 역사가 반드시 일어나고 말 것입니다. 오늘날 왜 교회가 부흥이 안 되느냐? 왜 하나님의 역사가 일어나지 않느냐? 여러 가지 변명과 불평을 말하고 있지만 실상은 이와 같은 끈질긴 기도를 하지 않기 때문인 것입니다. 요사이 사는 것이 다 편리해져서 그저 단추만 누르면 모든 것이 척척 이루어지니까 기도도 단추 누르듯이 간단히 눌러서 응답 받으려는 그러한 기질이 다분하게 자리하고 있습니다. 오늘 우리 충만한 교회라도 우리 교인 전체가 모여서 한 열흘 동안 집에도 돌아가지 않고, 이 자리에서 주야로 부르짖는다면 우리의 마음에서 홍수와 같이 성령이 나타나고 말 것입니다. 치유되지 않을 병, 문제가 없을 것입니다. 사람들은 끈질기게 하나님께 부르짖어 기도도 해 보지 아니하고 응답이 하지 않는다고 불평을 말합니다. 이것은 대단히 잘못된 것입니다.

**셋째, 기도를 하고 낙심하지 말라.** 누가복음 11장 9절로 10절에서 "내가 또 너희에게 이르노니 구하라 그러면 너희에게 주실 것이요 찾으라. 그러면 찾을 것이요 문을 두드리라. 그러면 너희에게 열릴 것이니 구하는 이마다 받을 것이요 찾는 이가 찾을 것이요 두드리는 이에게 열릴 것이니라" 여기에 주님께서 강조해서 말하지만 구하고 찾고 두드리라 이게 맹렬한 기도를 말합니다. 구하고 또 찾고 또 두드리고 맹렬한 집중적인 기도를 말하는 것입니다. 주님께서 또한 우리에게 배우기를 원하시는 것은 낙망을 포기한 태도를 배우는 것입니다. 이러한 과부의 태도를 본받으라는 것입니다. 얼마나 무시를 당하고 멸시를 당하고 무관심을 당하고 그 다음에는 협박을 당하고 공갈을 당하고 그래도 이 과부는 낙심하지 않습니다. 오직 한 가지 목표, 기도응답을 받겠다는 한 가지 목표를 가지고 전진한 것을 배우라는 것입니다. 우리가 기도할 때 응답이 더디 오고 문제가 자꾸 악화되고 환경이 어려워지면 우리가 환경을 보면 낙심합니다. 눈으로 볼 때 낙심되고 귀로 들을 때 낙심되고 마음으로 느낄 때 낙심되고 이웃에서 와서 말하는 소리 들으면 낙심되고 좌절되고 절망합니다. 그런 소리 듣지 말고 오직 한 가지 응답을 주실 분에게 전력을 기울이는 것입니다. 환경이 응답을 주는 것이 아닙니다. 응답은 하나님께로부터 오는 것입니다. 오직 하나님께 집중해서 부르짖으라는 것입니다. 왜! 하나님이 응답하시면 못할 것이 어디 있습니까? 전지전능, 무소부재하신 하나님이 무얼 못하겠어요? 죽은 자도 살리시고 없는 것도 있게 하시는 하나님이 무엇을 못하시겠어요? 하나님은 모든 것을 하실 수 있기 때문에 하나님을 찾으라는 것입니다. 히브리서 10장 38절에 "오직 나의 의인은 믿음으로 말미암아 살리라 또한 뒤로 물러가면 내 마음이 저를 기뻐하지 아니하리라 하셨느니라" 말씀하셨습니다.

주님이 오실 날이 가까올 수 록 사람들은 믿음이 타락해져서 끈질기게 낙심하지 않고 응답될 때까지 부르짖는 기도를 하지 못하고 있는 것입니다. 아브라함은 25년 기도를 했고 야곱은 20년을 기도했고 요셉은 13년을 기도했고 모세는 40년 동안 낙심하지 않고 부르짖어서 그 응답을 받았는데 우리는 일주일쯤 기도해 보고 응답 안 온다고 하나님이 어디 계시느냐 날 버렸다. 나는 응답 안 해 주신다. 이렇게 말한다면 이것은 아무것도 아닌 것입니다.

이러므로 우리는 예수께서 말씀하신 대로 불퇴전의 기도를 할 수 있는 마음의 각오를 가지고 있어야 하는 것입니다. 그러면 사람들이 와서 물을 것입니다. 왜 인내의 기도가 필요합니까? 왜 불퇴전의 기도가 필요합니까? 하나님이 우리를 사랑하신다면 우리가 부르짖을 때 즉시로 응답해 주시면 될 것인데 무엇 때문에 우리들에게 그렇게 애를 먹이고 부르짖게 만듭니까? 그런 말을 할 것입니다. 부르짖을 때 하나님과 같은 영의 상태가 되는 것입니다.

**넷째, 인내의 기도가 왜 필요한가?** 왜 인내의 기도가 필요 한가 그 이유를 말씀해 드리겠습니다. 인내의 기도가 필요한 이유는 우리 모든 사람들이 인본주의로 살기 때문인 것입니다. 인본주의적 욕심이 깨어지고 하나님 중심의 마음 바탕이 되어야 하나님이 응답해 주시는 것입니다. 사람들이 그릇을 예비해야 무엇을 담아줄 수 있지 않습니까? 이와 같이 그릇 속에 더러운 것이 꽉 들어차 있는 그대로 밥을 받아먹으려면 어떻게 줄 수 있습니까, 그릇 속을 깨끗이 소제하고 닦고 정결하게 하고 밥을 받아먹어야 되지 않겠습니까?

우리가 하나님께 응답 받으려고 할 때 우리의 마음 바탕이 그릇인 것입니다. 그런데 우리의 마음 바탕이 육신의 정욕 안목의 정욕 세상 자랑으로 꽉 들어차 인본주의로 정욕으로 쓸려고 구하면 하나님이 만일 응답해 주었다가 그 사람의 영혼도 잃어버리고 그 주변도 다 망쳐 버리고 마는 것입니다. 성령으로 충만해져야 응답을 받을 수가 있는 것입니다. 성경에는 "너희가 없는 것은 구하지 아니함이요 구하여도 받지 못함은 정욕으로 쓸려고 잘못 구함이니라"고 말씀하고 있는 것입니다. 이러므로 우리가 기도할 때 하나님이 기다리는 이유는 우리가 깨어져서 정욕을 다 회개하고 인본주의에서 신본주의로 돌아서기를 원하시고 계시기 때문입니다. 이와 같은 변화를 받는 것이 시간이 걸립니다. 변화란 것이 그렇게 신속히 오지 않습니다. 하나님께 회개하고 깨어지고 내가 변화되는 데는 시간이 걸려서 어떠한 사람은 한 달, 어떠한 사람은 일 년도 걸릴 것입니다. 이와 같은 변화 받은 바탕 위에 응답하자고 하니까 시간이 걸리는 것입니다. 또한 기도에 시간이 걸리는 것은 마귀의 저항을 물리치고 나가는데 인내의 시간이 필요한 것입니다. 기도라는 것은 씨름과 한가지입니다. 씨름하는 거 보십시오. 딱 붙잡고 서서 하나 둘 셋 하고 휙 넘어지는 사람 보았어요? 사력을 다해서 안 넘어지려고 몸부림을 치다가 한사람이 넘어지고 한사람이 이기는 것입니다.

우리도 씨름입니다. 우리의 씨름은 혈과 육에 대한 것이 아니라고 성경에 말하고 있는 것입니다. 영적인 상태가 되는 것입니다. 그러나 우리 씨름은 이기게 되어 있습니다. 이미 십자가에서 예수님께서 마귀의 통치자와 권세를 밝히 벗어버려 무장해제 해버렸습니다. 그러므로 마귀는 이미 전복된 마귀지만 아직 쫓겨나지는 않았습니다. 안 쫓겨났기 때문에 결사적으로 우리 기도를 막습니다. 우리가 응답 받아서 성령하나님 체험을 하고 그리스도의 복음이 전파되지 않게 하려고 결사적으로 막습니다. 그러므로 이미 이겨놓은 전쟁이지만 씨름은 해야 되는 것입니다. 이러기 때문에 씨름이라는 것이 그렇게 쉽게 적이 넘어지지 않습니다. 우리는 밀고 밀리고 밀고 밀리면서 계속해서 씨름을 해서 마귀를 몰아쳐야 되는 것입니다. 내가 하나님과 같이 영적으로 변하면 마귀가 떠나가고 응답이 오는 것입니다.

저는 우울증이나 정신병자를 위해서 기도를 많이 하고 있습니다. 저의 경험으로는 가장 쉽게 나가는 마귀도 최소한도 3시간 동안 계속해서 기도해야 되었습니다. 초창기에는 보통 6시간 10시간 어떤 것은 일주일 계속해서 부르짖어 기도해야 쫓겨나갑니다. 여기에서 마귀는 어차피 쫓겨나게 되어 있지만, 그럼에도 불구하고 막습니다. 다니엘이 스무 하루 동안 기도할 동안에 21일 동안 마귀는 다니엘의 기도가 응답 받지 못하도록 막고 있은 것입니다. 이러므로 최소한도로 어떠한 일 한 가지를 기도할 때는 다니엘의 기도는 해야 되는 것입니다. 21동안만 계속해서 뒤로 물러가지 않고 부르짖어 기도해서 마귀의 진을 깨뜨려야 되는 것입니다. 그럴 때 하나님의 응답이 오는 것입니다.

이러므로 기도는 마귀와 씨름하는 것이기 때문에 쉽게 포기해서는 그 씨름에 지고 말 것입니다. 우리는 이미 이기게 되어 있습니다. 성경은 말씀하기를 너희는 저를 이기었나니 너희 안에 계시는 이가 세상에 있는 이보다 크심이라고 말씀하고 있는 것입니다. 우리 속에 계신 하나님의 성령이 세상에 있는 어떤 마귀보다 크므로 우리가 뒤로 물러가지 않고 계속해서 기도하면 성령이 충만해져서 하나님과 같은 영적인 상태가 되므로 결국 승리는 우리의 것이 되는 것입니다.

그 다음 또 우리가 인내의 기도가 필요한 것은 믿음의 기도가 되기 위해서는 인내의 시련이 필요하기 때문인 것입니다. 성경에는 믿음으로 구하고 조금도 의심하지 말라고 말했는데 우리가 진실한 믿음이 아니면 조금 세월이 흘러가고 시간이 걸리면 마음에 구름같이 의심이 피어올라서 그 믿음은 박살이 나고 마는 것입니다. 그러므로 진짜 믿음이냐 가짜 믿음이냐는 시간이 걸려봐야 압니다. 이러므로 우리가 기도할 때 하나님은 네가 진짜 믿음으로 기도하느냐 이것은 가짜냐를 알아보기 위해서 주님이 시간이 걸리도록 하는 것입니다. 진실한 믿음은 눈에는 아무 증거 안 보이고 귀에는 아무 소리 안 들리고 손에는 잡히는 거 없어도 뒤로 물러가지 않고 불퇴전의 기도를 해 나가는 것입니다. 그러나 진실한 믿음이 아닌 사람은 조금 기도하다가 환경이 어려워지고 응답이 오지 아니하면 그만 원망탄식 해 버리고 뒤로 물러가 버리고 마는 것입니다. 그러므로 진실한 믿음인가 시험해 보기 위해서는 시간이 걸립니다. 이러므로 우리는 굉장히 많은 문제들을 가지고 있습니다. 가정문제 개인문제 생활문제 사업문제 나라의 문제들을 가지고 있습니다. 우리의 기도는 하나님의 보좌를 움직입니다. 우리의 기도는 하나님의 팔을 움직이며 하나님은 우리 개인과 역사의 운명을 좌우하는 것입니다. 그러므로 예수 믿는 사람이 가지고 있는 무기는 원자탄이나 수소탄보다 더 무섭습니다. 우리의 기도가 하나님의 손길을 움직이기 때문인 것입니다. 하나님의 손이 움직이면 온 지구 전체가 들썩거리는 것입니다.

이러므로 성도의 기도를 통해서 개인이나 가정생활이나 사업, 그 사회나 국가나 세계의 운명이 변화되는 것입니다. 이러기 때문에 우리가 하나님께 기도할 때 뒤로 물러가지 않는 불퇴전의 기도를 하게 되시기를 바랍니다. 응답 받는 기도는 확실한 믿음과 결코 낙망치 않는 마음의 자세와 끈질긴 인내로서만 이루어지게 되는 것입니다. 오늘날 만일 우리 성도들이 이와 같은 마음의 자세로 기도했다면 수많은 문제들이 해결되고 하나님의 거대한 영광이 나타나게 되었을 것입니다.

# 10장 은밀한 것을 알아내는 기도

(렘 33:2-3) "일을 행하시는 여호와, 그것을 만들며 성취하시는 여호와, 그의 이름을 여호와라 하는 이가 이와 같이 이르시도다. 너는 내게 부르짖으라. 내가 네게 응답하겠고 네가 알지 못하는 크고 은밀한 일을 네게 보이리라"

은밀한 것이란 하나님만 아시는 비밀을 말하는 것입니다. 성령으로 기도하여 성령으로 충만하면 성령하나님께서 은밀한 것을 알게 하십니다. 불티가 하늘로 올라감 같이 인생은 고난을 위하여 태어났다고 욥은 탄식을 했습니다. 시골에서는 옛날 마당에 모기를 쫓기 위하여 모닥불을 피웠습니다. 불을 잘 붙게 하기 위하여 볏짚이나 보릿짚을 태우면 뜨거운 공기에 불티가 하늘로 솟아나는 것을 늘 우리가 보곤 했습니다. 이와 같은 변함없는 자연법칙처럼, 인간의 삶도 고난을 피할 수가 없다는 것입니다. 우리는 항상 크고 작은 고난에 우겨 싸이고 답답한 일을 당하고, 핍박과 비난을 받고 모함을 당하고, 낭패와 실망을 당하고 배반과 거꾸러뜨림을 당하면서 살아가고 있습니다.

가슴이 답답하고 앞이 캄캄하며 삶의 기쁨이 사라지고 죽고 싶은 심정이 될 때 하나님을 아는 사람은 하나님 앞에 꿇어 엎드려 울부짖으며 기도하게 되는 것입니다. 이와 같은 체험을 하는 우리들에게 너무나 큰 위로의 말씀이 있습니다. 그 말씀이 바로 예레미야 33장 2절로 3절입니다. "일을 행하시는 여호와, 그것을 만들며 성취하시는 여호와, 그의 이름을 여호와라 하는 이가 이와 같이 이르시도다. 너는 내게 부르짖으라. 내가 네게 응답하겠고 네가 알지 못하는 크고 은밀한 일을 네게 보이리라" 우리가 성령으로 기도하면 하나님이 은밀한 일을 레마로 알려주십니다.

**첫째, 너는 내게 부르짖으라.** 조용히 묵상하라고 말씀하지 않았습니다. 소곤거리라고 말씀하지 않았습니다. 너희는 내게 부르짖으라고 말했었습니다. 성령으로 충만한 영적인 상태가 되도록 하나님을 찾으라는 것입니다. 시편 91편 15절에 "그가 내게 간구하리니 내가 그에게 응답하리라 그들이 환난 당할 때에 내가 그와 함께 하여 그를 건지고 영화롭게 하리라"고 말씀하셨습니다. 우리의 간구를 듣기를 원하시는 하나님인 것입니다. 간구라는 것은 마음이 애타서 끌어 오르는 간절한 부르짖음을 말하는 것입니다. 부모님들이 자식에게 교훈할 때도 보통말로 교훈할 때가 있고, 눈물을 흘리며 손을 잡고 간절히 부탁하는 것이 있는 것입니다. 우리 하나님께 우리가 응답받는 기도는 그냥 찬양하고 묵상기도하고, 그저 소곤소곤 하는 기도로 하라고 말씀하지 아니하고 부르짖으라. 간구하라고 말한 것입니다. 간구하는 것은 결국 부르짖고 기도하기 마련인 것입니다. 간절한 열심히 뱃속에서 끌어올라서 창자가 끊어질 것 같은 간절한 마음으로 부르짖어 기도할 때, 성령으로 충만해져서 흑암의 세력을 물리치고 자신의 마음 안의 하나님 보좌에 기도가 상달될 수 있는 것입니다.

왜, 우리가 기도하는 것입니까? 우리의 문제를 해결하실 수 있는 하나님이 계시기 때문에 하는 것입니다. 하나님이 우리보고 부르짖으라고 말할 때 장난으로 하는 말이 아닙니다. 우리 놀리려고 하신 말씀이 아닙니다. 진정으로 하신 말씀인 것입니다. 너희가 부르짖어 간절히 기도하면 응답하는 하나님이 계신다는 것을 하나님은 말씀하시고 계신 것입니다.

예레미야 33장 2절부터 "일을 행하시는 여호와, 그것을 만들며 성취하시는 여호와, 그의 이름을 여호와라 하는 이가 이와 같이 이른다"고 말씀하신 것입니다. 우리가 성령 안에서 하나님을 찾고 부르짖어야 우리가 영적인 상태가 되어, 영이신 하나님이 우리의 부르짖음을 받아서 레마를 주셔서 행함으로 문제를 해결하도록 하시는 하나님, 그 일을 지어 성취하시는 하나님이라는 것입니다. 성령으로 충만한 상태에서 부르짖지 아니하면 하나님께서도 간섭할 수 없다는 것입니다. 인간사에는 하나님이 무조건 간섭하지 않습니다. 인간은 육이기 때문에 하나님은 육체하고는 상관하지 않습니다. 우리 영적인 성도의 부르짖음을 통해서 하나님은 그 기도를 들으시고 일을 행하시고 일을 지으시고, 하나님의 역사를 베풀어 주시는 것입니다. 주님께서는 우리가 기도할 때 주님께로 나와서 기도하라고 말씀하는 것입니다.

마태복음 11장 28절에 "수고하고 무거운 짐 진 자들아 다 내게로 오라 내가 너희를 쉬게 하리라"고 말씀하시는 것입니다. 주님께 와서 부르짖으며 간절히 기도하는 예가 우리 구약성경에 보면 많이 있습니다. 한나의 기도에 제사장 엘리는 한나가 술이 취한 줄로 알았습니다. 이는 성령으로 충만했다는 것입니다. 성령의 임재가 충만하니 한나가 자신의 몸을 절제하지 못했다는 것입니다. 한나가 얼마나 애끓는 간장을 가지고 하나님에게 기도를 했던지 성령으로 충만해져서 말을 제대로 하지 못하고, 목소리도 제대로 나오지 않았습니다. 성령이 충만해지면 이런 상태가 되기도 합니다.

저는 성령의 불로 충만하여 성령님께서 지배하시니 입이 얼얼하여 말을 하지 못할 때도 있었습니다. 한나가 간절한 심정으로 기도하니까, 성령으로 충만하여 입술만 덜석 거렸죠. "그가 하나님 앞에 오래 기도하는 동안에 엘리가 그의 입을 주목한즉 한나가 속으로 말하매 입술만 움직이고 음성은 들리지 아니하므로 엘리는 그가 취한 줄로 생각한지라"(삼상 1:12~13).

기도에 너무나 깊이 몰입해서 취한 것 같았습니다. 성령으로 취한 것입니다. 너무나 애절하고 간절히 부르짖다 보니까 성령이 입술을 장악하여 말문이 막혀서 입술만 덜석거리는 간절한 기도를 드린 것입니다. 이렇게 성령으로 안전하게 장악이 되니 한나의 기도는 곧장 응답을 받아서 하나님이 귀한 아들을 주신 것입니다. 그와 같이 성령 안에서 하는 간절한 기도, 속에서 끓는 기도를 하나님은 바라시는 것입니다. 이런 기도가 하나님과 교통하는 기도이기 때문입니다. 하나님은 우리를 사랑하십니다.

애간장이 타는 기도를 한 것은 또 수로보니게 여인의 기도를 보면 알 수 있는 것입니다. 예수님께서 시돈과 두루 땅에 갔었을 때 이스라엘 백성이 아닌 헬라 여인 수로보니게가 주님께 나와서 "내 딸이 귀신 들렸으니 고쳐 달라"고 간청을 했었습니다. 주님이 들은체 만체, 했습니다. 이 부인은 제자들을 붙잡고 하소연 했습니다. 제자들이 "저 부인이 저렇게 간절히 구하니 주님께서 도와주시지요" 주님께서 "나는 이스라엘에 잃어버린 자에게 밖에 오지 않았다. 아직 이방인의 때가 오지 않았으니 도와주지 못한다"고 했었습니다. 그런데 이 여인이 주님 가는 앞길을 막고 꿇어 엎드려서 "주님이시여, 우리 딸이 귀신 들렸사오니 고쳐 달라"고 했을 때 주님이 굉장히 모욕적인 대답을 하셨습니다. "자녀들에게 줄 떡을 취하여 개에게는 주지 않는다. 너는 개 같은 여자다. 너의 기도는 응답될 수 없다" 보통 사람 같으면 그 말을 들었을 때 분노하고 일어나서 뒤도 안돌아 보고 갈 것입니다. 얼마나 간절한 마음에 소원이 있었는지 "옳소이다. 나는 개입니다. 그러나 개들도 자녀들이 먹는 밥상 밑에 떨어진 부스러기는 집어먹으니 나 부스러기만 좀 주십시오" 너무나 간절했기 때문에 그 모욕적인 언사를 해도 조금도 움직이지 않고 간절한 호소를 했습니다. 주님께서 그 말씀을 들으시고 "여자여 네 믿음이 크도다. 네 믿음대로 될 찌어다"고 말한 것입니다. 그러자 귀신이 나갔던 것입니다. 이방인의 때가 오지 않아서 합법적으로 이방인에게 기도응답을 줄 수 없는 때라도 너무나 간절한 기도를 하니까, 주님이 때를 넘어서 그 여자에게 떡 부스러기를 주셨던 것입니다. 스로보니게 여인이 주님을 찾는 기도를 애간장 타게 하니까 영적인 상태가 되어 주님과 통하게 되어 응답을 받은 것입니다.

우리는 성경에 보면 거지 바디매오가 몸부림치는 기도를 하는 것을 볼 수 있는 것입니다. 예수님이 여리고 성을 지나갈 때 사람들이 많이 지나가는 것입니다. 거지가 동냥을 하다 말고 지나가던 사람의 옷자락을 잡고 무슨 일이 일어났냐고 물으니까 나사렛 예수가 네 앞을 지나갔다고 했습니다. 그는 당장 동냥 받던 그릇을 던져 버리고 일어나서 동서남북을 향해서 "다윗의 자손 예수여 나를 불쌍히 여겨 주시옵소서"라고 부르짖었습니다. 많은 사람이 그를 밀치고 강제로 앉혔습니다. "이 장님 거지야, 너 같은 놈이 부르짖는다고 주님께서 들어줄 리가 있느냐? 잠잠하라!" 그러함에도 불구하고 그는 계속해서 뛰며 발을 동동 구르며 간절한 호소로써 애타게 부르짖었습니다. 그러니까 주님께서 가시다가 말고 발을 멈추시고 돌아보시면서 "그를 내게로 오라"고 하셨습니다. 그가 뛰어갔습니다. 주님께서 "내가 네게 무엇 해주기를 원하느냐?" "주님, 보기를 원하나이다" "네 믿음대로 될찌어다" 그 장님이 눈을 뜨고 만 것입니다. 몸부림치는 기도, 많은 주위의 사람들이 시끄럽다고 잠잠하라고 그렇게 억압을 해도 아랑곳없이 부르짖는 기도, 이것이 바로 통성기도요, 애절한 기도요, 간절한 기도가 되는 것입니다.

'부르짖으라.'는 말은 히브리어 '카라'에서 나온 말로서 '절규

하다'라는 뜻을 담고 있는 것입니다. 경주장에서 달리는 선수들은 골인점이 눈앞에 보이면 속도를 더 이상 늦출 수 없습니다. 오직 골인 점을 향해서 있는 힘을 다해서 죽도록 뛰는 것입니다. 남은 힘이라고는 조금도 없이 기진맥진 할 때까지 뛰는 것입니다. 바로 부르짖는다는 의미는 그와 같은 의미인 것입니다. 조금도 몸속에 힘을 남겨놓지 말고 기진맥진 할 때까지 전력을 기울여 부르짖는 것이 바로 부르짖는 기도인 것입니다. 간절한 기도를 할 때, 성령으로 충만해지는 것입니다. 그것이 하늘을 감동시키고 마귀의 일을 물리칠 수가 있는 것입니다. 술이 취한 줄로 오해받을 정도로 간절히 기도한 한나와 애간장 타듯 기도한 수로보니게 여인은 더 이상 버티기 힘들 정도로 간절히 기도하며 부르짖은 것입니다. 이 이상 더 지나면 힘이 지쳐서 기절할 것 같은 그러한 상황까지 기도를 하면은 그 기도는 하늘을 움직이는 것입니다. 보좌를 감동시키는 것입니다.

**둘째, 내가 네게 응답하겠고.** 우상과 사신은 응답하지 못합니다. 점쟁이들이 아무리 점을 친다고 해서 문제를 해결합니까? 우상 사신에 가서 아무리 절하고 손을 빈다고 해서 우상 사신이 대답합니까? 이스라엘에 아합 왕 때 이스라엘이 바알과 아세라신을 섬기고 크게 타락했습니다. 그때 엘리야가 3년 6개월이 지나고 난 다음에 아합왕에게 제시했습니다. "갈멜산에 바알선지자 450명, 아세라 선지자 400명을 데리고 와서 나하고 시합하자.

불로 응답하는 신은 참신으로 인정하자" 그래서 날을 정하여 바알 선지자 450명과 아세라 선지자 400명, 그리고 많은 이스라엘 백성이 모인 가운데서 단을 두 개 쌓고 하나는 바알에게 하나는 하나님의 단을 쌓고 바알에게 송아지를 잡아서 각을 떠서 얹어 놓고 "먼저 너희가 부르짖으라. 수가 많으니까 너희가 부르짖어 하늘에서 불로 응답하면 그가 참신인줄 알자" 아침부터 저녁 늦게까지 고함을 치고 자기 몸을 칼로 찌르며 피를 흘리고 바알과 아세라 신의 경배자들이 부르짖어도 불은 오지 않았습니다. 저녁 소제 드릴 때 쯤 엘리야는 자기의 제단(성전)을 쌓고 송아지를 각을 떠서 얹어 놓고 물을 몇 동이나 부어서 도랑까지 물이 차게 하고 난 다음 그는 꿇어 엎드려서 기도했습니다. "저녁 소제 드릴 때에 이르러 선지자 엘리야가 나아가서 말하되 아브라함과 이삭과 이스라엘의 하나님 여호와여! 주께서 이스라엘 중에서 하나님이신 것과 내가 주의 종인 것과 내가 주의 말씀대로 이 모든 일을 행하는 것을 오늘 알게 하옵소서, 하나님이여 내게 응답 하옵소서 내게 응답 하옵소서 이 백성에게 주 여호와는 하나님이신 것과 주는 그들의 마음을 돌이키심을 알게 하옵소서 하매" 이에 하나님의 불이 내려서 번제물과 나무와 돌과 흙을 태우고 또 도랑의 물을 핥았다고 말한 것입니다. 불로 응답하는 하나님, 바알과 아세라 신의 제사장들은 850명이 되어도 불이 임하지 않았습니다. 하나님은 불로 응답하여 제물을 다 태웠었습니다. 이스라엘 백성들이 다 엎드려서 여호와 그는 참 하나님이라고 고함을 하며 인정하며 부르짖게 만든 것입니다. 오늘날도 하나님은 우리가 부르짖을 때 하늘에서 응답하는 것입니다. 왜 우리가 부르짖을 때 하늘에서 응답합니까? 우리가 성령으로 충만해지기 때문입니다. 영이신 하나님은 살아계신 하나님이십니다. 우상과 사신이 응답하는 것이 아닙니다. 엘리야는 3년 6개월 동안 비가 오지 않았는데 그 길로 갈멜산 중턱에서 하나님께 부르짖어 기도했습니다. 비를 달라고요. 청천 하늘을 바라보고 기도한 것입니다.

"엘리야가 아합에게 이르되 올라가서 먹고 마시소서 큰 비 소리가 있나이다. 아합이 먹고 마시러 올라가니라 엘리야가 갈멜산 꼭대기로 올라가서 땅에 꿇어 엎드려, 그의 얼굴을 무릎 사이에 넣고 그의 사환에게 이르되 올라가 바다쪽을 바라보라. 그가 올라가 바라보고 말하되 아무것도 없나이다. 이르되 일곱 번까지 다시 가라. 일곱 번째 이르러서는 그가 말하되 바다에서 사람의 손만한 작은 구름이 일어나나이다. 이르되 올라가 아합에게 말하기를 비에 막히지 아니하도록 마차를 갖추고 내려가소서 하라 하니라. 조금 후에 구름과 바람이 일어나서 하늘이 캄캄해지며 큰 비가 내리는지라" 아합이 마차를 타고 이스르엘로 갔다고 말한 것입니다. 3년 6개월 동안 비가 안와서 만물이 다 타고 말라 버렸는데 역시 엘리야가 하나님께 간절히 엎드려 기도하니 하늘이 비를 내리고 땅이 열매를 맺게 된 것입니다. 거기에도 엘리야가 얼마나 간절히 기도했던지 그 머리가 다리 사이로 들어갔다는 것입니다. 꼿꼿이 서서 기도하다가 창자가 자꾸 당기도록 기도하니까 머리가 점점 수그러져서 머리가 다리 사이로 들어가 버리고 말았습니다.

몸이 공처럼 되었습니다. 간절한 성령으로 하는 기도 이것을 하나님이 들으신다는 것을 여기에 우리에게 분명히 보여주고 있는 것입니다. 하나님은 응답해 주겠다고 약속을 하셨습니다. 응답 안하는 하나님이 아닌 것입니다. 우리를 놀리시는 하나님이 아닌 것입니다. 헛된 약속을 하는 하나님이 아니신 것입니다.

야고보서 5장 17절로 18절에 엘리야는 우리와 성정이 같은 사람이로되 그가 비가 오지 않기를 간절히 기도한즉 삼 년 육 개월 동안 땅에 비가 오지 아니하고 다시 기도하니 하늘이 비를 주고 땅이 열매를 맺었다고 말씀하고 있는 것입니다. 요한복음 14장 13절로 14절에 "너희가 내 이름으로 무엇을 구하든지 내가 행하리니 이는 아버지로 하여금 아들로 말미암아 영광을 받으시게 하려 함이라 내 이름으로 무엇이든지 내게 구하면 내가 행하리라" 엄청난 약속이 아닙니까? 큰일이나 적은일이나 가능한 일이나 불가능한 일이나 무엇이든지, 하나님께 주 예수 그리스도 이름으로 기도하면 주님께서 시행하시겠다고 말씀하신 것입니다.

그러므로 우리는 너무나 많은 일에 주님께 기도하지 아니하고 우리의 힘과 능력으로 해결하려고 하다가 피투성이가 될 때가 많은 것입니다. 또 너무나 기도를 허술하게 하는 것입니다. 집중적으로 목숨을 내어 놓고 부르짖고 기도하지 아니하고 허술하게 기도하므로 말미암아 마귀의 진에 기도가 막혀서 나가지 못하게 만들고 마는 것입니다. 하나님은 부르짖는 자의 기도를 무시하지 않고 응답하셔서 우리 생활에 간섭해 주시는 것입니다.

**셋째, 네가 알지 못하는 크고 은밀한 일.** 기도는 우리가 아는 방법으로 올 때도 있지만, 우리가 전혀 알지 못하는 크고 은밀한 방법으로 응답할 때가 많은 것입니다. 하나님의 은밀한 길은 우리가 모릅니다. 반드시 하나님과 같은 영적인 상태에서 만 깨달아 알 수가 있습니다. 모르는데 우리는 절망의 벽에 부딪쳐서라도 하나님은 길이 있으니까 부르짖는 것입니다. 옛말에도 하늘이 무너져도 솟아날 구멍이 있다고 말하지 않았었습니까? 시편 121편 1절로 2절에 "내가 산을 향하여 눈을 들리라 나의 도움이 어디서 올까 나의 도움은 천지를 지으신 하나님에게서로다"

태산이 내게 가로막혔습니다. 눈을 들어 보니까 갈 길이 없습니다. 앞길이 다 막혔어요. 태산이 나를 막고 있으니까 기어 올라갈 수도 없고 터널을 뚫을 수도 없습니다. 설망할 수밖에 없습니다. 그러나 산보다 높은 곳에 고개를 드니까 하나님이 계십니다. 아무리 우리 인생 문제가 태산같이 클지라도 태산보다 높은 하나님이 계시고 태산을 제압할 하나님이 계신 것입니다. 우리 힘으로는 산을 옮기지 못할지라도 하나님은 태산을 옮길 수가 있는 것입니다. 그렇기 때문에 나의 도움이 어디서 올 꼬 천지를 지으신 하나님께서 나의 도움이 되신다고 말씀하는 것입니다. 우리는 하나님의 생각을 모릅니다. 하나님이 우리를 위해서 계획한 것은 하나님만 아시는 은밀한 것이기 때문에 우리가 모릅니다. 우리가 하나님의 뜻을 모르기 때문에 쉽게 하나님을 비평하거나 하나님을 인간적으로 이해하려고 애를 써서는 안 되는 것입니다.

이사야 55장 8절로 9절에 "이는 내 생각이 너희의 생각과 다르며 내 길은 너희의 길과 다름이니라 하나님의 말씀이니라. 이는 하늘이 땅보다 높음 같이 내 길은 너희의 길보다 높으며 내 생각은 너희의 생각보다 높음이라"

그러므로 많은 예수 믿는 사람들이 자꾸 자기 생각을 하나님의 생각에 대체 시키려고 하는 것입니다. 자기가 방책을 세우고 자기가 길을 만들어서 자기가 하는 것이 옳다고 생각하는 오만과 교만과 독선에 빠지는 것입니다.

예수 믿는 사람이 하나님 앞에 무릎을 꿇어 엎드려 하나님의 뜻을 간절히 받들고 하나님의 말씀을 따라서 살지 아니하고 자기의 생각, 자기의 길로 연구 개발해서 나가면 그것은 오만이요, 교만이요, 독선이요, 결국에는 바벨탑 같이 무너지고 마는 것입니다. 우리는 굉장히 조심해야 되는 것입니다. 내 길을 하나님께 맡겨라. 저를 의지하면 저가 이루시고 내 의를 빛과 같이 나타내시며, 내 공의를 정오의 빛같이 하시리라고 말씀한 것입니다. 우리는 하나님께 맡길 줄 알아야 되고 하나님의 뜻을 간절히 간구하고 하나님 말씀을 믿고 기다릴 줄 알아야 되는 것입니다. 성급하게 내 길로 내 생각으로 내 계획으로 내 방책으로 일을 했다가는 안 되는 것입니다. 계획은 사람에게 있어도 그 발걸음을 옮기는 이는 하나님이시기 때문인 것입니다. 하나님을 경외하는 자는 쉽게 인간적으로 살지 않는 것입니다.

하나님은 우리의 믿음을 키워 주기 위해서 이런 작은 기적들을 일으키시는 것입니다. 우리가 성령으로 충만하고 늘 깨어 있을 때, 이처럼 일상생활 주변에서 늘 우리를 지키시는 하나님의 손길을 느낄 수가 있는 것입니다. 우리의 도움은 오직 하나님께로부터 오는 것입니다. 하나님께서는 이미 모든 것을 미리 아십니다. 하나님은 알파와 오메가요, 처음과 나중이요, 시작과 끝이라. 우리는 눈앞에 밖에 못 보지만 하나님은 벌써 끝을 바라보고 있는 것입니다. 우리는 모르고 말하지만 하나님은 아시고 말씀하는 것입니다. 우리는 모르고 말하기 때문에 우리말은 거짓말이 될 수가 많습니다. 그러나 하나님의 말씀은 알고 하시는 말씀인 것입니다. 알고 하시는 말씀은 거짓이 될 수 없는 것입니다.

과거와 현재와 미래를 다 손위에 얹어 놓고 보고 계시는 하나님이 알고 하시는데 어떻게 거짓이 있을 수 있는 것입니까? 하나님은 우리에게 다가올 일들을 다 알고 계십니다. 우리가 구하기 전에 이미 알고 계시는 것입니다. 그러므로 성경 고린도전서 2장 9절에 "기록된바 하나님이 자기를 사랑하는 자들을 위하여 예비하신 모든 것은 눈으로 보지 못하고 귀로 듣지 못하고 사람의 마음으로 생각하지도 못하였다 함과 같으니라"고 말한 것입니다. 우리가 눈으로 본적도 없고 귀로 들은 적도 없고 마음으로 생각지도 못한 것을 하나님은 이미 다 아시는 고로 그 해결 방책을 예비해 놓고 계신다는 것입니다. 하나님은 우리의 일생을 이미 손바닥에 얹어 놓고 다 알고 계신 것입니다. 하나님을 의지하는 자는 하나님을 바라보고 기다리면 하나님이 예비한 길로 우리를 이끌어 주시는 것입니다. 로마서 8장 32절에 "자기 아들을 아끼지 아니하시고 우리 모든 사람을 위하여 내주신 이가 어찌 그 아들과 함께 모든 것을 우리에게 주시지 아니하겠느냐" 아들을 주신 하나님이 뭘 안주겠습니까? 우리가 마음속에 하나님 제일주의로 살고 하나님을 주인으로 섬기기 위해서 살면 하나님은 우리의 기도를 들어 주시고 은혜를 베풀어 주시는 것입니다. 우리의 생각에 막다른 골목이라고 낙심치 말 것은 하나님의 생각은 우리 생각보다 한없이 높기 때문인 것입니다. 하나님은 성령으로 기도할 때 우리에게 감추인 비밀을 나타내 주시는 것입니다.

출애굽기 14장 21절로 22절에 보면 "모세가 바다 위로 손을 내밀매 하나님께서 큰 동풍이 밤새도록 바닷물을 물러가게 하시니 물이 갈라져 바다가 마른 땅이 된지라. 이스라엘 자손이 바다 가운데를 육지로 걸어가고 물은 그들의 좌우에 벽이 되니"라고 한 것입니다. 홍해 밑에 길을 만들 줄이야 누가 알았습니까? 이스라엘 백성도 모르고 바로의 군대들도 몰랐습니다. 이스라엘 백성은 홍해 물에 갇혀서 죽었다고 생각하고 바로의 군대는 홍해 물에 갇힌 이스라엘 백성을 산채로 포로로 잡았다고 생각했습니다만, 하나님은 은밀한 계획을 가지고 있었습니다. 홍해를 갈라서 바다 밑에 신작로를 깔아 놓으신 것입니다. 이것이 하나님의 크고 은밀한 것입니다. 마음으로 생각지도 못한 일인 것입니다.

그들이 수르광야에 들어가서 나흘 길을 걸어가도 물이 없어 목이 마를 때 쓴 연못물을 만나서 탄식을 했었습니다. 하나님은 미리 아시고 이미 쓴 연못물을 달게 할 나무를 준비해 놓으시고 나뭇가지를 꺾어 넣으면 정화되게 하셨습니다. 화학작용이 일어나서 물이 달아지고 만 것입니다. 쓴물을 달게 만드는 것도 하나님이 이미 준비해 놓은 것입니다. 하나님의 뜻을 따라 하나님의 영광을 위해서 하나님의 인도를 받는 사람은 어느 곳에 가서 어떠한 어려운 고비에 처할지라도 하나님이 해결책을 만들어 놓은 것입니다. 방책이 없는 곳에 하나님의 방책을 만들어 놓으신 것입니다. 그러므로 문제를 만나거든 자신의 힘이나 지식으로 해결하려고 하지 말고 하나님에게 성령으로 기도하시기를 바랍니다. 성령으로 기도할 때 하나님이 문제를 해결할 레마를 주십니다.

우리는 이 세상을 살면서 쓰디쓴 연못물을 당할 때가 많습니다. 쓴 언못물의 경험을 할 때 우리는 낙심하고 탄식하지 말고 하나님께 부르짖어 기도하면 하나님은 이미 달게 할 방책을 세워 놓으신 것입니다. 우리는 대책이 없을 때 하나님은 대책을 세워 놓은 것입니다. 예수님 말씀하셨습니다. 내가 곧 길이라고요. 우리가 길이 없을 때 예수님은 길이 되시는 것입니다. 예수 이름으로 부르짖으면 없는 길도 만들어 놓는 것이 주님의 역사인 것입니다. 가나의 혼인 잔치에서 포도주가 떨어져서 큰 혼란에 떨어졌을 때 예수님이 어떻게 크고 큰 비밀을 가지고 있었습니까? 마리아가 예수님께 부탁하니 예수님이 그 부탁을 들으시고 물을 변하여 포도주로 만들어 주신 것입니다. 얼마나 놀라운 일인 것입니까? 물이 변하여 포도주가 될 줄 누가 알았습니까? 그것은 하나님만이 아는 은밀한 길인 것입니다. 그러므로 우리 생각으로 된다 안된다와 하나님을 인간적으로 판단해서는 안 되는 것입니다. 나사로가 죽은 지 나흘 만에 살아날 것을 누가 알았었습니까? 다 무덤에 들어간 나사로는 다시 살아나지 못한다고 생각하고 마리아와 마르다가 탄식하고 통곡하고 눈물을 밤새도록 흘리고 온 얼굴이 퉁퉁 부었는데 예수님은 무덤가에 오셔서 위로한 것이 아니라 "나사로야 나오라!" 죽은 지 나흘 만에 혈관이 다 썩고 몸세포가 다 썩은 그를 순식간에 살려 일으킨 것입니다. 기적을 행하시는 하나님이신 것입니다. 죽은 자를 살리시고 없는 것을 있게 하시는 전지전능, 무소부재 하신 하나님인 것입니다. 우리는 하나님을 너무나 과소평가하고 사는 것입니다. 하나님을 사람처럼 생각하는 것입니다. 하나님을 태산준령을 옮기지 못할 하나님으로 생각하고 산을 바라보고 낙심하는 것입니다. 산 너머 계신 하나님을 바라보고 기적을 행하시는 하나님을 의지하는 우리가 되기를 바랍니다. 하나님은 인간의 상상력에 미치지 못하는 크고 은밀한 해답을 갖고 계시는 것입니다.

미국의 16대 대통령은 미국 대통령 중에 가장 위대한 대통령입니다. 아브라함 링컨은 위기 때마다 엎드려 기도를 했습니다. 하루는 어떤 사람이 링컨에게 "왜 위기의 순간마다 기도하냐"고 물었습니다. 그러자 링컨은 "나는 기도 이외에 최선의 방책을 모릅니다. 내가 가진 지혜와 주변 사람들의 재능도 어려움을 극복하기에는 부족합니다. 오직 전능하신 그분만이 최선의 방책을 알고 계심으로 나는 그저 주님을 믿고 의지할 뿐입니다." 그렇게 대답했습니다. 아브라함 링컨은 자기 생애에서 최선의 방책은 하나님께 기도한 것이라고 말했었습니다. 기도하므로 하나님이 링컨과 같이 계셔서 여러 번 선거의 낙마에서도 건져 주시고 혼탁한 정치를 바로잡고 남북전쟁을 승리로 이끈 위대한 영웅이 될 수 있었던 것입니다. 우리는 항상 하나님이 우리가 부르짖어 기도하면 크고 은밀한 비밀을 나타내 주실 것을 알고 기도해야 되는 것입니다. 기도가 우리 생활 속에 제일 좋은 대책인 것입니다. 대책이 없다고요? 기도가 대책인 것입니다. 기도하지 않고 난 다음 대책이 없다고 말하지 마십시오.

우리 예수 믿는 사람이 다른 사람과 무엇이 다릅니까? 다른 사람은 인간의 수단과 방법과 노력으로 하다가는 태산에 부딪히면 대책이 없습니다.

그러나 우리는 그 산꼭대기 위에 하늘이 있고 하늘보좌에 하나님이 우리의 대책이 된 것을 알아야 되는 것입니다. 우리가 하나님께 부르짖을 수 있는 이상은 낙심하지 말아야 되는 것입니다. 너는 내게 부르짖으라. 내가 네게 응답하겠고 네가 알지 못하는 크고 은밀한 일을 네게 보여주겠다고 하시는 하나님은 어제나 오늘이나 영원토록 동일하신 하나님이신 것입니다.

# 3부 기도의 원칙

## 11장 주님이 가르치신 기도

(마 6:9-15)"그러므로 너희는 이렇게 기도하라 하늘에 계신 우리 아버지여 이름이 거룩히 여김을 받으시오며, 나라가 임하시오며 뜻이 하늘에서 이루어진 것 같이 땅에서도 이루어지이다. 오늘 우리에게 일용할 양식을 주시옵고, 우리가 우리에게 죄 지은 자를 사하여 준 것 같이 우리 죄를 사하여 주시옵고, 우리를 시험에 들게 하지 마시옵고 다만 악에서 구하시옵소서 (나라와 권세와 영광이 아버지께 영원히 있사옵나이다 아멘) 너희가 사람의 잘못을 용서하면 너희 하늘 아버지께서도 너희 잘못을 용서하시려니와 너희가 사람의 잘못을 용서하지 아니하면 너희 아버지께서도 너희 잘못을 용서하지 아니하시리라"

예수님께서는 십자가에 못 박히시기 전날 밤에 그는 겟세마네 동산에 들어가서 큰 통곡과 부르짖음으로 그 이마에서 흐르는 땀방울이 피가 되도록 부르짖었습니다. 예수님은 내일이면 인류의 죄를 다 짊어지시고 십자가에 올라가서 처참한 심판을 받아야 할 것입니다. 이것을 감당할 만한 마음의 힘을 하나님께로 받지 않고는 인간의 생각과 인간의 힘으로는 감당할 수가 없는 것이었습니다. 이러므로 예수님께서는 이마의 땀이 핏방울이 되도록 간절히 부르짖어 기도한 결과로 하나님께로부터 그 놀라운 능력을 받았습니다. 그 다음날 조금도 개의치 않고 십자가를 짊어지시고 온 인류를 위해서 구속의 대속물이 될 수가 있었던 것입니다. 바로 그때 예수님께서 제자들보고 하신 말씀이 너희는 시험이 들지 않게 깨어서 기도하라. 그렇게 말씀하셨습니다. 다음에 또 제자들이 잠든 것을 보시고 너희는 깨어서 한 시간도 나와 함께 기도할 수 없느냐고 꾸짖었습니다.

우리의 신앙생활에 적어도 우리가 하루에 한 시간 이상씩 집중적으로 기도해야만 시험에 들지 아니할 수가 있습니다. 수많은 사람이 시험에 들어서 할퀴고 찢기고 피투성이가 된 이유는 그들이 적어도 한 시간 이상의 기도를 하지 않았기 때문에 그와 같은 시련 속에 빠지는 것입니다. 그런데 많은 사람들이 어떻게 해야 한 시간 이상씩 기도할 수 있냐고 묻습니다. 우리는 아무리 해도 몇 분 이상 기도할 수 없는데 어떻게 하면 한 시간 이상 기도하느냐고 묻습니다. 제자들이 예수께 나와서 주여! 우리에게 기도하는 법을 가르쳐 주소서. 할 때 예수께서 기도의 모범을 가르쳐 주셨습니다. 이 기도의 모범은 우리가 일곱 가지 단계로 기도할 때, 우리 생활 전반에 걸쳐 기도하며 한 시간 이상 기도할 수 있는 것입니다.

우리가 세상을 살아가면서 육체의 건강을 지키려고 노력을 합니다. 육체의 건강을 위하여 한번에 30분 이상 운동을 해야 효과가 나타난다고 말합니다. 육체의 운동도 30분 이상을 해야 효과가 있는데 하물며 기도를 5-10분해서 효과가 있겠습니까?

**첫째, 하늘에 계신 우리 아버지여**. 하늘에 계신 우리 아버지여. 이름을 거룩히 여기시오며, 라고 기도하고 있습니다. 하나님 이름은 거룩하고 영광스러우며 존귀합니다. 인간의 힘으로 하나님을 더 이상 거룩하고 영광스럽고 존귀하게 할 수 없습니다. 그러나 우리가 하나님을 모시고 있는 이상, 우리의 삶의 행위를 통해서 하나님의 이름을 모욕되게 할 수도 있고, 하나님의 이름을 거룩하고 영광되게 할 수 있는 것입니다. 그러므로 우리 기도의 출발은 우리 자신이 하나님의 이름을 영화롭게 할 수 있는 생활을 하고 있는가. 있지 않는가, 이것을 살피므로 출발해야 하는 것입니다.

그러므로 처음 기도의 출발은 우리 자신의 회개로부터 출발해야 합니다. 우리가 하나님의 이름을 어깨에 메고 사는 사람이요. 하나님의 성호를 받들고 사는 사람이기 때문에 내가 하나님의 성호에 거룩함을 가지고서 모실 수 있는 자격이 있는가, 없는가를 살펴보아야 하는 것입니다. 나의 말이 거룩한 말을 하고 있는가. 나의 생각이 거룩함을 가지고 생각하는가. 나의 행동이 거룩한가. 내가 하나님께 진실로 순종하고 복종하며 믿고 하나님을 영화롭게 하는 그런 삶을 살고 있는가. 이 사실을 우리 마음속에 깊이 깨달아 보고 내가 하나님 앞에 합당하지 못한 언어 심사 행동이 있으면 철저히 회개하는 기도로 매일 출발해야 하는 것입니다. 나로 말미암아 하나님의 이름이 거룩히 여김을 받는 그러한 삶을 우리가 살아야만 되는 것입니다.

그렇기 때문에 우리의 기도는 하나님 앞에 엎드릴 때 하나님 아버지여 저로 말미암아 만군의 여호와 우리 하나님의 이름이 거룩히 여김을 받게 하여 주옵소서. 이러한 회개의 기도로부터 출발해야 하는 것입니다. 우리는 철저히 우리의 하나님 앞에 저지른 죄악을 통회하고 자복하고 우리의 죄악을 뿌리 뽑고 예수그리스도 보혈과 성령의 역사로 씻는 이러한 기도가 매일 매일 이루어져야 하는 것입니다. 이것이 우리 기도의 첫째 제목인 것입니다.

**둘째, 나라가 임하옵시며.** 우리가 부르짖고 기도할 것은 나라에 임하옵소서. 라고 기도해야 하는 것입니다. 우리는 세상나라에 삽니다. 그리고 우리는 세속의 나라에 속해 삽니다. 우리의 몸은 세상나라에 있고 우리의 속에는 세속이 꽉 들어와 있습니다. 그래서 육신의 정욕과 안목의 정욕과 이 세상 자랑이 마음을 점령하고, 그를 따라 공중에 권세 잡은 마귀와 귀신의 가르침을 쫓아서 세상 풍속을 쫓아 살고 있는 것입니다. 그러므로 이 세상 사람들은 완전히 세상에 속하고 세속에 물들어서 하나님도 영혼도 영원한 천국도 심판도 알지 못하고 세상에 취해서 살다가 영원히 지옥으로 떨어지고 마는 것입니다. 이러한 상황에 처해 있는 우리들이 하나님께 기도할 때 하나님이여. 나라이 임하여 주시옵소서. 라고 기도해야 합니다.

그것은 바로 이 세상나라 세속 속에 하늘나라가 임하여 달라는 것입니다. 자신이 먼저 하나님의 나라가 되게 해달라는 것입니다. 지금으로부터 이천년 전 에 하나님 아들 예수께서 지상에 강림하시므로 하늘나라는 지상에 찾아오시게 되신 것입니다. 그러고 난 다음 예수께서 십자가를 짊어지시고 우리를 대신해서 양손과 양발에 대못 박히시고 몸을 찢고 피를 쏟으시므로 말미암아 인류의 죄악을 대속하시므로 하늘나라는 영원히 역사 속으로 들어오게 된 것입니다. 이러므로 오늘 우리가 예수그리스도를 구주로 모실 때 우리의 속에 하늘나라가 임하게 되는 것입니다. 예수그리스도를 모신 사람들이 모인 교회는 바로 나라에 임한 장소인 것입니다.

예수그리스도를 주인으로 모신 가정에는 하늘나라가 임한 가정인 것입니다. 예수그리스도께서 임하신 그 사회는 나라에 임한 사회요. 예수를 섬기는 나라는 그 나라 속에 하늘나라가 임한 나라인 것입니다. 그러므로 우리가 나라에 임하소서. 하는 말은 이 세상에 속하고 세속이 꽉 들어찬 곳에 하늘나라가 임해야 그 사람이 영생을 얻고 하늘나라 백성이 되는 것입니다. 하늘나라가 임하면 하늘나라의 속성이 나타납니다. 하늘나라가 우리 속에 임하였으면 그 속에는 용서가 강물처럼 넘쳐납니다. 그 속에는 거룩하고 하나님의 능력을 주는 능력의 역사가 활발히 일어나는 것입니다. 그 속에는 귀신이 쫓겨나가고 병이 낫는 하나님의 역사가 일어나는 것입니다. 하늘나라가 임한 곳에는 저주의 가시와 엉겅퀴가 사라지고, 그곳에 아브라함의 축복이 강물처럼 넘쳐나게 되는 것입니다.

하늘나라가 임하여 있는 곳에는 죽음이 철폐되고 음부가 철폐

되고 눈물과 근심과 탄식과 죽음과 이별하는 것이나 곡하는 것이나 앓은 것이 없는 천국의 역사가 일어나고 천국 시민권이 주어지는 것입니다. 이와 같이 하늘나라의 역사가 우리의 전인격 속에 반드시 이루어져야 하는 것입니다. 이렇게 될 때 하늘나라가 우리 속에 임하면 우리는 금이나 은이나 보석이 아닌 무궁무진한 십자가를 통한 대속의 보화를 마음속에 가지고 있는 것이요. 이 하나님의 대속의 은총을 통해서 우리가 믿음으로 살아갈 때 비로소 우리 모든 일에 하나님이 역사하시므로 진실로 영혼이 잘됨과 같이 범사에 잘되며 강건하고 생명을 얻되 넘치게 얻는 하나님의 역사가 나타나게 되는 것입니다.

예수를 구주로 모시고 하늘나라가 전인격에 임하여 있는 사람은 이 세상 그 무엇과 비교 할 수 없는 보화를 마음속에 가지고 살게 되는 것입니다. 하늘나라가 마음속에 자원이 되면 이 세상의 무엇이 두렵겠습니까. 하나님께서는 아브라함에게 말씀하기를 내가 너의 지극히 큰 상급이요. 내가 너의 방패라고 말한 것입니다. 하나님이 우리의 방패가 되어서 지켜 주시고 하나님께서 우리 속에서 우리의 상급이 되어 주시므로 우리는 예수그리스도로 말미암아 그 나라와 그 의를 먼저 구하면서 믿음으로 기도하고 살 때 우리의 생활이 승리하지 아니할 수가 없습니다.

이러므로 우리 매일 두 번째 기도는 하나님이여. 내 전인격에 하나님의 나라로 임하소서. 우리의 가정에 나라로 임하소서. 우리 자손들에게 나라로 임하소서. 우리 조국과 민족의 가슴속에 세상과 세속 속에 하늘나라가 임하여서 하나님의 주권이 나타나게 도와주시옵소서. 하나님의 나라가 임하는 운동을 위해서 우리가 주야로 간절히 기도해야만 되는 것입니다.

**셋째, 뜻이 하늘에서 이루어진 것 같이 땅에서도 이루어지리라.**
우리가 기도해야 할 것은 뜻이 하늘에서 이루어진 것 같이 땅에서도 이루어지이다. 라고 기도해야 하는 것입니다. 왜냐하면 하나님의 뜻은 반석과 같습니다. 하나님의 뜻은 움직이지 않습니다. 원수마귀가 하나님을 밀어내고 자기가 하나님처럼 동등으로 되려고 할 때 천사장 루시퍼가 쫓겨나서 마귀가 되고 만 것입니다. 우리 조상 아담과 하와도 하나님께서 예비한 에덴의 아름다운 동산에 있을 때 마귀의 꾀임을 받아 자기가 하나님처럼 되려고 해서 하나님의 뜻을 밀어내려고 했다가 그는 영혼이 죽고 육신도 사형을 당하고 저주받은 땅속에 쫓겨나고 만 것입니다.

이러므로 하나님의 뜻은 반석 같습니다. 하나님의 뜻을 반대하는 것은 맨발로 반석을 차는 것과 같고 계란으로 바위를 치는 것과 같습니다. 하나님의 뜻은 폐할 수 없습니다. 하나님의 뜻은 움직이지 않습니다. 그러므로 뜻이 하늘에서 이룬 것처럼, 이 땅에서 루시퍼나 아담이나 하나님의 뜻을 반역한 다음 그들이 얻은 것은 타락과 멸망과 절망밖에 없는 것입니다. 오늘날 우리가 기도해야 할 것은 하나님의 뜻이 하늘에서 이루어진 것처럼 이 땅에 이루어지게 하옵소서. 그러므로 우리가 죄를 회개하고 우리의 고집을 저버리고 아집을 저버리며 우리의 개인 가정생활 자녀 모든 가운데서 하나님의 뜻을 받들게 하여 주시옵소서. 눈에는 아무증거 안보이고 귀에는 아무소리 안 들려도 하나님의 뜻을 받들게 하여 주시옵소서. 하나님의 뜻을 찾고 그 뜻을 받드는 간절한 기도를 해야 하는 것입니다. 하나님 뜻 속에서만이 참으로 의의가 있고 평안이 있고 기쁨이 있고 행복이 그 속에 있는 것입니다. 하나님의 뜻을 저버리고 하나님을 반역하고 나간 곳에 의의도 평화도 희락도 만족도 있을 수가 없는 것입니다. 이러므로 우리는 하나님의 뜻을 간절히 찾아야만 하는 것입니다.

**넷째, 일용한 양식을 주시라고 기도하라.** 우리가 기도해야 할 것은 일용한 양식을 주시라고 기도해야 하는 것입니다. 하나님께서는 우리가 매일매일 아침에 깨어날 때 그 날 필요한 양식을 주기를 원하시는 것입니다. 무엇을 먹을까 무엇을 입을까 무엇을 마실까 하는 문제뿐 아니라 그 날 하루하루 양식을 얻기 위해서 살아갈 때 필요한 지혜를 주시옵소서. 지식을 주시옵소서. 분별력을 주시옵소서. 체력을 주시옵소서. 은혜를 주시옵소서. 우리가 매일 매일 살아가는데 필요한 모든 것은 그날그날 하나님께 기도할 때 하나님께서 우리에게 반드시 더해 주시겠다고 약속하신 것입니다.

이러므로 한번 생각해 보십시오. 양식을 얻기 위해서는 농부를 통해서 보십시오. 양식을 얻기 위해서는 농토가 있어야 하고, 농토가 있고 난 다음에는 씨앗이 있어야 하고, 씨앗이 있고 난 다음에는 비료가 필요하고 비료가 있으면 인력이 필요합니다. 또 인력이 있으면 기계가 필요하고 여러 가지 일용한 양식을 얻는데 필요한 것이 얼마나 많습니까. 우리 같이 도시에 사는 사람도 일용한 양식을 얻기 위해서는 먼저 직장을 가져야 하는 것입니다.

그러므로 직장을 가지기 위해서는 집이 있어야 하고 집이 있기 위해서는 돈을 벌어야 하고 돈을 벌기 위해서는 교육을 받아야 하고 교육을 받고 난 다음에는 직업을 얻어야 합니다. 또 기술을 연마해야 하고 또 자본이 있어야 합니다. 그러므로 우리가 살아가는 데 필요한 일체의 것을 우리는 일용한 양식을 구하는 기도에서 구해야 될 것입니다. 이러므로 매일 매일 살아가는 일을 우리가 탐욕이 아닌 바른 길이면 응답해 주십니다. 하나님의 자기를 사랑하는 자를 위해서 예비해 놓은 모든 것을 눈으로 보지 못하고 귀로 듣지 못하고 마음에 생각으로도 깨닫지 못했다고 말했습니다.

그러나 성령이 이 모든 것을 우리에게 보여주신다고 말했습니다. 하나님은 여호와 이레십니다. 하나님은 예비하신 하나님이신 것입니다. 아담을 위해서 에덴동산을 예비했으며 또한 예수그리스도를 통해서 하늘나라 천국을 예비하신 하나님이기 때문에 우리에게 모든 것을 예비하셨습니다. 이러므로 예수께서 너희는 무엇을 먹을까 무엇을 입을까 무엇을 마실까 염려하지 말라. 이것은 다 이방인들이 염려하는 것이요. 너희 천부께서는 이 모든 것이 너희에게 있어야 될 줄을 아시느니라. 그러므로 너희는 먼저 그 나라와 그 의의를 구하라. 그러면 이 모든 것을 너희에게 더하여 주시리라. 고 약속하신 것입니다. 이렇기 때문에 우리는 주님께서 예비한 것을 알고 난 다음에 매일 매일 예수 이름으로 우리의 필요한 것을 구할 때 주님께서는 우리에게 응답해 주십니다. 이러므로 매일 우리는 이를 위해서 기도해야 될 것입니다.

**다섯째, 우리 죄를 사하여 준 것 같이 우리의 죄를 용서해 달라**

우리가 기도할 때 우리가 우리 죄를 사하여 준 것 같이 우리의 죄를 용서해 달라고 기도해야 한 것입니다. 이것은 우리가 인생을 살면서 혼자 살면 모르겠지만 부부가 함께 살고, 부모와 자식이 함께 살고, 이웃이 함께 살고, 좋은 사람과도 같이 살고, 미운사람과도 같이 삶으로 말미암아 인간 생활은 매일 같이 서로 미워하기도 하고, 미움을 받기도 하고, 상처를 주기도 하고, 상처를 받기도 하는 것입니다. 이곳에서 용서와 사랑이 치료하는 위대한 역사가 되는 것입니다. 상처를 입었는데 치료하지 아니하면 썩어서 죽어버리고 마는 것입니다. 우리가 인생을 살면서 미움이나 원한의 상처를 그대로 가지고 있으면 미움과 원한은 우리의 마음속에 사랑을 빼앗아 갑니다. 평안을 빼앗아 갑니다. 기쁨을 빼앗아 갑니다. 삶의 의욕을 빼앗아 갑니다. 행복을 산산조각으로 깨뜨려 버리고 마는 것입니다. 이러므로 미움과 원한을 그대로 가지고 있으면 우리는 부정적이 되고 파괴적인 인격이 되어 버리고 마는 것입니다. 이렇기 때문에 매일같이 우리는 기도할 때 하나님 앞에서 미움을 토해놓고 원한을 토해 놔야 하는 것입니다. 우리는 우리의 죄 지은 자를 사하여 주어야만 하는 것입니다. 이것은 우리가 일방적으로 사해주므로 말미암아 우리의 마음이 이 부정적이고 파괴적인 세력에서 놓여남을 받습니다.

우리 안에 주인으로 오신 성령님의 역사로 마음에 미움을 다 쫓아낼 수 있습니다. 불안을 쫓아낼 수 있습니다. 우울증을 쫓아낼 수 있습니다. 절망감을 쫓아낼 수 있습니다. 사람이 그 마음속에 사랑이 있고 믿음이 있고 소망이 있고 기쁨이 있고 용기가 있고 행복이 있을 때 삶의 의욕이 충천하는 것입니다. 그러나 이러한 모든 좋은 것을 미움이나 원한은 모두다 싹둑 싹둑 와서 잘라버리는 벌레인 것입니다. 이렇기 때문에 우리는 이 미움이나 원한을 늘 다 하나님 앞에서 토해버리고 우리에게 죄인 자를 사하여 주고 난 다음에 그 다음 하나님 앞에 하나님이여. 나의 죄도 사하여 주시옵소서. 내가 하나님 앞에 저지른 죄악도 하나님이 다 사하여 주시옵소서. 할 때 우리는 모든 부정적인 것을 다 토해 놓을 수 있고, 고침 받을 수 있습니다. 또 하나님께 용서를 받을 수 있습니다.

그래서 이웃과 화목을 가지고서 그 치료를 가지고서 행복하게 살아갈 수 있는 것입니다. 이렇기 때문에 우리가 매일 매일 같이 죄를 용서해 주고 하나님께 죄 사함을 받는 이것은 정말 필요한 것입니다. 성경에는 꼭 하나님께서 말씀하기를 만일 우리가 다른 사람의 과실을 용서하여 주지 아니하면 천부께서도 우리의 과실을 용서해 주지 아니하리라고 말씀하신 것입니다. 하나님 앞에 용서를 못 받으면 하나님과의 교제가 끊어집니다. 우리가 하나님의 자녀이긴 하지만 하나님과 가까운 교제가 끊어지면 하나님의 사랑에서 멀어지고 하나님의 기도 응답에서 멀어져 버리고 마는 것입니다. 우리는 하나님과 우리사이에 끊임없이 가까운 교제가 필요한 것입니다. 내가 부르짖을 때 하나님이 응답해 주시고 내가 하나님 품에 안겨서 찬미하고 예배하며 기도하며 살아야 하는 것입니다. 이와 같은 사람은 우리가 우리에게 원수지게 하고 죄 지은 그 사람들을 용서하고 그리스도의 피로 씻어주므로 말미암아 우리에 대한 위대한 역사의 변화를 체험할 수 있는 것입니다.

**여섯째, 우리를 시험에 들게 하지 마옵시고.** 기도할 때가 우리를 시험에 들게 하지 마옵시고 라고 말하고 있습니다. 인생을 살면서 우리 사람들은 두 가지 시험을 꼭 치러야 하는 것입니다. 하나는 하나님이 우리에게 보내는 시험인 것입니다. 하나님은 우리를 꼭 시험하십니다. 우리가 학교에서 공부할 때 초등학교로 시작해서 대학원 졸업할 때까지 늘 시험을 칩니다. 그것은 학교 당국에서 우리를 괴롭히려고 시험을 치는 것이 아닙니다. 우리에게 시험을 통하여 성장하고 발전하게 하려고 시험을 치게 하는 것입니다.

하나님께서 우리에게 주신 시험은 이런 시험입니다. 헬라어로는 하나님이 주신 시험을 (도끼마조)라고 말하고 있습니다. (도끼마조)라는 것은 우리에게 연단을 주고 우리를 인정해 주고 성장하고 발전해서 더욱 하나님의 은혜를 깊이 받고 높이 받고 믿음이 자라고 소망이 자라고 사랑이 자라게 하는 이러한 시험은 (도끼마조)인 것입니다. 이러한 시험은 우리가 통해야 하는 것입니다. 이러한 시험을 통하지 아니하고는 우리의 신앙과 그리스도의 인격이 자라지 않습니다.

그러나 우리를 시험에 들게 하는 시험은 바로 마귀가 가져오는 헬라어로는 (페이마조)라는 시험인 것입니다. (페이마조)라는 시험은 우리를 붙잡아서 유혹해서 도적질하고 죽이고 멸망시키려는 시험은 바로 (페이마조)인 것입니다. 여기 시험에 들게 하지 마옵소서. 이 시험이란 이것은 유혹의 시험을 말하는 것입니다. 음란으로 유혹하고 방탕으로 유혹해서 음란하고 방탕하여 자신을 파괴하는 시험은 (페이마조)인 것입니다. 마귀의 시험인 것입니다. 이 시험에 놓여남을 달라는 것입니다. 술 취함의 시험, 방탕함의 시험, 그리고 거짓말하고 사기 치고 원수를 맺고 시기하고 분노하고 질투하고 살상하고 이러한 모든 파괴적인 시험은 마귀가 가져오는 (페이마조)의 시험인 것입니다. 이것은 유혹인 것입니다.

우리는 매일 같이 하나님이여. 우리가 이 세상에 살면서 이러한 유혹을 안당하고 살수는 없는 것이므로 유혹에서 우리를 건져내 주시옵소서. 하고 기도해야만 하는 것입니다. 사람이 이 땅에 사는 이상, 음란하고 방탕하고 시기하고 분노하고 질투하는 세상을 떠나서 살수 없습니다. 이러한 것을 떠나려면 세상 밖으로 나가야 하는 것입니다. 한 평생 사는 동안 우리는 죄인하고도 같이 살고 간음한 자도 같이 살고 행음하는 자와도 같이 살고 거짓말쟁이 사기꾼 살인자하고도 같이 살아야 하는 것입니다.

그러나 우리가 그 속에 휘말려 들어가서 함께 그곳에 빠져버리면 우리는 파멸 당하는 것입니다. 그러므로 하나님 아버지여 우리를 시험에 들지 말게 하옵소서. 마귀(페이마조)의 시험, 마귀가 갖다 주는 유혹에 빠져들지 말게 하여 주시옵소서. 우리는 매일 같이 기도해야만 하는 것입니다. 어떠한 사람도 이 세상에서 하나님의 도우심이 없이 유혹을 이겨 나갈만한 사람 없습니다. 나는 많은 사람들이 나는 자신이 있어. 나는 문제없어. 나는 절대로 유혹에 빠지지 않아. 이렇게 큰 소리 하는 사람들이 제일먼저 유혹에 머리부터 거꾸로 빠져 들어가는 것을 보았습니다. 우리는 시시각각으로 하나님의 붙드심과 도우심이 필요한 것입니다. 이 세상에 우리는 다 연약함으로 항상 하나님의 성령님을 인정하고 환영하고 주인으로 모셔드리고 의지해서 성령이 우리를 붙들어서 우리가 유혹의 노예가 되고 유혹의 밥이 되지 않도록 해야 할 것입니다.

**일곱째, 다만 악에서 구하여 주시옵소서.** 우리가 매일 마지막 기도할 때 다만 악에서 구하여 주시옵소서. 라고 기도해야 하는 것입니다. 악이란 무엇입니까? 악은 죄와 다릅니다. 죄는 하나님을 알고도 그 법을 어길 때 죄가 되지만 악이라는 것은 하나님을 말살하려는 것이 악입니다. 바로 원수마귀는 하나님을 보좌 앞에서 내어쫓아버리고 자기가 하나님이 되려고 했기 때문에 원수 마귀는 악마가 되어버리고 만 것입니다. 아담과 하와도 악에 찬미한 것은 하나님 보좌를 놓고 자기가 하나님 보좌에 앉으려고 하는 악을 행한 것입니다. 악이라는 것은 하나님이 없다고 하는 것이 악입니다.

오늘날 이 세상에서 가장 무서운 악이 공산주의인 것입니다. 공산주의라는 것은 유물론적 무신론인 것입니다. 이 세상에 물질밖엔 없다. 그러므로 이 세상에 물질가운데서 우리가 태어나서 살다가 죽어버리면 한줌의 흙으로 돌아가 버리고 만 것이지 영혼도 없다. 천지를 지은 하나님도 계시지 않는다. 그러므로 하나님도 없고 영혼도 없으므로 공산주의라는 단체는 가장 악랄하게 자기의 목적을 달성하기 위해서는 사람의 생명을 초개와 같이 멸할 수 있는 것입니다. 이렇기 때문에 스탈린 같은 사람은 공산주의를 세우기 위해서 자기 동족 삼천만명 이상을 죽였으며, 모택동이도 자기의 이상대로 공산주의를 중공에 세우기 위해서 자기 동족 사천 만명 이상을 죽였습니다. 이렇게 죽이고도 눈 하나 깜짝하지 않는 것은 공산주의라는 그 자체가 무서운 악의 집단이요. 단체인 것입니다. 거기에는 하나님도 없고 영혼도 없기 때문에 양심도 없습니다. 권력을 얻어서 자기 마음대로 권력을 가지고 살기 위해서는 수단과 방법을 가리지 않습니다. 이러므로 이 지구상에서 가장 악랄한 하나의 노예집단이 공산주의인 것입니다. 그러므로 다만 악에서 구하여 주시옵소서. 할 때는 하나님이여 공산주의에서 우리를 건져내 주시옵소서. 이런 기도인 것입니다.

그 다음 또 자유 민주주의 사회에서 있는 악이 있습니다. 이것은 인본주의인 것입니다. 휴머니즘인 것입니다. 이것은 하나님 자리에 사람을 세워놓고 인간의 이성이나 인간의 과학을 하나님으로 삼는 것입니다. 그래서 하나님이 어디 있느냐. 오늘날 인간의 이성을 통해서 인간의 과학을 통해서 우리는 이 우주의 유토피아를 세울 수가 있다고 생각하는 이와 같은 인본주의 사상 이것이 악인 것입니다. 이러한 인본주의 사상을 우리는 교육계에서 쫓아내야 하는 것입니다. 우리의 정계에서 쫓아내야 하는 것입니다. 우리 사회에서 쫓아내야 하는 것입니다. 우리는 만군의 여호와 하나님을 주인으로 섬기고 그 앞에 무릎을 꿇고 예배하는 이와 같은 나라를 만들어야만 되는 것입니다.

이러므로 이와 같은 흉악을 우리 사회에서 내어 쫓아달라고 우리는 기도해야 하는 것입니다. 하나님이여 다만 악에서 구하여 주시옵소서. 공산주의 악에서 인본주의 악에서 우리를 구하여 주시옵소서. 예수님의 이름으로 명하노니 악한 영들은 떠나가라. 우리는 주야로 기도해야만 하는 것입니다.

이와 같이 우리가 주님의 기도의 모범을 따라서 일곱 가지로 나누어서 우리가 손가락을 일곱 번 꼽아가면서 차근차근 기도하면 이 사람은 하루에 한 시간이 아니라 두 시간도 능히 기도할 수 있게 되는 것입니다. 이와 같이 기도할 때 마음속에 하늘나라가 충만해 지며 성령이 넘쳐나며 의와 평강과 희락이 넘쳐 나서 한 시간 이상 기도하고 일어나서 그 날 나가서 하루 일을 하게 될 때, 하나님의 능력이 함께 하심으로 말미암아 어떤 일을 당해서 그 문제를 능히 이겨낼 수 있는 지혜와 지식과 총명과 믿음과 신념과 확신을 얻고 살아갈 수가 있는 것입니다.

# 12장 홍해 바다가 열리는 기도

(출 14:13-16)"모세가 백성에게 이르되 너희는 두려워하지 말고 가만히 서서 여호와께서 오늘 너희를 위하여 행하시는 구원을 보라 너희가 오늘 본 애굽 사람을 영원히 다시 보지 아니하리라. 여호와께서 너희를 위하여 싸우시리니 너희는 가만히 있을지니라. 여호와께서 모세에게 이르시되 너는 어찌하여 내게 부르짖느냐 이스라엘 자손에게 명령하여 앞으로 나아가게 하고, 지팡이를 들고 손을 바다 위로 내밀어 그것이 갈라지게 하라 이스라엘 자손이 바다 가운데서 마른 땅으로 행하리라"

성령 안에서 성령으로 기도하면 하나님께서 만세진에 계획한 신비한 비밀을 알아내서 날마다 기적을 체험하면서 살아가게 됩니다. 애굽에서 탈출한 이스라엘 300여 만 백성들은 젖과 꿀이 흐르는 가나안을 향해서 출발했지만 얼마 있지 아니하여 홍해 앞에서 길이 막혀버리고 말았습니다. 황막한 광야에 둘러싸여서 앞에는 창일한 홍해수에 가로막혔으니 그들이 갈 길이 막혔습니다. 거기에는 교량도 없고 배도 없었습니다. 어찌할 바를 모르고 당황하고 있었는데 설상가상으로 애굽의 바로왕이 전군을 동원해서 이스라엘 백성을 다시 포로로 잡기 위해서 뒤따라 왔습니다.

이스라엘 백성들은 독안에 든 쥐와 같이 피할 곳을 잃었습니다.

그들은 절망하여 하나님께 부르짖고 모세를 향하여 원망했습니다. "모세야 우리가 애굽에서 종살이 하면서라도 살겠다고 하지 않았는가? 어디 장지가 없어서 우리를 이 광야에 데리고 나와서 죽이는가?" 탄식했습니다. 하나님의 계획을 모르면 죽을 생각밖에 못하는 것이 인간입니다. 하나님이 함께하시지 않는 인간은 나약합니다. 이스라엘 백성이 살아날 길은 인간적인 면에서 볼 때는 전무했습니다. 바로와 그 군대도 이스라엘 백성들을 이미 사로잡은 것과 진배없다고 자신만만하고 희색이 만연했습니다. 그런데 상상치 못할 일이 일어나고 말았습니다. 홍해바다가 갈라지고 건너편 육지로 건너갈 대로가 열려버리고 만 것입니다. 도대체 이런 기적도 일어날 수 있단 말입니까? 그러나 실상, 그런 기적이 일어났었습니다. 왜 하나님께서는 홍해바다를 가르셨을까요? 오늘날도 하나님께서는 홍해바다를 가른 그러한 기적을 우리에게 나타내실 수 있을까요? 우리는 그 이유를 한번 알아보겠습니다.

**첫째, 하나님의 뜻이었기 때문이다.** 하나님이 홍해바다를 가르신 것은 그것이 하나님의 뜻이었기 때문인 것입니다. 하나님의 뜻이면 이 세상에서 안 이루어질 것이 없습니다. 하나님의 뜻은 이스라엘이 가나안으로 가서 하나님을 주인으로 섬기며 예배하며 사는 것입니다. 홍해가 갈라진 것은 하나님의 말씀에 순종하고 가나안을 향해서 걸어갔기 때문입니다. 주기도문에 "뜻이 하늘에서 이루어진 것 같이 땅에서도 이루어지이다"고 말씀했습니다. 하나님의 뜻에 따른 세상만사의 청사진은 이미 하늘에서 다 이루어져 있습니다. 오직 그것이 땅에서 성취될 것을 우리가 기도하고 기다릴 따름인 것입니다. 하나님은 갑자기 일에 부딪혀서 그 일을 해결하려고 고심하는 하나님이 아니십니다. 처음과 나중이시요, 시작과 끝이신 하나님께서는 이 세상만사에 일어날 것을 다 알고 계시기 때문에 이미 하늘에서는 주님께서 그 해결책을 다 가지고 계십니다. 그러기 때문에 하늘에서 이룬 뜻이 이 땅에서 적당한 나라나 백성을 만나면 그들을 통해서 그 뜻을 이루시는 것입니다.

이스라엘 백성이 가나안 땅에 들어가는 것은 하나님의 뜻이고 그 계획은 이미 하늘에서 다 이루어져 있으니 그것이 땅에서 이루어지기 위해서 필요하다면 어떠한 기적도 일어날 수가 있는 것입니다. 그 때문에 우리가 하나님의 뜻을 먼저 알면 하나님의 뜻 안에 서서 하나님 뜻을 따라가면 하나님의 뜻을 막을 자가 이 우주에는 없습니다. 하나님의 뜻은 반드시 이루어지는 것입니다. 하나님의 뜻을 따라 수많은 기사와 이적이 일어나게 되는 것입니다. 그러므로 우리가 이 세상에 살면서 홍해수가 갈라지는 그런 기적을 체험하려면 하나님의 뜻이 무엇인지 알아야 됩니다. 미국 남북전쟁 때 전쟁이 한참 작열하고 있을 때, 링컨 대통령이 일선시찰을 갔는데 어떤 사람이 물었습니다. "링컨 대통령! 하나님이 우리 편에 서 계신다고 믿습니까?" 그러니까 링컨 대통령이 하는 말이 "그런 질문은 틀린 질문이다. 하나님이 우리 편에 서있느냐고 물을 것이 아니라, 우리가 하나님 편에 서있는지 아닌지 그것을 살펴보아야 된다"고 말한 것입니다. 우리의 삶도 그렇습니다.

"하나님, 나를 위해서 일해 주시옵소서! 그러지 말고 하나님 내가 하나님 편에 서있는지 알게 하여 주시옵소서. 내가 하나님 편에 서있고 하나님 뜻대로 산다면 하나님의 말씀이 우리 생활 가운데 안 이루어질 리가 전혀 없는 것입니다" 그러면 하나님의 뜻을 우리가 어떻게 알까요?

우리는 말씀을 통하여 하나님의 뜻을 알 수가 있는 것입니다. 시편 119편 50절에 "이 말씀은 나의 곤란 중에 위로라 주의 말씀이 나를 살리셨음이니이다"라고 말한 것입니다. 아무리 곤란을 당해도 주의 말씀을 깨달아 알면 그로써 문제가 해결되는 것입니다. 시편 119편 105절에는 "주의 말씀은 내 발에 등이요 내 길에 빛이니이다"라고 말했습니다. 이러므로 어둡고 캄캄한 길을 갈지라도 주의 말씀을 통해서 하나님의 뜻을 알고 나면 우리가 그 뜻 위에 서게 되면 그 다음부터 그 말씀이 우리를 통해서 나타나는 것입니다. 이렇기 때문에 평소에 우리가 창세기부터 계시록까지 하나님 말씀을 많이 읽고, 많이 듣고, 많이 묵상하여 하나님의 뜻을 마음속에 알고 있으면, 그 뜻 속에 서서 걸어가는데 장애물이 있을 수가 없습니다.

예를 들어 말하면 "영접하는 자, 곧 그 이름을 믿는 자들에게는 하나님의 자녀가 되는 권세를 주었으니 이는 육신으로나, 혈통으로나, 사람의 뜻으로 나지 않고 아버지께로 난 자들"이라고 말했습니다. 그렇다면 남녀노유, 빈부귀천 할 것 없이 예수만 믿으면 구원을 얻도록 하나님이 정해 놓으신 것입니다. 그렇기 때문에 예수 믿은 다음에 구원 못 받을 자가 없습니다. 아무도 막을 자가 없습니다. 하나님의 뜻이기 때문에 예수를 믿는 자는 하나님의 모든 영역이 역사하여 주어서 성령께서 그를 천국까지 이끌어 가는 것입니다. 그러므로 우리가 하나님의 뜻을 알고 그 안에 선다면 우리는 두려워 할 것이 아무 것도 없습니다. "하나님을 사랑하는 자, 곧 그 뜻대로 부르심을 입은 자들에게는 모든 일이 합력하여 선을 이룬다"고 말씀한 것입니다. 우리가 하나님의 뜻을 알고 그 뜻 안에 서면 모든 것은 합력하여 선이 됩니다. 마귀가 아무리 우리를 도적질하고 죽이고 멸망시키려고 해도 오히려 우리에게 선을 이루는 계기를 만들어 놓고야 마는 것입니다. 그러므로 우리가 하나님 말씀을 통해서 하나님의 뜻을 알 수가 있습니다.

또한 우리가 성령 안에서 성령님의 계시를 통하여 하나님의 뜻을 알 수가 있습니다. 로마서 8장 14절에 "무릇 하나님의 영으로 인도함을 받는 그들은 곧 하나님의 아들이라"했습니다. 그러므로 하나님의 아들이면 모두 다 그 속에 계시는 성령의 인도를 받을 수가 있습니다. 이렇기 때문에 우리가 간절히 기도하면 하나님의 성령께서 그 마음속에 깨달음을 주십니다. 혹은 꿈을 통해서 하나님이 깨달음을 주시기도 하고, 환상을 통해서도 깨달음을 주시기도 하고, 마음에 고요하고 잠잠한 음성을 통해서도 하나님의 성령이 인도하시는 것입니다. 그러기 때문에 우리가 하나님의 뜻을 알기를 원하고, 하나님 뜻 속에 서기를 원하면 우리가 성령님께 의지하고 간절히 기도하면 성령께서는 여러 가지 방법을 통해서 우리 가운데 하나님의 뜻을 알려주시는 것입니다.

또한 하나님은 마음의 깨달음과 확신을 통해서 하나님의 뜻을 우리에게 알려 주는 것입니다. 잠언서 3장 5~6절에 "너는 마음을

다하여 여호와를 의뢰하고 네 명철을 의지하지 말라 너는 범사에
그를 인정하라 그리하면 네 길을 지도하시리라"고 한 것입니다. 우
리가 마음을 다하여 하나님께 의뢰하고 하나님의 뜻을 알기를 원
하면 하나님은 마음에 깨달음을 주십니다. "아! 이것은 하나님의
뜻이 아니다. 이것은 하나님의 뜻이다" 마음에 대낮에 물체를 보듯
이 밝히 깨달음을 주십니다.

또 마음에 불안과 공포를 제하시고 확신을 주셔서 하나님의 뜻
을 우리에게 보여 주게 되는 것입니다. 또 그렇지 않으면 하나님
께서는 환경을 통해서 우리를 인도하십니다. 시편 37편 5~6절에
"너의 길을 여호와께 맡기라 저를 의지하면 저가 이루시고 네 의를
빛같이 나타내시며 네 공의를 정오의 빛같이 하시리로다"고 하셨
습니다. 우리 길을 하나님께 맡기고 하나님 뜻을 알기 위해서 기도
하면 하나님이 환경을 통해서 "이것이 하나님의 뜻이다, 이것이 하
나님의 뜻이 아니다" 이것을 밝히 알 수 있도록 하나님께서 환경을
통해서 우리에게 깨달음을 주시고 이끌어 주시는 것입니다. 그러
므로 하나님의 뜻을 우리가 밝히 알고 인생을 살아야지 하나님의
뜻을 뒤로하고 내 뜻대로 하면 가다가 넘어지고 자빠지고 상처를
입어도 건질 자가 없는 것입니다.

그러므로 우리는 항상 우리의 작은 일부터 큰일에 이르기까지
우리 무릎을 꿇고 엎드려서 "하나님이여 주의 뜻을 내게 보여 주시
옵소서 주님의 뜻을 알게 하여 주시옵소서"라고 기도해야 합니다.
일단 주의 뜻을 알면 그때는 사자처럼 강하고 담대할 수 있습니다.
다윗과 같이 용감할 수 있습니다. 하나님의 뜻을 알았으면 눈에는

아무 증거 안 들리고 귀에는 아무소리 안 들리고 손에는 잡히는 것 없어도 내가 하나님과 같이 하고 하나님의 뜻이 나와 같이 하므로 모든 기적이 일어나서 하나님의 뜻이 이루어질 것을 확신할 수가 있는 것입니다.

**둘째, 하나님의 뜻은 순종하는 사람을 통하여 나타난다.** 하나님은 하나님의 말씀에 순종하는 사람과 동행하십니다. 아무리 하나님의 뜻을 알고도 우리가 순종하지 아니하면 하나님의 뜻이 그 사람을 그릇으로 쓸 수가 없습니다. 그러나 우리가 하나님의 뜻을 알고 하나님을 따라서 순종하며 살면 하나님은 그 그릇을 쓸 수가 있는 것입니다. 이스라엘 백성은 430년 동안 살던 정든 애굽의 고센 땅을 버리고 하나님을 따라서 살았습니다. 말이 430년이지 4대 이상을 살았습니다. 그러므로 이스라엘 백성은 벌써 애굽의 고센 땅에서 태어나서 그곳에 4대 이상을 살았기 때문에 그곳이 자기들의 고향 땅인 것입니다. 조상들의 묘지가 거기에 있고 그들이 그곳에 있는 양식을 먹었으며, 그곳에 있는 흙이 자기들의 고향 땅입니다. 그런데도 불구하고 하나님께서 이스라엘 백성을 젖과 꿀이 흐르는 가나안 땅으로 가라고 말씀할 때 그들은 모세를 따라서 출발했습니다. 그러기 때문에 홍해수가 갈라지는 기적을 베풀었지요! 순종하고 따라가지 않았으면 하나님께서 그와 같은 기사와 이적을 행하실 수가 없는 것입니다.

성경에는 하나님은 우리의 목자라고 말했습니다. 성경에 다윗이 말하기를 "하나님은 나의 목자시니 내게 부족함이 없다 저가 나를 푸른 초장에 누이시며 쉴만한 물가로 인도 한다"고 노래했는데, 양은 목자를 무조건 하고 순종합니다. 양이 목자를 순종하지 않고 제 마음대로 가면 도저히 목자가 양을 이끌 수 없습니다. 그러나 목자가 앞서면 양은 무조건 목자를 따라갑니다. 죽는 곳이라도 목자를 따라갑니다. 그러면 목자는 양을 이끌 수가 있어요!

우리의 목자 예수님은 좋은 목자입니다. 예수께서 친히 말씀하기를 "나는 선한 목자라 나는 나의 양을 위해서 목숨을 버리거니와 삯군은 목자도 아니요, 양도 자기 양이 아니므로 이리가 오는 것을 보고 달아난다"고 했습니다. 그러나 예수님은 선한 목자로 자기 양을 위해서 생명을 버리기까지 한다고 하셨으므로 주님은 우리를 사랑하셔서 우리를 인도하기를 원하시는 것입니다.

그러기 때문에 우리가 주님을 순종하면 주님께서 우리를 못 이끌 일이 있겠습니까? 주님 말씀하기를 "하늘과 땅의 모든 권세를 내게 주셨다"고 하셨습니다. 하나님은 전지전능 무소부재하시고, 역사의 주관자가 되시며 절대 주권자가 되시기 때문에 하나님의 말씀에 순종해 나가면 하나님께서는 우리를 푸른 초장으로 이끌어 주시고 쉴만한 물가로 이끌어 주시고 주님께서 우리 영혼을 소생시켜 주시고 주의 이름을 위해서 우리를 의의 길로 이끌어 주시기도 하는 것입니다. 우리가 시험을 당하여 사망의 음침한 골짜기를 다녀도 우리가 주의 뜻에 순종하고 살면 주님이 함께 계셔서 주의 능력과 주의 인도하심을 통해서 상처입지 않게 만들어 주시고, 원수가 우리를 공격하면 우리가 주의 뜻 안에 서 있으면 오히려 하나님께서 그 기회를 이용해서 우리에게 진수성찬 차려서 힘을 얻어 성령의 충만함을 받아 원수보다 우리를 강하게 만들어 주시고, 우리의 잔이 넘치게 만들어 주시는 것입니다. 주의 뜻을 따라서 가는 우리들에게는 하나님이 항상 인자하심과 선하심을 베푸시고 또 우리를 종국적으로 영원한 천국에 들어가서 영원히 주와 함께 살도록 이끌어 주시는 것입니다.

오늘날, 수많은 사람들이 자기의 생애 속에 하나님의 뜻이 무엇인지 알면서 가장 기본적인 것조차 순종하지 않습니다. 우리의 생애에 주어진 가장 기본적인 뜻은 주일 성수하는 것입니다. 엿새 동안 일하고 이레째는 쉬라고 말했습니다. 요사이 40대, 50대 사람들이 많이 급사한다고 말하는데 예수 믿는 사람이 하나님 말씀대로 살면 급사할 리가 없습니다. 왜냐하면 엿새 동안 일하고 이레째는 교회에 와서 심신을 휴식하고 치유하면 되는 것입니다. 하나님 믿지 않는 사람은 쉬는 날도 과격한 운동을 함으로 말미암아 오히려 몸에 상처를 입습니다.

엿새 동안 일하고 이레째는 쉬고, 그리고 위암이나, 후두암이나, 췌장암이나, 위궤양이나, 심장병이나, 신장병을 일으키는 그 독한 담배 피우지 않습니다. 담배보다도 더 큰 독은 없습니다. 그렇지요! 술 마셔 가지고서 간경화, 간암이 걸리는 사람이 40, 50대 사람이 수다한데, 그런 폭음을 안 하지요! 그리고 사람이 밤 10시에서 부터 새벽 2시까지가 잠을 잘 때 우리의 상처를 다 고치고 우리에게 젊음을 복구시켜주는 메타노닌이라는 호르몬이 몸속에 생산됩니다. 그런데 밤 11시, 12시까지 폭음하고 과로하고 그리고 잠을 자지 못하니까 몸속에서 메타노닌이 생산될 수가 없습니다. 상처를 복구시키고 몸을 젊게 하는 그런 것이 나타나지 않아요! 예수 믿는 사람은 일찌감치 집에 와서 일찍 자고 새벽에 일어나서 기도하기 위해서 준비하니까 밤 10시면 대개 잠자고 아침 일찍 일어나니까 충분히 그 몸속에 몸의 상처를 회복시키는 그러한 호르몬이 형성되어 가지고서 건강이 그냥 회복된다 말입니다. 이렇기 때문에 주를 믿고 주를 순종하는 사람이 독한 병에 걸려서 조사할 리가 없습니다. 장수하기 마련인 것입니다. 이와 같이 우리가 하나님께 순종해서 살면 하나님께서 모든 면에 우리에게 복을 주셔서 우리 영혼이 잘 됨같이 범사에 잘되며 강건하고 생명을 얻되 넘치게 얻게 하여 주시는 것입니다.

이러므로 성수주일하고 우리의 물질 중에 예수님께서 물질을 벌게 하셨음으로 소득의 십일조를 주님께 드림으로 우리 마음속에 탐욕을 제하고 하나님께 믿음을 두게 만드는 것입니다. 네 물질이 있는 곳에 네 마음도 있다고 했음으로 십일조 드리는 신자치고 진실하게 하나님 안 믿는 사람 없습니다. 왜! 내 물질이 있는 곳에 마음이 있기 때문인 것입니다. 이렇기 때문에 하나님 앞에 충성을 할 수 있고, 또 나가서 사람들에게 그리스도를 전도하면서 사는 것이 우리가 진실하게 가장 근본적인 하나님의 뜻을 순종하는 것입니다. 우리가 이런 근본적인 뜻을 순종하고 살면 그 다음 우리 삶 속에 하나님께서 원하시는 것이 계시되어 나올 때마다 순종하면 하나님이 그 뜻을 이루기 위해서 우리를 통해서 기사와 이적을 베풀어 주시는 것입니다. 오늘날도 우리의 기도를 통해서 홍해수가 갈라지고 여리고 성이 무너지는 그런 기적이 일어날 수가 있는 것입니다. 홍해바다를 가르려면 하나님의 말씀에 전폭적으로 순종해야 합니다. 자신이 생각하기에 얼토당토 없는 일이라도 순종하면 기적을 체험합니다. 하나님은 순종하는 사람을 통하여 일을 행하십니다.

**셋째, 하나님의 뜻은 믿음의 사람을 통하여 이루어진다.** 어떤 면으로 보던지 이스라엘 백성이 처한 환경은 절대 절망이었습니다. 광야 속에서 창일한 홍해수가 막히고 뒤에는 애굽의 전군대가 완전무장해서 그들을 잡으러 오니까 그들은 독안에 든 쥐죠! 전적인 절망이죠! 그런 가운데 많은 이스라엘 백성들은 믿음을 잃어버리고 우왕좌왕하고 탄식하고 원망했으나, 그들을 인도하는 모세는 전능하신 하나님을 믿었습니다. 하나님은 전능하시고, 죽은 자를 살리시고, 없는 것을 있는 것 같이 부르시는 전능하신 하나님인 것입니다. 하나님께 능치 못하심이 있겠습니까? 없습니다. 순종하지 않으니 기적을 체험하지 못하는 것입니다.

마리아가 자기에게 아들을 낳겠다고 소식을 준 가브리엘에게 말하기를 "나는 아직 결혼하지 아니해서 남자를 모르는데 어떻게 내가 아들을 낳겠습니까?" 그러니까 가브리엘이 말하기를 "하나님의 성령이 네게 임하시고 하나님의 전능한 능력이 네게 임하시리니 네가 잉태하여 날 아들은 바로 하나님의 거룩하신 자라 일컬음을 받으리라 하나님께 능치 못하심이 있겠느냐"고 말씀한 것입니다. 우리 하나님께서는 능치 못하심이 없습니다. 그러므로 우리의 오감각을 통해서 보는 것이나, 우리의 이성으로 생각하는 것, 이것을 아득히 넘어서 하나님께서는 기적을 베풀어 주시는 것입니다.

하나님 뜻 가운데 서 있으면 우리는 절대로 인간적인 한계에 처해서 절망하지 말아야 되는 것입니다. 기도해야 합니다.

모세는 전능하신 하나님을 믿었습니다. 모세는 그들이 그 환경에서 구원받는 것이 하나님의 뜻이라는 것을 확실히 알고 있었습니다. 어떠한 역경에서도 하나님이 그들을 건지시는 것이 하나님이 뜻이라는 것을 모세가 알았기 때문에 모세는 진짜로 눈에는 아무 증거 안보이고 귀에는 아무 소리 안 들리고 손에는 잡히는 것 없고 앞길이 막막하더라도 그는 두려워하지 않았습니다. "하나님의 뜻이 이스라엘 백성을 구원하는 것이고, 하나님은 전능하시므로 그 능력이 한이 없으시니 하나님께서 우리를 반드시 건지신다" 하나님의 건지시는 역사는 사람이 알 수 없습니다.

모세는 하나님의 크고 은밀한 일이 일어날 것을 믿었습니다. 예레미야 33장 3절에 "너는 내게 부르짖으라 내가 네게 응답하겠고 네가 알지 못하는 크고 은밀한 일을 네게 보이리라"고 말씀한 것입니다. 하나님이 우리에게 나타나실 때는 크고 은밀한 일을 나타내십니다. 비밀은 사람이 알면 비밀이 아닙니다. 사람은 내 앞에 일어날 일도 모릅니다. 코끝에 일어날 일도 모릅니다. 하나님께서 우리를 위해서 문제 해답으로 큰 비밀을 예비하고 있기 때문에 우리도 모르고 우리 원수도 모릅니다. 천사도 모르고 마귀도 모릅니다. 하나님만이 크고 비밀한 해답을 가지고 계신 것입니다.

이러므로 우리는 두려워하지 말아야 돼요! 우리 인간의 이성으로 생각해서 막막하다고 절망하지 말아야 돼요. 하나님은 비밀을 가지고 계신데, 그것은 아무도 모르지만 주께 부르짖는 사람을 위해서 비밀을 나타내 주시는 것입니다. 그리고 모세는 이것을 알았기 때문에 백성을 안돈하여 담대한 믿음의 선언을 했습니다. 지금 도저히 그렇게 말할 수 없는데 모세는 말하기를 모세가 백성에게 이르되 "너희는 두려워 말고 가만히 서서 하나님께서 오늘날 너희를 위하여 행하시는 구원을 보라 너희가 오늘 본 애굽 사람을 또다시 영원히 보지 못하리라 하나님께서 너희를 위하여 싸우시리니 너희는 가만히 있을지어다"

어떻게 이런 담대한 말을 할 수가 있습니까? 지금 애굽 군대가 뒤에서 병거와 마병을 이끌고 승승장구하여 밀고 들어오고 이스라엘 백성은 혼비백산해서 오합지졸이 되어서 우왕좌왕하고, 앞에 파도소리는 천지를 진동하는데 그 가운데 모세는 조금도 동요하지 않았습니다. 그는 전능한 하나님을 믿었으며 그들을 그 환경에서 구출해 주는 것이 아버지의 뜻인 것을 알았기 때문에 하나님의 크고 은밀한 뜻이 나타날 것을 확신하고 이스라엘 백성들이여 가만히 있어라! 잠잠하여 구경하라! 평창 동계 올림픽을 TV에서 보는 것처럼 구경하라! 가만히 있어서 하나님이 너희를 위해서 어떻게 구원하는가 보라! 우리 하나님께서는 우리에게 종종 깜짝쇼를 보여주기를 좋아하시는 것입니다. 이번 올림픽에도 개회식에 깜짝쇼가 몇 개 나왔다고 하는데 하나님은 우리가 깜짝 놀랄만한 그런 일을 보여주기를 원하십니다.

이렇기 때문에 우리가 끝까지 참고 담대하여 믿음을 버리지 말고 기다려야 되는 것입니다. "나의 의인은 믿음으로 말미암아 살리라 뒤로 물러가면 내 마음이 저를 기뻐하지 아니하리라" 그러므로 우리는 강하고 담대한 믿음을 가지고 주의 말씀에 서서 주의 뜻에 서서 우리는 견디고 나가야만 되는 것입니다.

**넷째, 홍해수가 갈라진 것은 기도하고 성령의 음성에 귀를 기우렸고 성령하나님께서 하라는 대로 순종했기 때문이다.** 홍해수가 갈라지게 하려면 하나님의 음성을 들어야 합니다. 음성은 성령의 지배 가운데 들립니다. 영이신 하나님만이 홍해를 갈라지게 할 수 있기 때문에 하나님의 음성을 들어야 합니다. 그리고 성령이 주시는 레마를 받아 행동에 옮길 때 홍해수가 갈라지는 것입니다.

레마는 보통 우리에게 은혜가 되는 말씀을 '레마'(繽獎)라고 합니다. 레마는 영감을 일으켜 우리의 마음을 감동시키는 말씀을 뜻합니다. 하나님께서 지금 자신에게 말씀하시는 지혜나 지식입니다. 그대로 믿고 행할 때 기적이 일어납니다. 사람의 말은 레마가 될 수 없고, 오직 하나님의 입으로 나오는 말씀만이 레마가 될 수 있습니다. "기록되었으되 사람이 떡으로만 살 것이 아니요 하나님의 입으로 나오는 모든 말씀으로 살 것이라"(마4:4).

성경에는 주님께서 간절히 기도하라고 말씀하셨습니다. "너희는 내게 부르짖어라" 기도는 부르짖는 기도가 있습니다. 이스라엘 사람들은 홍해와 뒤에 따라오는 애굽의 군대를 보고 두려움에 떨었습니다. 두려움에 떨었으니 영이신 하나님이 생각날 리가 만무합니다. 영이신 하나님은 안정한 마음 상태에서 교통할 수가 있는 것입니다. 외적인 침묵과 내적인 침묵이 되어 안정한 마음 상태에서 하나님과 교통할 수가 있는 것입니다. 이스라엘 사람들은 육체가 되어 스스로는 아무것도 할 수 없는 사람입니다. 그대로 서서 원망하다가 홍해에 들어가 죽을 수밖에 없는 존재들입니다. 하나님은 이런 사람들과 상관할 수가 없습니다. 지금 현 시대로 말하면 예수를 믿지만 이성으로 믿는 이성주의자입니다. 좀처럼 하나님의 기적을 믿지 않는 체험이 없는 교인입니다. 말씀도 성령으로 심령에 기록하는 것이 아니라. 머리에 외우고 공부하는 성경 지식이 풍부한 사람들입니다. 우리는 빨리 자신의 영적인 상태를 정확하게 보고 고쳐야, 세상을 살아가다가 홍해가 나타날 때 영이신 하나님에게 기도하여 지혜를 받아 홍해를 갈라지게 하는 성도가 될 수가 있습니다. 그래서 성도는 예수를 믿으면 교회에 들어와 기도하다가 성령으로 세례를 받아 자신의 상처와 자아와 혈통의 문제를 해결하여 영적인 성도로 변해야 하는 것입니다. 성도는 교회를 잘 만나야 합니다. 교회를 잘 만나면 매주 성령 충만하게 예배를 드리니 자연스럽게 영적인 성도가 되는 것입니다.

이제 당신은 하나님이 모세를 이스라엘 대표자로 지정하여 이스라엘 백성을 인도하게 했는지 깨달아 아실 수 있을 것입니다. 왜냐하면 환경에 영향을 받아 영육으로 왔다가 갔다가 하는 이스라엘 사람들과는 상관할 수가 없기 때문입니다. 모세는 어떠한 사람입니까? 영이신 하나님과 대면하며 이야기 하는 선지자입니다. 한 마디로 영육이 하나님이 원하시는 영적인 상태가 된 사람입니다. 민수기 12장 8절에 "그와는 내가 대면하여 명백히 말하고 은밀한 말로 하지 아니하며, 그는 또 여호와의 형상을 보거늘 너희가 어찌하여 내 종 모세 비방하기를 두려워하지 아니하느냐" 하나님과 대면

하는 모세는 애굽 군대가 오더라도 절대로 두려워하지 않았습니다. 하나님이 싸우실 것이라는 것을 믿었기 때문입니다.

이렇게 모세는 영적인 상태에 있었으므로 뒤에는 애굽 군대요. 앞에는 홍해수가 가로막혀있었어도 당황하지 않고, 두려워하지 않으면서 영이신 하나님의 뜻을 구하는 영의 사람입니다. 한 마디로 성령으로 충만하여 강하고 담대한 하나님의 사람입니다. 하나님은 모세와 같은 성령충만한 영적인 사람을 통하여 일을 하십니다.

내안에 계신 하나님에게 부르짖으면 성령으로 충만하게 됩니다. 성령으로 충만하면 영의 상태가 되는 것입니다. 영의 상태가 되면 하나님 성령께서 응답하시고 마음속에 하나님의 계시가 옵니다. 그 계시를 따라서 우리가 행동하면 하나님의 역사가 일어나는 것입니다.

하나님의 놀라운 기적적인 역사는 구약시대 옛날에만 일어나는 것이 아닙니다. 왜냐하면 여호와 하나님은 변역치 아니하신다고 말씀하신 것입니다. 아브라함의 하나님, 이삭의 하나님, 야곱의 하나님은 죽은 자의 하나님의 아니요, 산 자의 하나님이라고 말씀하신 것입니다. 우리가 하나님이 명하신 조건에 따르면 하나님의 역사는 예나 오늘이나 변함없이 일어나는 것입니다.

오늘날에도 홍해수가 갈라지게 됩니다. 우리가 하나님의 뜻을 알고 그 뜻에 순종하고 하나님 말씀을 그대로 믿고 그리고 하나님께 부르짖어서 결사적인 기도를 하면 오늘도 하나님의 능력이 나타나 죽은 자가 살아나고 없는 것이 있게 되고 하나님의 기사와 이적이 우리 가운데 나타나게 되는 것입니다.

# 13장 5차원의 권세가 있는 기도

(렘 33:3)"너는 내게 부르짖으라 내가 네게 응답하겠고
네가 알지 못하는 크고 은밀한 일을 네게 보이리라."

5차원이란 성령 충만한 초자연적인 상태를 말하는 것입니다.
하나님의 차원을 말합니다. 1차원은 풀입니다. 2차원은 짐승입니
다. 3차원은 불신자 아담 안에 있는 사람입니다. 4차원은 초인적
인 사단 마귀 귀신입니다. 5차원은 성령하나님이십니다. 성령으
로 거듭나 성령으로 충만한 성도는 5차원이 되는 것입니다. 5차
원의 성령하나님께서 사단 마귀 귀신을 지배하십니다. 4차원의
사단 마귀 귀신은 아담 안에 있는 사람을 지배합니다. 그래서 성
도들이 성령으로 세례를 받고 성령의 불세례를 받아 성령충만 해
야 사단 마귀 귀신을 지배할 수가 있는 것입니다. 더하여 하나님
의 은밀한 비밀도 성령 안에서 5차원이 되어야 깨달아 알 수가 있
는 것입니다. 더 많은 5차원의 세계에 대하여는 **카리스마로 영적
세계를 장악하는 법**"을 참고하시기를 바랍니다.
　기도는 영혼의 호흡입니다. 우리가 늘 육신으로 호흡을 해야 살
고 있는 것처럼, 기도도 늘 기도해야 영혼이 살아날 수 있는 것입
니다. 기도하지 않으면 영혼은 곧 메말라 버립니다. 기도는 하나
님께 항상하는 감사와 찬양입니다. 무엇을 해도 주님 감사합니다.

주님을 찬양합니다. 기쁩니다. 예수님과 함께하니 행복합니다. 일반적인 감사와 찬양의 기도가 있습니다. 옛날 이스라엘 제사장이 하나님께 조석으로 제사 드렸듯이 우리는 감사와 찬양의 제사를 쉬지 않고 드려야만 합니다. 그러나 삶의 중대한 일에 부딪쳐 하나님의 도우심이 현실적으로 필요할 때 기도를 잘할 줄 안다는 것은 절대로 필요합니다. 생사를 걸어놓은 기도를 해야 될 때 기도할 줄 알아야지 기도할 줄 모르면 문제를 해결할 수 없습니다.

성경에는 믿음의 기도를 하라고 명령하고 있는데 어떻게 해야 믿음의 기도를 할 수 있는지 이것을 우리가 알아야 되겠는데 그 해답이 바로 5차원의 기도인 것입니다. 5차원의 기도란 성령 안에서 마음 안 지성소에서 하는 기도를 말하는 것입니다. 사물을 볼 때, 예수를 믿고 성령으로 거듭난 신앙인들은 세상 사람들과 차이가 있습니다. 바로 이런 차원이 5차원의 생각인 것입니다. 우리 하나님이 약속한 말씀이면 무엇이든지 믿어야 되는 것입니다.

로마서 10장 17절에 "믿음은 들음에서 나며 들음은 그리스도의 말씀으로 말미암았느니라" 말씀하십니다. 우리는 말씀에 따라 죽은 자도 살리시고 없는 것도 있게 하시는 하나님을 믿음으로 나아가는 것입니다. 5차원의 기도는 우리 마음속에 하나님의 약속의 말씀을 확실히 갖고 약속이 이루어진 모습을 상상하며 믿음으로 고백하는 것입니다.

기도는 이렇게 절박하게 목숨을 걸고 기도해야 기도가 되는 것입니다. 보통 때 기도는 주여, 감사합니다. 할렐루야~ 찬송합니다. 할렐루야~ 그렇게 하면 돼요. 되는데 죽기 아니면 살기로 해야 될 문제에 부딪히면 목숨을 걸고 기도해야 되는데 그때야말로 5차원의 기도, 믿음의 기도를 해야 되는 것입니다. 입술에 발린 기도가 아닙니다.

진실로 믿음의 기도입니다. 그때야말로 두 시간, 세 시간, 네 시간, 다섯 시간도 좋고 스무 하루 동안 계속해서 기도해도 좋고 금식하고 철야하고 모든 일을 다 동원해도 좋습니다.

그러나 그러한 날짜가 문제가 아니라 믿음으로 기도해야 되는 것입니다. 그게 5차원의 기도입니다. 그냥 기도하는 것이 아니라, 확실한 믿음으로 기도해야 되는 것입니다. 마음에 그냥 믿어지는 것이 아니라, 엄청난 창조적인 믿음이 들어옵니다. 내 믿음이 아닙니다. 성령께서 마음에 오셔서 성령께 사로잡힌 믿음인 것입니다. 그것은 반드시 기적이 일어납니다.

**첫째, 믿음의 기도.** 우리가 반드시 알아야 되는데 믿음이란 바라는 것 즉 마음의 소원과 꿈과 실상을 갖고 기도하는 것입니다. 믿음은 바라는 것들의 실상. 바라는 것이라는 것은 꿈과 믿음과 꿈과 바라는 목표 아닙니까? 내가 바라는 것을 내가 기도하고 믿을 때 그 믿음은 실상이라는 것입니다. 실상이란 것은 없는 것을 있는 것처럼 확실한 증거를 갖고 기도하는 것인데 예로 땅을 샀을 때 땅 문서를 손에 쥐면 땅은 안 가봤어도 그 땅은 우리 땅, 내 땅인 것을 확증하지 않습니까? 그처럼 안보이고 안 들리고 안 잡아

봐도 마음속에 내 것이 되었다는 확실한 증거를 갖는 것이 실상인 것입니다.

막연한 기도가 아니에요. 바라는 것, 믿음은 바라는 것의 내가 소원하는 것의 실상이 이루어져야 되는 것입니다. 실상이 이루어지면 믿음이 역사하는 것입니다. 우리 영육의 문제를 위해서 기도할 때 아직 해결이 되지 않았는데도 불구하고 해결이 되었다는 확실한 증거가 마음속에 확증 되었을 때 눈에 안보이고 귀에 안 들리고 손에 안 잡혀도 해결되었다는 담대한 믿음이 마음속에 생겨난 것처럼, 그 믿음과 증거가 일체가 되었을 때 믿음의 기도를 할 수가 있는 것입니다.

마음의 생각 속에 하나님의 약속의 말씀을 분명히 깨달아야 돼요. 나는 마가복음 16장이 없었으면 그런 믿음의 기도를 할 수 없습니다. 자꾸 마귀가 의심을 가져오는데 그 의심을 어떻게 이깁니까? 그런데 성경 말씀에 믿는 자들에게는 이런 표적이 따르리니 무슨 독을 마실지라도 해를 받지 않는다는 하나님 약속이 있는 것입니다. 보통 때는 저 하늘이 무너지고 이 땅이 꺼져도 일점일획도 변하지 않는다는 말을 하지만 아주 급박한 일을 당할 때는 흔들리지 않는 약속이 있어야지 흔들리지 않는 약속이 없으면 다가오는 의심이 말로 다 할 수 없어요. 어느 정도 의심이 아니라, 완전히 파멸적인 의심이 다가오는 것입니다.

다 끝났다. 모든 것은 제로다. 이제는 손 털어라. 그런 마귀의 의심이 억척같이 밀어 재낄 때 그를 버티고 설 수 있는 것은 말씀이 있어야 되는 것입니다. 그러므로 창세기부터 계시록까지 평소에 늘 성경을 묵상하며 공부해야 됩니다. 그래서 성경말씀이 위기를 당했을 때 마음속에 떠올라야 됩니다. 말씀을 부여잡고 나갈 수 있어야 됩니다. 나는 그때 그 말씀이 있었기 때문에 어떠한 의심이 들어와도 그를 극복할 수 있는 힘이 있었던 것입니다.

그러므로 말씀을 성령으로 알아야 됩니다. 기도는 하나님의 확실한 약속의 말씀을 믿고 담대하게 해야 합니다. 하나님의 약속의 말씀을 모르고 막연히 기도하는 것은 형식과 의식적인 기도요. 확실히 이루어진다는 보장이 없습니다.

이사야 53장에 "저가 찔림은 우리의 허물을 인함이요 저가 상함은 우리의 죄악을 인함이라 저가 징계를 받으므로 우리가 평화를 누리고 저가 채찍에 맞으므로 우리는 나음을 입었도다. 우리는 다 양 같이 그릇 행하여 각기 제 길로 갔거늘 하나님께서 우리 무리의 죄악을 저에게 담당시키셨도다"

그 말씀 가운데 우리는 죄 사함에 대한 약속도 있고, 거룩함에 대한 약속도 있고, 병 고침에 대한 약속도 있고, 저주에서 해방되어 아브라함의 복을 받는 약속도 있고, 부활, 영생, 천국에 대한 약속도 있는 것입니다. 그 약속이 성경에 기록된 것을 확 잡아야, 의심이 파도처럼 쳐올지라도 방파제처럼 파도를 이기고 설 수 있는 것입니다. 말씀을 이해해야 되고, 그 다음에 약속이 이루어진 모습을 바라볼 수 있어야 되는 것입니다.

죽은 시체를 바라보고 기도해서는 안돼요. 기도할 때 살아 일어난 모습을 바라봐야 되는 것처럼, 우리가 기도할 때 하나님의 약속이 이루어진 것을 마음속에 분명히 바라보고 기도해야 되는 것입니다. 믿음은 바라는 것들의 실상이기 때문에 바라는 것이 분명해야 됩니다. 약속의 말씀을 따라서 바라는 것입니다. 약속의 말씀은 일방적인 약속이지만 바라는 것은 구체적인 목적이 있어야 되는 것입니다. 이루어진 모습을 바라보고, 그 다음에는 믿는 것입니다. 성령께서 마음에 믿음을 줄 때까지 부르짖어서 믿는 것입니다.

믿고 난 다음에 마음에 믿음이 생기면 그 다음에는 입술로 명령을 내려야 되는 것입니다. 이루어질지어다. 살아나라. 병은 물러가라. 우울증은 떠나가라. 문제는 해결되라. 이것이 5차원의 기도인 것입니다. 제일 먼저 약속의 말씀을 분명히 깨달아 알고, 그 말씀에 입각해서 내 목적이 응답된 것을 마음속에 분명히 바라보고, 그리고 기도하면 믿음이 생겨요. 그러면 믿음을 붙잡고서 입술의 말로 명령을 해야 되는 것입니다.

기도에는 믿음의 기도와 소망의 기도가 있는데 대다수의 사람들이 소망의 기도를 믿음의 기도로 착각하는 것입니다. 소망은 언젠가 이루어질 것이다. 이루어지기를 바란다. 하나님 이것 반드시 이루어지게 하옵소서. 반드시 성취되게 하여 주시옵소서. 막연한 소망을 가지고 있기 때문에 이것은 소망은 언제나 소망으로 남아 있지 현실로 이루어지지 않는 것입니다.

소망의 기도는 반드시 받게 된다. 받을 것이니 너무 좋다. 하고 미래형으로 말합니다. 이러한 소망으로는 하나님의 응답과 기적을 가져오지 못합니다. 믿음에 대해 히브리서 11장 1절에는 "믿음은 바라는 것들의 실상이요 보이지 않는 것들의 증거" 라고 말한 것처럼 믿음의 기도는 말을 길게 할 필요가 없습니다. "응답 받았다." "나았다." "낫게 해 주셔서 감사합니다." 완료형 혹은 과거형으로 말하는 것입니다. 예수님께서도 병자를 위해 안수기도 하시고 난 다음에 "네가 나았느니라" "깨끗함을 입었느니라" 과거형을 말했지, "장차 나을 것이다" "장차 깨끗해질 것이다" 그렇게 말씀하지 않았어요. 이처럼 믿음의 기도는 받았다고 믿음으로 말할 때, 그 믿음을 통해 환경과 현실이 변화되고 우리가 원하는 모든 것을 얻게 되는 것입니다. 믿음의 기도란 바라는 것, 즉 마음의 소원과 꿈을 실상으로 이미 갖고 기도하는 것입니다.

이미 이루어진 것을 마음속에 확실히 갖고서 눈에는 안보이고 귀에는 안 들려도 내 마음에 이루어졌다는 것을 확실히 믿고서 기도해야 그것이 믿음의 기도가 되는 것입니다. 많은 사람들이 소망의 기도를 하고 있는 것입니다. 하나님 아버지여 일이 잘 될 줄로 믿습니다. 문제가 해결될 줄로 믿습니다. 병이 꼭 나을 줄 믿습니다. 미래는 자고 나면 또 내일이고 자고 나면 또 내일인 것입니다. 믿음의 기도는 없는 것을 있는 것같이 부르시는 것이요. 네 믿음대로 될지어다. 이루어졌다고 믿어야 되는 것입니다. 응답 받았다. 문제는 해결 되었다. 병은 이미 나았다. 기적은 일어났다. 그러한 과거형 믿음에 서서 기도하는 것이 믿음의 기도인 것입니다.

**둘째, 아브라함의 기도**. 우리가 5차원의 기도의 모범이 바로 아브라함의 생애 속에서 볼 수가 있는 것입니다. 아브라함은 가나안 땅에 와서 75세 때 아들을 달라고 기도했습니다. 창세기 15장 1절로 4절에 보면 "이 후에 하나님의 말씀이 환상 중에 아브람에게 임하여 이르시되 아브람아 두려워하지 말라 나는 네 방패요 너의 지극히 큰 상급이니라. 아브람이 이르되 주 여호와여 무엇을 내게 주시려 하나이까, 나는 자식이 없사오니 나의 상속자는 이 다메섹 사람 엘리에셀이니이다. 아브람이 또 이르되 주께서 내게 씨를 주지 아니하셨으니 내 집에서 길린 자가 내 상속자가 될 것이니이다. **하나님의 말씀이 그에게 임하여 이르시되 그 사람이 네 상속자가 아니라 네 몸에서 날 자가 네 상속자가 되리라**"

그래서 하나님께 응답을 받았어요. 그런데 하나님이 네 몸에서 자식이 날 것이라고 말씀 한 다음 중지한 것이 아닙니다. 저녁에 밖으로 나오라. 천막 밖으로 나오니까 하늘을 쳐다보라. 별들을 헤아려라. 아브람이 별들을 헤아렸습니다. 다 수용할 수 없을 만큼 많은 별의 숫자가 가슴에 꽉 들어왔을 때 하나님이 말씀하기를 중지하라. 네 자손이 저처럼 많을 것이다. 바라봄의 법칙인 깃입니다. 지금 자손이 없는데 별을 보고 별들과 같이 자손이 많다는 것입니다. 네 자손이 저처럼 많다. 바라봄의 법칙은 꼭 있어야 되는 것입니다. 마음에 확실히 이루어진 것을 바라봐야 돼요.

창세기 15장 5절에 "그를 이끌고 밖으로 나가 이르시되 하늘을 우러러 뭇별을 셀 수 있나 보라 또 그에게 이르시되 네 자손이 이와 같으리라" 그렇게 바라보면 믿음이 생기는 것입니다. 꿈이 있으면 믿음이 생기지 꿈이 없으면 믿음이 생기지 않습니다.

창세기 15장 6절로 7절에 "아브람이 하나님을 믿으니 하나님께서 이를 그의 의로 여기시고 또 그에게 이르시되 나는 이 땅을 네게 주어 소유를 삼게 하려고 너를 갈대아인의 우르에서 이끌어 낸 하나님이시니라"

꿈을 보고 난 다음에 마음속에 하나님이 자손을 줄 것을 아브람은 믿었습니다. 우리가 바라보지 않는 것은 믿음이 생기지 않습니다. 믿음은 바라는 것들의 실상인 것입니다. 바라는 것이 분명히 마음속에 있어야 믿음이 생겨나는 것입니다. 무엇을 믿느냐. 이러이러한 것을 믿습니다. 바디메오가 장님이 되어서 예수님 지나가신 것을 듣고 다윗의 자손 예수여 나를 불쌍히 여기소서 하니까, 예수님이 데려오라. 그래서 가까이 오니까 예수님이 뭐라고 했습니까? 내가 뭘 해주기를 원하느냐? 주여! 보기를 원하나이다. 분명히 자기 목표가 있어야 믿음이 생기는 것입니다.

네 믿음대로 될지어다. 보기를 원하나이다. 보는 것이 그의 목표가 분명하니까 주님께서 네 믿음대로 될지어다. 하나님께 기도할 때 하나님의 뜻을 알고 난 다음에 그 뜻을 따라 기도할 때 기도가 이루어진 모습을 마음속에 분명히 바라보아야 되는 것입니다. 바라봄의 법칙은 우리 기도에 절대로 필요한 것입니다. 아브람은 나이가 75살이지만 별들을 바라보고 자손이 별들처럼 많은 것을 믿게 된 것입니다. 바라봄의 법칙과 믿음이 같이 있었던 것입니다.

　그런데 10년 동안 85세가 될 때까지 실제로 아들이 태어나지 않자 믿음이 흔들리기 시작한 것입니다. 아들을 주시겠다는 약속의 말씀을 받았고, 또 그대로 이루어진 모습을 별들을 통해서 늘 바라보았는데도 불구하고 믿음이 흔들렸습니다. 10년 만에 흔들려서 85세가 되었을 때 마음속에 하나님께서 자손을 줄 것을 포기했습니다. 그리고 자기 아내 사래에게 불평을 말했습니다. 이 사래가 미안해하잖아요. 그러니까 자기 남편보고 내 종 하갈이 있으니까 내 종에게 들어가서 첩을 삼고 자식을 낳으라. 하도 남편이 옥박지르니까 별도리 없이 그렇게 말할 수밖에 없는데 그 아브라함이 좋다고 하갈을 취해서 첩으로 삼았어요. 삼고 난 다음에 곧장 하갈이 잉태되었습니다.

　그러니까 하갈이 마음에 자기 주인이 별 볼일 없이 보이니까 건방지게 행동했단 말입니다. 그래서 사래가 아주 화가 나가지고서 남편에게 못 견디게 굽니다. 당신이 받아야 될 모욕을 왜 내가 받아야 되나. 당신이 하갈을 취해서 자식을 잉태하게 만드니까 저가 나를 저렇게 무시하지 않느냐. 그래서 가정이 아주 풍비박산이 되고 굉장히 큰 고통이 다가왔습니다. 하나님께서는 아브람에게 믿음이라는 것은 그냥 되는 것이 아니라, 입술로 고백을 해야 된다는 것을 하나 더 가르쳐 주기 위해서 그렇게 한 것입니다.

　그가 하나님의 말씀을 깨달았고 바라봄의 법칙으로 그렇게 많은 자손이 있을 것이라는 것을 바라보았지만 바라보고 믿었지만,

그 믿음을 말씀으로 붙잡아 줘야 되는 것입니다. 말씀이 당신을 움직이는 것입니다. 과학자들이 말하기를 우리 두뇌의 95%가 말에 의해서 움직인답니다. 우리 두뇌에 보는 신경도 있고 듣는 신경도 있고 생각하는 신경도 있고 온갖 신경이 다 있지만 말에 의해서 95%가 움직인다는 것입니다. 그러므로 우리가 하나님의 약속의 말씀을 알고 그 약속의 말씀을 따라 기도해서 응답 받은 바라봄의 법칙을 마음속에 가지고 믿었으면 그 믿음을 입술로 말을 해야 돼요. 말을 해야 믿음이 강해지는 것입니다.

말을 해야 생각이 굳건해지고 말을 해야 꿈이 분명해지고 말을 해야 믿음이 뚜렷해지고 말을 해야 창조적인 능력이 나타나는 것입니다. 말을 부인해 버리면 만사가 휴지조각이 되는 것입니다.

기도하고 난 다음 대개 사람들이 말로 부정을 해버리기 때문에 기도가 휴지가 되어 버리고 마는 것입니다. 아브람이 말로써 없는 아들이 있는 것처럼 했으면 좋겠는데 늘 아들을 밤이나 낮이나 오기를 기다리고 안 오니까 나중에 아내를 보고 윽박질러서 당신이 자식을 못 낳아서 나는 아들이 없지 않느냐. 상속자가 없지 않느냐. 할 수 없이 첩을 얻도록 허락할 때까지 압박을 가했단 말입니다. 하나님께서 네가 입술로 시인하라. 이제 네 나이가 99세인데 네 이름을 아브람이라고 하지 말고 아브라함이라고 해라. 그냥 아브람이 아니라, 아브라함은 많은 민족의 조상이라는 말입니다.

그리고 네 아내 이름을 사래라고 하지 말고 사라라 하라. 여주인이라 하라. 많은 자식의 주인이라고 하라. 그날부터 자식이 없는데도 불구하고 그 남편을 아브라함 많은 민족의 조상이요, 사라, 많은 자식의 여주인여! 서로서로 없는 것을 있는 것같이 부르기 시작한 것입니다. 그래서 믿음이 확고해졌어요. 바라봄의 법칙을 따라서 바라보고 믿고 말로써 시인하니까 믿음이 확고하게 되어가지고서 100살에 아들을 낳으니 이삭이 그 아들인 것입니다. 하나님은 아브라함을 통해서 믿음의 모범을 보여주기 위해서 이런 과정을 통하게 만들어 주신 것입니다. 한번 따라 읽어보세요. 첫째로, 말씀을 통하여 하나님 뜻을 알아야 되고, 둘째로, 하나님 뜻을 통하여 내 꿈을 분명히 보아야 되고, 셋째로, 꿈을 보고 기도하면 믿음이 생겨나는데 믿었으면 입술로 고백해야 된다. 없는 것을 있는 것처럼 말해야 된다. 그러면 이루어지는 것입니다. 그 과정을 아브라함에게 하나님이 보여 주시므로 그 후손들인 우리가 이를 깨닫게 해주시려고 만들어 주신 것입니다.

**셋째, 5차원의 기도.** 생각과 생각에 바라는 꿈과 꿈을 믿는 믿음과 입술의 고백 속에 실상과 증거 즉, 응답받은 실상의 확신을 가지고 시인하면 그대로 이뤄지도록 되는 것입니다. 마가복음 11장 23절로 24절 우리 한번 읽어 보십시다. "누구든지 이 산더러 들리어 바다에 던져지라 하며 그 말하는 것이 이루어질 줄 믿고 마음에 의심하지 아니하면 그대로 되리라. 그러므로 내가 너희에게 말하노니 무엇이든지 기도하고 구하는 것은 받은 줄로 믿으라. 그리하면 너희에게 그대로 되리라"

여기 예수님이 뭐라고 말했습니까? 이 산더러 들리어 바다에 던져지라 말하고 이루어질 줄 마음에 의심하지 말라고 한 것입니다. 그러므로 마음에 믿음을 가졌으면 그것을 말하라는 것입니다. 내가 이 산이 옮겨서 바다로 갈 것을 마음속에 믿었으면 그것을 입술로 말을 하라. 이 산더러 명하여 바다에 던져지라고 말을 하라. 그러므로 믿음과 말은 언제나 같이 가야 됩니다. 저는 항상 내 마음에 믿은 것을 입술로 시인하면 그 믿음이 강해지는 것을 체험하고 있습니다. 감기라도 걸려서 몸살이 나오면 그냥 내 마음속에 주님이 채찍에 맞음으로 내가 나음을 입었다고 믿습니다.

그렇게만 해서는 안 되는 것입니다. 내가 그 약속의 말씀을 기억해요. 그러나 그것을 입술로 고백을 하기 시작하는 것입니다. 저가 채찍에 맞음으로 네가 나음을 입었느니라. 저가 채찍에 맞음으로 네가 나음을 입었느니라. 예수이름으로 감기는 떨어질지어다. 한두 번 하는 것이 아닙니다. 주님은 한번만 하면 되지만 우리는 사람이니까 백번도 천 번도 해야 되는 것입니다. 저가 채찍에 맞음으로 너희가 나음을 입었느니라. 그러면 믿은 것을 입술로 고백하면 치료가 다가오는 것입니다.

입술로 말씀을 고백한다는 것은 굉장히 효과가 있는 것입니다. 두려워하지 말라. 내가 너와 함께 함이라. 놀라지 말라. 나는 네 하나님이 됨이라. 내가 너를 굳세게 하리라. 참으로 내가 너를 도와주리라. 참으로 나의 의로운 손으로 너를 붙잡아 주리라. 저는 두려움이 오면 주님께서 나를 붙들어 준다는 것을 그냥 마음에 믿고만 있지 않습니다. 예수 이름으로 두려움은 물러가라. 입술로 고백을 합니다. 믿었으면 입술로 고백을 해야 돼요. 이 말을 계속하는 것입니다. 계속하면 성령으로 두려움이 산산조각이 나서 흩어져버리고, 말한 대로 믿음이 마음속에 굳세게 서는 것입니다.

우리가 기도를 하되 5차원의 믿음을 통해서 기도해야 되는 것입니다. 예를 들어 말하면 병 낫기 위해서 기도할 때, 그냥 하나님 병 낫게 해 주십시오 하지 말고, 치료의 약속이 기록된 것을 분명히 알아야 되는 것입니다. 성경에 기록되었으되 저가 채찍에 맞음으로 나음을 입었다 하였느니라. 약속의 말씀이 성경에 있는 것을 분명히 알아야 되고, 상상 속에 나은 모습을 그 다음 바라봐야 되고, 그리고 예수 이름으로 바라본 대로 치유될 지어다. 예수 이름으로 바라본 대로 치유될 지어다. 그러면 믿음이 생겨나요. 믿음이 생겨나면 기적을 믿고 나았다고 선언을 해야 되는 것입니다. 입술로 말입니다. 마지막으로 하는 것은 선언인 것입니다. 저가 채찍에 맞음으로 네가 나음을 입었느니라. 그래서 "하나님! 이미 저는 마음으로 고침을 받았사오니 이제 그대로 몸에 이뤄지게 해 주옵소서" 라고 부르짖고 기도하고 입술로 고백을 해야 되는 것입니다.

야고보서 5장 15절에 "믿음의 기도는 병든 자를 구원하리니 주께서 그를 일으키시리라 혹시 죄를 범하였을지라도 사하심을 받으리라" 이렇게 믿음의 기도를 하는 것이 5차원의 기도인 것입니다. 느낌으로 하는 기도가 아닌 것입니다.

꿈을 꾸면 계산하지 말아야 돼요. 계산은 하나님이 하시지 자신은 계산하면 안 되는 것입니다. 마음속에 꿈은 꿈입니다. 어떻게 될지 힘으로 계산하지 마십시오. 계산은 하나님께 맡기고 꿈을 꾸십시오. 그러면 믿어질 것입니다. 당신이 믿으면 사람들이 다 웃을지 모르겠지만, 마음에 믿어지면 그 믿음을 가지고서 선포를 하십시오. 말을 하십시오. 아무도 안 들어주면 자신을 보고 이야기하십시오. 이웃을 보고 이야기하십시오. 세월이 흘러가면 하나님께서 믿고 말한 사실을 이루어주게 되는 것입니다.

따라 읽어보세요. 꿈꾸고 믿고 말하라. 꿈꾸고 믿고 선포하라. 그러면 하나님이 이루어 주시는 것입니다. 꿈도 안 꾸고 믿지도 아니하고 말도 안하고 사주팔자만 바라고 있으면 아무것도 이루어지지 않습니다. 나는 헐벗고 굶주리고 가난하고 빈손 들었을지라도 마음속에 꿈을 가지고, 그리고 믿고 꿈을 가지고 기도하니 믿음이 생겨서 희망을 가지고 살았습니다. 기도 안하면 믿음 안 생겨요. 기도하면 성령이 믿음을 주시니까 믿고, 그 다음 믿은 대로 말을 하고 있으면 하나님께서 그것을 이루어 주시는 것입니다.

시편 81편 10절에 "나는 너를 애굽 땅에서 인도하여 낸 여호와 네 하나님이니 네 입을 넓게 열라 내가 채우리라" 단순하고 끈질기게 기도하라. 넓게 열라. 조그만큼 열지 말고 크게 입을 열어라. 엘리사 시대에 선지자가 죽었는데 빚을 많이 지고 죽었습니다. 그 과부가 엘리사 선생에게 와서 선생이여 우리 남편이 제자였는데 죽고 빚을 많이 남겨 놓아서 빚쟁이들이 자식을 종으로 팔아서 빚을 갚겠다고 하니 나를 도와주십시오. 그래서 엘리사가 어떻게 도와주겠느냐? 너희 집에 뭐가 있느냐? 기름병에 기름 반쯤 있는 것 밖에 없습니다.

그래? 돌아가서 이웃의 그릇을 빌리되 많이 빌려라. 조금 빌리지 말고 많이 빌려라. 그리고 문을 닫고 난 다음에 기름병을 가지고서, 그 그릇에 기름을 부어라. 그래서 집에 들어가서 이웃에 가서 그릇을 많이 빌려서 안 청 마루 마당에 다 갖다 놓고 기름을 붓는데 한 그릇에 가득 차니까, 또 다른 그릇 가져오고 기름이 계속해서 기름병에서 나옵니다. 나중에 그릇 가져오라. 어머니 기름 부을 그릇이 없습니다. 그러니까 기름이 뚝 그쳤습니다.

그래서 그 선지자의 아내가 엘리사에게 가서 그 이야기를 하니까 그 기름을 팔아서 빚을 갚고 나머지는 생활비로 쓰라. 거기에다가 추가하여 이렇게 말합니다. 그릇을 빌리되 조금 빌리지 말고 많이 빌려라. 그 그릇이 바로 꿈인 것입니다. 꿈을 갖되 조금 갖지 말고 큰 꿈을 많이 가져라. 기왕 가질 바에아 많이 가지지 왜 적게 가져요? 꿈은 꿈인데…. 실제로 내가 힘이 들어가는 것이 아닌데 꿈은 꿈인데 적은 꿈도 꾸고 큰 꿈도 꾸고 꿈을 많이 가지라.

그러면 기도하는 것은 성령의 기름이 붓도록 기도하면 성령이 그 꿈에다가 기름을 부어서 다 이루어지게 만들어 주시는 것입니다. 우리가 꿈을 가지고 난 다음 믿음이 생긴 그 과정이 기도인 것입니다. 내가 꿈을 갖고 기도를 간절히 하면 믿음이 생기고, 그 다음 믿음이 생기면 입술로 고백하기 시작하는 것입니다. 그 믿음으로 기도할 때 단순한 기도를 끈질기게 하라는 것입니다. 위대한 재판장이여 공정한 재판장이여 도덕이 확실하고 학식이 많은 재판관이여 그렇게 말 안했습니다. 가서 그냥 내 원수에 대한 원한을 갚아 주소서. 갚아 주소서. 갚아 주소서. 아침부터 저녁까지 내 원수에 대한 원한을 갚아 달라고 하니까 나중에 재판관이 뭐라고 했습니까? 아이고 이 과부 때문에 내가 못살겠다.

너무 자꾸 달라 들어서 갚아 달라고 하니까 내 마음에 고민스러워서 견딜 수가 없으니까, 과부 때문에가 아니라 나 때문에 갚아 주어야 되겠다. 그래서 그 원한을 갚아 주었다는 것입니다.

그 말을 예수님이 인정하면서 이렇게 말했습니다. "하물며 하나님께서 그 밤낮 부르짖는 택하신 자들의 원한을 풀어 주지 아니하시겠느냐, 그들에게 오래 참으시겠느냐, 내가 너희에게 이르노니 속히 그 원한을 풀어 주시리라. 그러나 인자가 올 때에 세상에서 믿음을 보겠느냐 하시니라" 밤낮 부르짖는 택한 자의 원한입니다. 밤낮 부르짖는다. 웅변으로 부르짖는 것이 아니라, 단순하게 밤낮으로 부르짖는다. 이러므로 꿈과 믿음 사이에 밤낮으로 부르짖고 믿음과 입술의 고백 사이에도 밤낮 선포하며 부르짖는 것입니다.

①꿈을 꾸고서 부르짖고, ②믿음을 가지고서 부르짖고, ③입술의 말로 고백하면서 부르짖고, 기도는 그 세 가지 사건을 함께 섞어서 부르짖는 것입니다. 꿈을 꾸면서 늘 부르짖어 기도하고, 믿으면서 늘 부르짖어 기도하고, 그리고 입술로 고백하면서도 부르

짖어 기도하고 그렇게 하면 하나님이 성령으로 역사해 주셔서 응답이 오게 만들어 주시는 것입니다.

예레미야 33장 3절에 "너는 내게 부르짖으라. 내가 네게 응답하겠고 네가 알지 못하는 크고 은밀한 일을 네게 보이리라"고 말씀한 것입니다. 윌리엄 케리는 구두 수선공이었습니다. 꿈과 소망이 없이 살아가던 그는, 예수님을 믿고 인생이 달라졌습니다. 구두 수선만 하고 있으니까 희망이 없어 좌절하고 있었는데 예수를 믿고 난 다음에 마음속에 꿈과 희망이 생겨났습니다. 그는 훌륭한 선교사가 되어야 되겠다. 그런 꿈이 생겼어요. 그래서 가게에서 자기 자리 앞에 세계 지도와 세 가지 표어를 적은 종이를 붙여놓고, 아침마다 그것을 바라보며 하루를 새롭게 시작한 것입니다.

그 종이에는 "큰 꿈을 가지라, 큰 기도를 하라, 큰 기대를 하라" 이렇게 구두 수선하는 앞 벽에 붙여 놓고는 구두 수선하면서 늘 그것을 쳐다보는 것입니다. 큰 꿈을 가지라. 큰 기도를 가지라. 큰 믿음을 가지라. 끊임없이 꿈을 사셨습니다. 그래서 선교사가 될 꿈을 갖고 기도를 하고 기대를 한 결과에 그는 훗날에 인도로 가서 인도 역사상 큰 획을 긋는 위대한 선교사역을 일으킨 주의 종이 된 것입니다.

누구든지 마음에 생각과 꿈을 품고 믿음으로 나아가면 이루지 못할 일이 없습니다. 성령으로 하는 5차원의 기도는 이처럼 응답받은 실상과 확신의 증거를 가지고 그대로 이루어지도록 끝까지 선포하며 기도하는 것이 5차원의 기도인 것입니다.

# 14장  영적전쟁을 승리하는 기도

　(출 17:11-16)"모세가 손을 들면 이스라엘이 이기고
손을 내리면 아말렉이 이기더니 모세의 팔이 피곤하매 그
들이 돌을 가져다가 모세의 아래에 놓아 그가 그 위에 앉
게 하고 아론과 훌이 한 사람은 이쪽에서, 한 사람은 저쪽
에서 모세의 손을 붙들어 올렸더니 그 손이 해가 지도록
내려오지 아니한지라. 여호수아가 칼날로 아말렉과 그 백
성을 쳐서 무찌르니라. 여호와께서 모세에게 이르시되 이
것을 책에 기록하여 기념하게 하고 여호수아의 귀에 외워
들리라 내가 아말렉을 없이하여 천하에서 기억도 못 하게
하리라. 모세가 제단을 쌓고 그 이름을 여호와 닛시라 하
고, 이르되 여호와께서 맹세하시기를 여호와가 아말렉과
더불어 대대로 싸우리라 하셨다 하였더라"


　성도가 세상에서 마귀 귀신과 싸워서 이기려면 성령 안에서 성
령으로 기도해야 성령의 권능으로 마귀귀신과 영적전쟁에서 승리
할 수가 있는 것입니다. 자신에게 역사하는 귀신도 성령으로 충만
해야 성령의 권능으로 귀신이 떠나가는 것입니다. 이스라엘 백성
이 모세를 따라 광야를 지나서 르비딤에 왔을 때 물이 없어 또 다
시 백성들이 물을 달라고 아우성을 치고 심지어 분노한 백성들은

돌을 들어 모세를 치려고 했었습니다. 그때 모세가 하나님께 부르짖으니까 하나님께서 모세에게 말씀하기를 바위 앞으로 백성들을 모으고 백성들의 대표를 모으라고 하셨습니다. 그곳에서 모세와 아론과 함께 나가서 그 바위를 치니 바위에서 물이 넘쳐 나와서 그들 모든 백성과 모든 짐승들이 다 배불리 마셨습니다. 그러나 모세와 백성들이 그곳에서 논쟁을 하고 분노를 일으키고, 그래서 상처를 입었기 때문에 이스라엘 백성 전체가 기진맥진했습니다.

바로 그때를 노려서 아멜렉이 대 군대를 동원해서 이스라엘을 치고 들어왔습니다. 그러니 그와 같은 정신적인 불안 상태에서 갑자기 아멜렉의 공격을 받으므로 이스라엘은 풍비박산 될 위기에 처했습니다. 아멜렉은 잘 먹고, 잘 입고 훈련이 잘 된 군대를 동원해서 총 공격을 했고, 이스라엘은 마음이 우울하고 고통스럽고 분쟁이 있고, 잘 못 먹고 영양이 부실하고 옷도 잘 입지 못하고 군대도 훈련되지 못하고 무기도 부실했습니다. 무엇으로 생각해도 이스라엘은 그만 르비딤에서 박살이 날 위기에 처했습니다.

그럴 때에 모세가 여호수아에게 군대를 동원해서 나가서 아멜렉과 싸우라고 명령했습니다. 여호수아가 군대를 동원해서 평지에 나가 아멜렉과 대결을 했는데 백전백패입니다. 아멜렉의 그 강력한 군대의 공격 앞에 여호수아를 따라온 이스라엘의 백성들은 감당하지를 못하여 수많은 사람이 전장에서 쓰러지고 상처를 입고 부상을 당하고 위기일발에 처했습니다.

그럴 때에 모세는 아론과 훌을 데리고 언덕에 올라가서 전쟁터가 내려다보이는 그곳에서 그는 하늘을 향하여 손을 들고 하나님께 부르짖어 기도했습니다.

모세가 하늘을 향하여 부르짖어 기도하자 갑자기 상황이 달라졌습니다. 하나님의 성령의 바람이 불어 왔습니다. 이스라엘 백성들은 순식간에 놀라운 능력과 힘을 의지하게 되고 아멜렉은 힘이 빠졌습니다. 그들은 무언가 모르게 순식간에 앞이 캄캄해지고 그들은 힘이 쭉 빠져서 이스라엘 군대를 대항할 수가 없습니다. 아멜렉은 무기를 버리고 칼을 버리고 도망을 치며 그들의 군인들은 상처를 입고 이스라엘의 창, 칼에 찔려 사상자가 많이 생겼습니다. 그러나 모세가 팔이 아파서 팔을 다시 내리니까 성령의 바람은 그치고, 이스라엘 백성은 또 다시 무력하게 되어 버리고, 아멜렉의 군대는 다시 재공격하기 시작했습니다.

이런 일이 계속해서 전장에 일어났습니다. 그러나 아론과 훌이 돌을 가지고 와서 그곳에 모세를 앉히고 양편에서 팔을 잡아 손을 높이 들어 해가 질 때까지 계속해서 손을 들고 하나님께 기도한 즉 하나님의 성령의 역사가 여호수아와 그 군대와 같이 하매 그들이 칼을 들어 아멜렉을 쳐서 멸하고 대승리를 가져온 기록이 기록되어 있는 것입니다. 하나님과 보좌가 연결되니 하나님의 힘으로 이긴 것입니다. 이것은 우리에게 중대한 신앙의 교훈을 보여 주고 있는 것입니다. 오늘날 21세기를 살아가는 우리들에게 아멜렉이 없는 것이 아닙니다. 지금 우리도 광야를 지나고 있습니다. 우리는 젖과 꿀이 흐르는 가나안 땅인 천국을 향해서 가고 있는데 이

광야의 도중에 우리는 배고프고 목마르고 외롭고 고통스럽고 병들고 지치고 어려운 고비에 처했습니다. 여기에 우리의 원수 아멜렉은 시시각각으로 우리에게 무시무시한 공격을 가해 옵니다. 우리의 대적 아멜렉은 무엇입니까?

죄악이 바로 대적 아멜렉입니다. 죄악이 와서 우리 진을 흩뜨려 놓고 우리를 붙잡아서 죄의 노예를 만들고 있는 것입니다. 미움이 바로 아멜렉입니다. 미움이 우리 가슴속에 파고들어 와서 부부간에 서로 상처를 입히고 깨어지고 부모 자식 간에 원수가 되고 이웃과 대적하고 나라와 나라가 갈라지고 민족이 갈라지며 이 세상에 수많은 살상과 죽음이 일어나고 있는 것입니다. 미움이 아멜렉인 것입니다. 질병의 아멜렉이 있습니다. 우리가 상상할 수 없는 질병들이 많습니다. 사람들은 마음과 몸과 생활에 병들어 있습니다. 이 질병의 아멜렉은 우리에게 와서 도적질하고 죽이고 멸망시키는 일을 계속하고 있습니다. 저주와 가난의 아멜렉이 있습니다. 저주는 소리 없이 다가와서 인간의 모든 하는 일에 가시와 엉겅퀴를 뿌려 놓습니다. 사람이 가시밭을 걸으며 엉겅퀴 속을 헤치면서 무슨 성공을 가져오겠습니까? 하나님의 저주가 얼마나 무섭습니까? 하나님의 저주가 임하면 물은 끊어지고 양식도 끊어집니다.

저주는 무시무시한 힘으로 오늘날 인류들을 도적질하고 죽이고 멸망시켰습니다. 온 세계의 굶주림이 오늘날도 태풍같이 불어오고 있는 것입니다. 이와 같은 저주와 가난의 아멜렉에 인간들은 힘없이 쓰러져 가고 있는 것입니다. 죽음에 대한 공포의 아멜렉도 있습니다. 사람이 세상에서 살다가 죽는다는 것이 가장 절망적인 것이고 가장 무서운 공포입니다. 죽음의 아멜렉이 우리 사람들을 붙잡고서 우리에게 불안과 공포에서 헤어나지 못하게 하고 있는 것입니다. 마귀와 그 사자들의 아멜렉도 있습니다. 귀신은 우는 사자 같이 두루 다니며 삼킬 자를 찾고 있고 그들의 사자인 더러운 귀신, 악한 귀신, 점치는 귀신, 연약의 귀신, 거짓말하는 귀신, 질병의 귀신, 가지가지 귀신이 아멜렉의 사자들이 우리에게 와서 우리들을 혼미케 하고, 우리들을 사로잡으려고 하는 것입니다. 오늘날 이 아멜렉의 공격에 대해서 우리는 어떻게 대해야 될까요?

아담과 하와 이후로 인류는 이 아멜렉의 공격에 거꾸러지고, 도적질 당하고 죽임을 당하며, 처참한 슬픔과 불안을 안고서 살아오고 패하고 말았습니다. 그러나 지금으로부터 2천 년 전에 우리 하나님께서는 우리 주 예수 그리스도를 보내시사, 인류를 도적질하고 죽이고 멸망시키는 이 아멜렉을 맞아서 갈보리 십자가에서 싸우게 했습니다. 이 여호수아가 르비딤에서 아멜렉과 대항해서 싸운 것처럼, 우리 주 예수 그리스도께서 갈보리 십자가에서 인류를 도적질하고 죽이고 멸망시키는 이 아멜렉과 대적하여 싸웠습니다.

갈보리 십자가는 예수님이 형벌 받은 처소일 뿐만 아니라. 예수님께서 아담, 하와 이후로 인류를 잡고 있는 이 아멜렉과 싸우신 처절한 전쟁터였습니다. 예수님은 양손과 양발에 대못이 박히시고 예수님은 창을 받아 심장에 터져 물과 피를 흘리시고 온 몸에 땀을 다 빼시고 주님께서는 그곳에서 죽음의 고통을 당하셨습니다. 우리를 아멜렉에서 해방시키려고 한 것입니다. 예수님은 그 고난을 통해서 주님께서 우리에게 죄를 용서하고 의를 갖다 주는 위대한 역사를 베풀어주신 것입니다. 죄악의 아멜렉을 주님께서 무장 해제시켜 버린 것입니다. 인류의 모든 죄를 다 용서하고 사하여 주었습니다. 우리의 속죄제물, 속건 제물, 번제물이 되어 주셔서 우리를 대신하여 죄를 용서했기 때문에 이제는 죄악의 아멜렉이 우리를 도적질하고 죽이고 멸망시킬 힘이 없습니다. 예수님은 우리에게 용서와 의를 허락하여 주신 것입니다.

고린도후서 5장 21절에 "하나님이 죄를 알지도 못하신 자로 우리를 대신하여 죄를 삼으신 것은 우리로 하여금 저의 안에서 하나님의 의가 되게 하려 하심이니라"고 말씀하신 것입니다. 예수를 믿음으로 아멜렉에서 해방되어 우리는 하나님의 의가 될 수 있게 만들어 주신 것입니다. 주님께서는 그 십자가에서 미움을 받아들여 미움의 창과 칼을 받고 미움의 가시를 받고 피 흘리고 몸을 찢고 그로 말미암아 미움을 정복하시고 주님께서 하늘에서 넘치는 하나님의 사랑을 문을 열어 놓은 것입니다.

로마서 5장 5절에 "소망이 부끄럽게 아니함은 우리에게 주신 성령으로 말미암아 하나님의 사랑이 우리 마음에 부은바 됨이니" 로마서 5장 8절에 "우리가 아직 죄인 되었을 때에 그리스도께서 우리를 위하여 죽으심으로 하나님께서 우리에게 대한 자기의 사랑을 확증하셨느니라" 그러므로 예수님께서는 미움을 십자가에서 다 정복하시고 하나님의 사랑을 우리에게 부어 주심으로 미움의 아멜렉을 무력화시켜 버리고 말았던 것입니다.

예수님은 십자가에서 우리의 연약과 질병을 대신 짊어지고 피를 흘리심으로 질병의 아멜렉을 무력화시켜 버리고 말았던 것입니다. 이사야 53장 4절로 5절에 "그는 실로 우리의 질고를 지고 우리의 슬픔을 당하였거늘 우리는 생각하기를 그는 징벌을 받아서 하나님에게 맞으며 고난을 당한다 하였노라 그가 찔림은 우리의 허물을 인함이여 그가 상함은 우리의 죄악을 인함이라 그가 징계를 받음으로 우리가 나음을 입었도다" 그는 우리의 모든 질병과 고통을 자기 몸에 대신 짊어진 것입니다.

베드로 전서 2장 24절에 "친히 나무에 달려 그 몸으로 우리 죄를 담당하셨으니 이는 우리로 죄에 대하여 죽고 의에 대하여 살게 하려 하심이라 저가 채찍에 맞음으로 너희는 나음을 얻었나니"라고 말씀하고 있는 것입니다. 이러므로 주님께서 질병의 아멜렉을 대항해서 모든 대가를 지불하시고 하나님 앞에서 우리에게 치료의 문을 열어주신 것입니다. 2천 년 전에 이제는 예수 그리스도를 통해서 우리는 합법적으로 고침을 받은 것입니다. 치료는 우리에게 속한 것입니다.

주님은 또한 저주와 가난의 아멜렉을 무력화시켜 버리고 말았던 것입니다. 아담과 하와 이후로 가시와 엉겅퀴를 가지고 우리에게 도적질하고 죽이고 멸망시키며 헐벗고 굶주리게 한 원수 귀신 저주의 아멜렉을 주님께서는 십자가에서 대항해서 그 저주를 다 직접 맡아 청산해 버리고 말았던 것입니다.

갈라디아서 3장 13절에서 14절에 "그리스도께서 우리를 위하여 저주를 받은바 되사 율법의 저주에서 우리를 속량하셨으니 기록된바 나무에 달린 자마다 저주 아래 있는 자라 하였음이라. 이는 그리스도 예수 안에서 아브라함의 복이 이방인에게 미치게 하고, 또 우리로 하여금 믿음으로 말미암아 성령의 약속을 받게 하려 함이니라"고 하였음으로 저주를 주님이 대속하시고 아브라함의 복을 가져오신 것입니다.

고린도후서 8장 9절의 말씀은 더 뚜렷합니다. "우리 주 예수 그리스도의 은혜를 너희가 알거니와 부요하신 자로서 너희를 위하여 가난하게 되심은 그의 가난함을 인하여 너희로 부요케 하려 하심이니라"고 말씀하신 것입니다. 예수님이 친히 또 저가 오는 것은 도적질하고 죽이고 멸망시키는 것뿐이요. 인자가 온 것은 양으로 생명을 얻게 하되 더 넘치도록 얻게 하려 함이라고 말씀하신 것입니다.

요한3서 2절을 보십시오. "사랑하는 자여 네 영혼이 잘 됨같이 네가 범사가 잘 되고 강건하기를 내가 간구하노라" 말씀하신 것입니다. 십자가에서 몸 찢고 피를 흘리심으로 우리 주님께서는 이 가난과 저주의 아멜렉을 맞아서 이 모든 힘을 빼버리고, 또 가시와 엉컹퀴를 무력화시키고 말아 버리신 것입니다. 예수님은 죽음을 당하심으로 사망의 아멜렉을 철폐한 것입니다.

요한복음 11장 25절로 26절에 "예수께서 가라사대 나는 부활이요 생명이니 나를 믿는 자는 죽어도 살겠고 무릇 살아서 나를 믿는 자는 영원히 죽지 아니하리니 이것을 네가 믿느냐"라고 말씀하셨습니다.

주님께서는 이 죽음의 아멜렉을 맞이해서 친히 죽으심으로 사망을 멸하시고 부활하심으로 영원한 승리를 가져오신 것입니다. 고린도 후서 5장 1절에 "만일 땅에 있는 우리의 장막 집이 무너지면 하나님께서 지으신 집 곧 손으로 지은 것이 아니요. 하늘에 있는 영원한 집이 우리에게 있는 줄 아나니"라고 말씀하셨습니다. 그리고 주님은 마귀와 귀신의 아멜렉을 무장 해제해 버리고 말아 버린 것입니다. 요한 1서 3장 8절에 "죄를 짓는 자는 마귀에게 속하나니 미귀는 처음부터 죄를 범함이니라 하나님의 아들이 나타나신 것은 마귀의 일을 멸하려 하심이니라"고 말씀하신 것입니다.

골로새서 2장 15절에 "통치자와 권세를 벗어 버려 밝히 드러내시고 십자가로 승리하셨느니라"고 말씀하셨습니다. 십자가를 통하여 마귀와 그 사자들이 무장을 해제해 버리시고 주님이 승리하신 것입니다. 그러므로 우리에게 다가오는 아멜렉의 무장을 예수님은 이미 2천 년 전에 십자가에서 해제해 버리셨습니다.

그럼에도 불구하고 아멜렉은 무장이 해제되었음에도 불구하고 결코 쉽게 뒤로 물러가지 아니하고 계속해서 우리를 묶여 놓으려고 합니다. 우리가 진리를 알지 못할 때에나 어리석을 때에, 또는 하나님의 섭리를 깨닫지 못할 때에 인간의 무식함을 통하여 마귀는 들어와서 도로 모든 인류를 잡아서 고통을 당하게 하려고 하는 것입니다.

성경 말씀에 내 백성이 지식이 없어 망한다고 호세아는 외쳤습니다. 성경에는 진리를 알지니 진리가 너희를 자유롭게 하리라고 말한 것입니다. 알지 못하면 마귀에게 잡힙니다. 알지 못하기 때문에 포로가 되는 것입니다. 예수님께서 십자가에 못 박혀 피 흘리심으로 아멜렉을 다 해제시켜 놓은 것 같지만, 그 아멜렉은 지금도 우리 주위에 있습니다. 지금도 우리 뒤에 죄악이 끓고 있습니다. 미움이 있습니다. 우리 주위에 지금도 질병과 고통이 있고 가난과 저주가 있고 죽음과 괴로움이 있습니다. 이것들은 여기저기에서 바람같이 우리에게 습격해 와서 우리들을 무력화시키려고 하고 있는 것입니다.

그럼 우리는 어떻게 해야 될까요? 여기에서 우리가 해야 될 일이 있습니다. 원수는 정복되었으나 쫓아내는 일은 우리가 해야 되는 것입니다. 주님께서 젖과 꿀이 흐르는 가나안 땅을 구약의 이스라엘 백성에게 주었습니다. 모세에게 말씀하기를 네 발로 밟는 땅을 다 네게 주었노라. 너희 평생에 너를 대할 자가 없으리라고 말씀하신 것입니다. 그럼에도 불구하고 이스라엘은 들어가서 가나안 칠족과 싸워서 내어 쫓아야 되는 것입니다.

가만히 앉아 있어서는 가나안의 칠족이 물러가지 않습니다. 가나안의 원수들은 이미 무장 해제 되었으나 끝까지 대항해 들어가서 싸워서 빼앗아야 자기 것이 되는 것입니다. 이처럼 예수님이 우리 아멜렉을 무장 해제 시켜 놓았으나 이젠 우리가 쳐서 이겨야 되는 것입니다. 그러므로 우리의 위치가 어떨까요?

우리는 오늘 모세와 같고, 우리는 오늘 여호수아와 같습니다. 우리는 모세와 같이 하나님 앞에 간절히 부르짖어 기도해야 되고 여호수아와 같이 나가서 싸워야만 되는 것입니다. 승리라는 것은 기도만 한다고 이기는 것이 아니고, 기도 없이 싸움만 한다고 이기는 것이 아닌 것입니다. 기도하면서 성령으로 싸워야 합니다.

한 곳에서는 모세가 기도하고 한 곳에서는 여호수아가 싸워야만 되는 것입니다. 그러면 오늘날 우리들이 모세가 누구입니까? 우리 한 사람 한 사람이 우리의 모세인 것입니다. 우리의 여호수아는 누구입니까? 우리 한 사람 한 사람이 바로 여호수아인 것입니다. 우리는 기도하고 싸워야 되는 것입니다. 이 세상에 살면서 기도 없이 가정을 이룰 수 없고 기도 없이 사업을 할 수도 없고 기도 없이 일을 성사할 수도 없습니다. 새벽기도하고 철야기도하고 구역 금식기도하고 교회 와서 예배드리고 기도하고, 무시로 성령 안에서 기도하며, 전쟁터인 세상에 나가서 우리가 성령으로 싸우면 기도와 전쟁을 통하여 아멜렉은 쫓겨나기 시작하는 것입니다.

그러므로 마태복음 11장 12절에 "세례 요한의 때부터 지금까지 천국은 침노를 당하나니 침노하는 자는 **빼앗느니라**."고 말씀한 것입니다. 기도하고 들어가서 싸워서 **빼앗아야** 하는 것입니다. 누가복음 10장 19절에 "내가 너희에게 뱀과 전갈을 밟으며 원수의 모든 능력을 제어할 권세를 주었으니 너희를 해할 자가 결단코 없으리라"고 말씀하는 것입니다.

이러므로 우리들은 이미 예수께서 십자가에서 이겨 놓은 것을 믿고, 주님 앞에서 기도해야 되는 것입니다. 성령으로 기도하며 아멜렉을 묶어야 됩니다. 기도로써 묶지 아니하면 또 아멜렉이 살아서 일어납니다. 모세가 기도하니 아멜렉이 다 묶여 별도리 없이 이스라엘의 창, 칼에 밥이 되었습니다. 그러나 기도를 그치니까 묶인 줄이 풀려서 다시 다가오는 것입니다. 기도는 원수 마귀를 묶는 밧줄인 것을 아시기 바랍니다. 너희가 무엇이든지 땅에서 메면 하늘에서 메일 것이요, 땅에서 풀면 하늘에서 풀리리라. 그러므로 우리는 기도를 통해서 아멜렉을 묶어 놓아야 되는 것입니다. 기도를 통해서 죄를 묶어 놓아야 됩니다.

기도를 통해서 미움을 묶어 놓아야 되는 것입니다. 기도를 통해서 마음의 상처를 묶어 놓아야 되는 것입니다. 기도를 통해서 질병을 묶어 놓아야 되는 것입니다. 기도를 통해서 저주와 가난도 묶어야 됩니다. 기도를 통해서 사망과 음부의 공포도 묶어 버려야 되는 것입니다. 기도하면 묶이는 것입니다. 그리고 난 다음에 묶어만 놓으면 어떻게 합니까? 쳐서 물리쳐야 합니다. 기도해서 묶고 그리고 여호수아와 같이 나가서 쳐서 물리쳐야 하는 것입니다.

에베소서 6장 12절에 "우리의 씨름은 혈과 육에 대한 것이 아니요 통치자와 권세와 이 어두움의 세상 주관자들과 하늘에 있는 악의 영들에게 대함이라" 말씀 하신 것입니다. 그러므로 이 원수 귀신에 대해서 나가서 싸워야 됩니다. 요한 계시록 12장 11절에 "또 여러 형제가 어린 양의 피와 자기의 증거하는 말을 인하여 저를 이기었으니 그들은 죽기까지 자기 생명을 아끼지 아니하였도다"라고 말한 것입니다. 우리는 싸워야 이기는 것입니다. 싸우지 않고 가만히 있으면 안 되는 것입니다. 그러면 어떻게 할까요. 우리는 나가서 하나님이여! 저 죄악의 아멜렉을 예수의 피로 다 용서하셨으니 죄악의 아멜렉이 가져와서 공존하는 이 나의 모든 죄를 예수의 피로 다 씻으시고 나를 정하게 하여 주시옵소서. 매일마다 매 순간마다 죄를 자백하고 그 자복만 하고 있으면 됩니까? 안 됩니다. 돌아서서 죄가 오거든 "성령이여 임하소서. 내가 나사렛 예수 이름으로 명하노니 이 죄는 물러가라, 이 유혹은 물러갈지어다" 선포하고 대적해야 됩니다. 마귀를 대적하라. 저가 너희를 피하리라고 말씀하신 것입니다. 대적하지 아니하면 안 됩니다.

반드시 성령의 임재 가운데 죄를 회개하고 하나님의 용서를 비는 모세와 같은 기도를 하고 난 다음에 여호수아와 같이 죄를 대적해야 되는 것입니다. 하나님 아버지여 나에게 미움을 제하시고, 그리스도의 보혈로써 씻으시고 성령으로 사랑을 내 마음에 우리 가정에 우리 이웃에 채워 주시옵소서, 모세처럼 기도할 뿐 아니라 나아가서 여호수아처럼 나의 미움아 예수의 이름으로 명하노니 물러갈지어다. 내 마음에 있는 미움은 물러가라. 우리 가정과 우리 이웃에 있는 미움은 물러갈지어다. 너희 원한은 물러가라. 물리쳐야 되는 것입니다.

질병도 그렇습니다. 내가 병들면 주님 예수 그리스도의 보혈의 능력으로 나의 병을 고쳐 주옵소서. 주님께서 나의 연약한 것을 담당하시고 병을 짊어지셨사오니 예수 이름으로 병을 치료하여 주시옵소서. 모세처럼 간절히 기도하고 난 다음에 여호수아처럼 들어와서 너희 질병은 물러갈지어다. 너희 관절염은 물러가라. 너희 암은 물러가라. 너희 심장병은 물러가라. 너희 폐병은 물러가라. 너희 피부병은 물러가라. 환란은 물러가라. 풍파는 물러가라. 질병은 떠나가라. 계속 대적해야 합니다.

기도만 하면 안 됩니다. 모세처럼 하나님께 은혜를 주시고 치료해 달라고 기도하면서 여호수아처럼 성령의 권능으로 대적하고 싸워야 합니다. 그러면 물러가게 되어 있는 것입니다. 가만이 앉아서 하나님이 해주시기를 기다리면 절대로 안 됩니다.

가난과 저주도 한 가지 입니다. 주님, 주님께서 십자가에서 나의 가난과 나의 저주를 대신 짊어지셨습니다. 가난과 저주에서 나를 해방하시고 형통케 하사 하나님의 사업을 위해서 많은 물질 드릴 수 있게 해 주시옵소서. 그렇게 기도 할뿐 아니라. 우리 일상생활에서 성령으로 충만한 가운데 가난은 예수님의 이름으로 물리갈지어다. 너희 저주는 우리 집에서 물러가라. 너희 저주는 내 사업장에서 물러가라. 나의 직장에서 너희 저주는 물러갈지어다. 저주를 물리쳐야 됩니다. 성령충만이 저주를 물러가게 하는 것입니다.

성령으로 충만한 가운데 기도하면서 물리치면 한길로 왔다가 일곱 길로 도망치는 것입니다. 예수님이 바람과 파도를 보고 가라사대 바람아 잠잠 하라. 파도야 잠잠하라고 말씀하신 것입니다. 주님도 꾸짖는데 우리가 누구라고 우리는 안 꾸짖겠습니까? 우리도 가난을 꾸짖어 물리쳐야 됩니다.

죽음의 공포가 다가올 때에 주님께서 죽었다가 부활하심으로 영원한 생명의 길을 열어 놓았으니 내 마음속에 죽음의 공포를 제하시고 하나님의 은혜와 사랑으로 채워주시옵소서 기도하는 동시에 너희 사망의 공포야 예수님의 이름으로 명하노니 물러갈지어다. 주님이 부활하심으로 나는 사망의 노예가 아니다. 죽음의 공포는 물러가라. 예수의 이름으로 명하노라. 물러가라. 성령의 임재 가운데 대적해야 됩니다. 성령 안에서 물러가는 것입니다.

모세처럼 손을 들어 은총과 축복을 달라고 간절히 기도함과 동시에 다른 면에 여호수아처럼 단호하게 원수 마귀를 대적해야 되는 것입니다. 너희는 마귀를 대적하라! 그리하면 저가 너희를 피하리라고 말씀하신 것입니다. 믿는 자들에게는 이런 표적이 따르니 저희가 내 이름으로 귀신을 쫓아내며 새 방언을 말하며 뱀을 집으며 무슨 독을 마실지라도 해를 받지 아니하며 병든 자에게 손을 얹은즉 낳으리라고 말씀하셨습니다.

그러므로 여호와 닛시, 즉 하나님께서는 우리의 승리의 깃발이 되십니다. 이 승리의 깃발은 모세처럼 기도하고 여호수아처럼 싸움으로 말미암아 우리에게 다가오는 것입니다. 하나님께서는 예수님 안에서 이미 우리에게 승리를 주셨습니다. 그러나 그 승리는 기도와 싸움을 통하여 우리의 것이 되는 것입니다. 이러므로 주님께서 십자가에 못 박혀 몸을 찢고 피를 흘려 아무리 큰 은혜를 일으켜 놓으시고 모든 우리의 원수의 무장을 해제해 놓아도 우리가 기도하지 아니하면 그것은 우리 것이 안 됩니다. 우리가 싸우지 아니하면 그것은 우리 것이 안 되는 것입니다.

이러므로 오늘 이 시간에 모두가 모세와 같이 매일 하나님을 향하여 손을 들고 간절히 기도하십시오. 그리스도가 십자가의 보혈을 통해서 이루어 놓으신 그 은혜를 달라고 기도 하십시오. 그리고 난 다음 생활 전쟁터에 나가서 여호수아처럼 싸우십시오.

장사가 안 되거든 이 장사가 안 되게 하는 저주는 예수 이름으로 물러갈지어다. 예수의 이름으로 가난은 물러가라. 몸에 병은 모두 물러가라. 나사렛 이름으로 명하노니 떠나갈지어다. 미움이 다가오면 미움은 사라질지어다. 너희 원수는 물러가라. 싸워야 되는 것입니다.

기도하고 있었으면 싸울 때에 성령의 역사가 일어남으로 이기게 되는 것입니다. 그래서 진실로 젖과 꿀이 흐르는 가나안 땅을 점령하게 되고 영혼이 잘 됨 같이 범사가 잘 되며 강건하게 되는 것입니다. 입술로만 주여! 주여! 하면서 해결해 주시옵소서. 하고 갈구하는 기도만 하고 있으면 안 되는 것입니다.

2천 년 전에 갈보리 십자가에서 예수님이 우리를 해방시키고 자유를 주시기 위해서 이렇게 몸을 찢고 피를 흘린 것을 보십시오. 이 얼마나 장엄하고 깊고 높고 넓은 그리스도의 사랑입니까? 우리를 위해서 주님이 대신하여 십자가에서 이처럼 싸워 가지고서 주님께서 몸을 찢고 피를 흘리심으로 우리의 모든 죄악을 다 소멸하여 주신 것입니다. 이 예수님은 지금 하나님 보좌 우편에서 기도하고 계신 것입니다.

그러므로 우리는 그리스도의 살을 먹고 그리스도의 피를 마시고, 이것을 우리 속에 생명이 되어 가지고서 그리스도의 살을 먹고 피를 마신 그 성령의 능력으로 기도해야 되는 것입니다. 그 성령의 능력으로 우리는 나가서 싸워야 되는 것입니다. 그래서 기도하고 싸우자. 집안 식구들에게 말씀하십시오. 오늘날 많은 예수 믿는 사람들이 기도도 하지 아니하고, 싸우지도 아니하고, 그냥 공짜로 되어 굴러들어 오기를 원하고 있습니다.

그런 일은 있을 수가 없습니다. 왜 많은 예수 믿는 사람들이 슬픔에 처해서 삽니까? 예수 믿는 사람들이 왜 병의 노예가 되어 있습니까? 왜 예수 믿는 사람들이 가난하고 헐벗고 굶주립니까? 왜 예수 믿는 사람들이 패배하고 낭패하고 절망에 처했습니까? 그것이 하나님의 뜻입니까? 그것 때문에 예수님이 몸 찢고 피를 흘렸다는 말인 것입니다.

그분께서 우리를 자유롭게 하려고 자유를 주었은즉, 그러므로 믿음으로 굳세게 서서 다시는 종의 멍에를 메지 말라고 말씀하고 있는 것입니다. 우리가 주일날 교회에서 성찬을 하는 것은 그리스도의 살을 먹고 피를 마시고 하늘나라의 보약입니다. 하늘나라의 생수를 받아 드려서 신령한 힘을 얻으십시오. 신령한 능력을 얻으십시오. 성령으로 충만하십시오. 그리고 모세처럼 기도하고 여호수아처럼 싸우십시오. 아멜렉은 물러갑니다. 그러면 젖과 꿀이 흐르는 땅을 점령하게 되는 것입니다.

# 15장 하나님의 역사가 일어나는 기도

(눅 18:1-8)"예수께서 그들에게 항상 기도하고 낙심하지 말아야 할 것을 비유로 말씀하여, 이르시되 어떤 도시에 하나님을 두려워하지 않고 사람을 무시하는 한 재판장이 있는데 그 도시에 한 과부가 있어 자주 그에게 가서 내 원수에 대한 나의 원한을 풀어 주소서 하되 그가 얼마 동안 듣지 아니하다가 후에 속으로 생각하되 내가 하나님을 두려워하지 않고 사람을 무시하나 이 과부가 나를 번거롭게 하니 내가 그 원한을 풀어 주리라 그렇지 않으면 늘 와서 나를 괴롭게 하리라 하였느니라. 주께서 또 이르시되 불의한 재판장이 말한 것을 들으라. 하물며 하나님께서 그 밤낮 부르짖는 택하신 자들의 원한을 풀어 주지 아니하시겠느냐 그들에게 오래 참으시겠느냐. 내가 너희에게 이르노니 속히 그 원한을 풀어 주시리라 그러나 인자가 올 때에 세상에서 믿음을 보겠느냐 하시니라"

우리가 하나님께 감사드리고 찬양하는 기도는 무시로 하면 됩니다. 성령의 감동하심으로 하나님께 무엇을 구하려고 할 때 그 때는 예외로 전투적인 자세로 적극적이고 끈질기게 기도하라고 말씀을 하고 있습니다. 그래서 누가복음 18장에 예수께서 항상 기도하고 낙심하지 말 것을 격려하고 있습니다. 그 예로서 한 도시에 한 과부가 있었는데 불의를 당하여 억울해서 그 도시의 재판관에게 가서 나의 억울한 사정을 해결해 달라고 호소했습니다. 그러나 그 재판관은 무신론자였습니다.

하나님도 두려워하지 아니하고 사람도 무시하는 사람인데 더구나 불쌍한 과부가 와서 간청하는 것 돌아보지 않았습니다. 그러나 이 과부가 자주자주 와서 이 불의한 재판관을 번거롭게 한지라 나중에는 견딜 수가 없어서 그가 말했습니다. 이 과부가 자주 와서 나를 괴롭힘으로 내가 견딜 수가 없다. 빨리 문제를 해결해줘야 되겠다. 그렇게 말하고 이 과부의 문제를 해결해 주었다고 기록하고 있는 것입니다. 왜 하나님께 나오는데 하나님이 불의한 재판관처럼 보일까요? 그것은 진실로 우리 아버지가 그런 것이 아니라, 우리가 기도할 때 그런 심정을 느끼고 그런 체험을 합니다. 부르짖어도 하나님이 대답 없는 것 같이 느껴질 때도 많습니다. 그것은 하나님 보좌에 올라가는 공중에 권세 잡은 원수마귀가 이 불의한 재판관처럼 우리의 기도를 막고 있기 때문인 것입니다. 그 기도의 통로를 막고 있는 원수마귀와 우리가 대결해서 싸우기 위해서는 전투적인 태세를 가지고 나와야 되며 적극적이고 끈질기게 이 과부처럼 기도를 해야 된다고 성경은 말하고 있는 것입니다.

누가복음18장1절로 8절에 그렇게 기록하고 있습니다. 하물며 하나님께서 그 밤낮 부르짖는 택하신 자들의 원한을 풀어주지 않겠느냐 저희에게 오래 참으시겠느냐, 그러므로 하나님께 기도할 때 원한을 가지고 기도하라. 즉 마음속에 뜨거운 소원을 가지고 기도하라. 그리고 밤이나 낮이나 계속해서 부르짖어라. 그럴뿐아니라 불퇴전의 믿음을 가지고 뒤로 물러가지 않고 계속 외치라고 그렇게 말씀하고 계신 것입니다. 이러므로 우리가 하나님을 감사하고 찬양드릴 때는 그렇게 할 필요가 없지만은 무엇을 구하려고 할 때는 원수마귀가 적극적으로 우리를 훼방하는 것입니다.

우리의 기도를 결사적으로 막는 것입니다. 그러기 때문에 불의한 재판관에게 나와서 밤낮으로 부르짖는 이 과부와 같은 그런 결심으로 마음에 뜨거운 원한을 가지고서 소원을 가지고 주야로 하나님께 부르짖으며 불퇴전의 기도를 할 때 이 마귀의 진을 무너뜨리고 우리가 하나님 앞에 나올 수가 있는 것입니다. 거기에 대한 좋은 예가 성경에 많이 기록되어 있습니다.

**첫째, 여리고성을 무너뜨린 기도.** 우리가 보면 여호수아와 이스라엘 백성들이 애굽에서 나와서 가나안땅에 들어갈 때 여리고 평지에서 7일 동안 여리고 성을 둘러싸고 돈 것이 기록되어 있습니다. 이것은 우리의 기도에 대한 아주 적절한 좋은 예가 되는 것입니다. 여호수아는 그 백성들과 더불어서 첫째 날에 한번 돌고 둘째날, 셋째, 넷째, 다섯째, 여섯째날 동안 하루 한 바퀴씩 돌고, 일곱째 날은 일곱 바퀴, 그 성을 돌고 난 다음에 일제히 고함을 칠 때, 여리고 성이 무너져 내려왔습니다. 하나님께서는 하루 만에 여리고 성을 무너뜨릴 수가 있습니다. 그런데 하루 만에 무너뜨리지 않고 왜 7일 동안 여리고를 돌게 하고 7일째는 일곱 바퀴 돌게 하고 일제히 고함을 칠 때 여리고 성이 무너지게 했을까요? 인간의 숫자인 육은 미완성이요. 하나더한 칠은 완전한 나나님의 숫자이기 때문입니다. 왜냐하면 하나님께서는 우리의 기도를 응답하시기 전에 완전한 믿음을 가지고 기도하게 하기 위함입니다. 하나님은 깨닫게 하기 위하여 우리를 시험해 보시는 것입니다. 믿음이 진짠지 가짠 지를 인내를 통해서 증명이 될 수가 있는 것입니다. 야고보서 1장3절에 너희믿음의 시련이 인내를 만들어 내는 줄 너희가 앎이라고 말하고 있는 것입니다. 믿음은 시련을 당해서 인내가 살아있는 온전한 믿음이 되게 하는 것입니다. 그러기 때문에 우리가 하나님께 기도할 때 하나님께서는 여리고 성을 도는 것처럼, 우리가 인내를 가지고 진짜 믿음으로 하나님 앞에 나왔는지 나오지 않았는지를 시험해 보시는 것입니다.

이스라엘 백성이 여리고 성을 도는 장면을 우리는 상상해 볼 수가 있습니다. 아마 첫째날 그들이 여리고 성을 돌면서 그 철벽 성을 눈으로 보았을 것입니다. 야~ 이렇게 철벽 성이 무너질 수가 있는가? 그들은 진에 와서 그것을 생각하고 기도했을 것입니다. 눈에 보이는 것을 극복하지 못했더라면 이튿날 그들은 그만 낙심하고 돌지 않았을 것입니다. 그러나 그들은 진에 돌아와서 눈에 보이는 그 성벽에 대한 것을 기도하며 거기에 대한 불안과 공포를 극복했습니다. 이튿날 또 그들이 성을 돌 때 성에 있는 모든 여리고의 군대들과 경찰들과 그 백성들이 이스라엘 백성을 조롱하고 고함을 칩니다. 그들은 잘 먹고 잘 입고 무장을 잘 했습니다. 광야를 통해 온 이스라엘 백성들보다 훨씬 더 건강해 보이고 더 무장이 잘 돼 있고 더 튼튼해 보입니다.

그래서 그들의 조롱하는 소리와 천지를 진동하는 고함소리를 듣고 난 다음 이스라엘 백성이 진에 돌아와서 과연 저 성이 무너질 것인가? 저 성을 정복할 수 있을까? 그것을 생각하고, 또 기도하고 거기에 대한 염려와 근심을 그들은 극복을 해야 되었습니다. 그렇지 않았다면 사흘째는 돌지 않았을 것입니다. 그러나 또 일어나서 사흘째 그 성을 도는데 가만히 보니깐 분위기가 절대로 무너질 것 같지가 않습니다.

사흘째 돌고 와서 진에 와서 그들은 또 염려합니다. 전체적인 분위기를 볼 때 무너질 아무런 징조도 보이지 않은, 그래서 그들은 또다시 거기서 염려하고 근심하며 기도해서 그 분위기를 극복한 것입니다. 나흘째 돌 때는 또 그들에게 신한 의심이 다가왔습니다. 이렇게 돈다고 성이 무너진 전에 경험이 없는데 그런 전력이 없는데 이 성이 과연 무너질까? 그래서 그들은 정신적인 그 회오리바람을 또다시 기도하고 나흘째 극복해야만 되는 것입니다.

그러고 난 다음 닷새째는 또 돌면서 그들은 생각하기를 우리가 믿는 하나님은 모든 것이 너무나 비이성적인 것이 아닌가, 비과학적인 것이 아니가 어떻게 이런 튼튼한 성에 저절로 무너질 수가 있느냐 그래서 이성적인 공격을 당하고도 그들은 그것을 또 기도하고 또 극복해야만 하는 것입니다. 엿새째는 아무리해도 아무 느낌이나 징조가 없는데 이건 과연 우리가 헛수고하는 것이 아닌가, 지금까지 여섯 번째 도는 대도 아무 징조가 없지 않느냐 이거 헛수고 아니냐, 그런 마음에 불안과 공포가 있었을 것입니다. 그들을 또다시 진에 와서 기도하고 그것을 극복해야만 되는 것입니다. 이레 째 이제 도는데 그들은 끝까지 말씀을 믿어볼만한가 정말 눈엔 아무 증거 안보이고 귀에는 아무소리 안 들리고 손에는 잡히는 것 없는데 말씀만 믿고 돌아도 될 것인가, 그러한 마음의 회오리바람을 그들은 기도와 믿음으로 극복을 해야만 했을 것입니다. 그래서 마지막 7일 날 일곱 바퀴를 돌고 난 다음 그들은 믿음이 완성되었습니다. 모든 의심과 불안을 극복하고 마음 속에 깊은 평안의 믿음에 도달했을 때 그들의 고함소리는 천지를 진동하는 고함소리가 되었고, 그 믿음의 소리에 하나님께선 말씀하셨습니다. 네 믿음대로 될지어다. 히브리서10장38절에 보면 "오직 나의 의인은 믿음으로 말미암아 살리라 또한 뒤로 물러가면 내 마음이 저를 기뻐하지 아니하리라" 말씀한 것입니다.

히브리서11장1절로2절에 "믿음은 바라는 것들의 실상이요 보지 못하는 것들의 증거라고" 말한 것입니다. 이러므로 그들이 완전한 믿음에 도착할 때까지 하나님은 일주일 동안 여리고 성을 돌고, 그 모든 시련을 극복할 수 있는 그러한 시험을 해 보신 것입니다. 우리는 그러므로 어떠한 문제를 가지고 기도할지라도 하나님께서 시간을 두고 우리를 일곱 번 완전히 시험해 보십니다.

시험에 우리가 통과되어서 이제는 믿음에 완전히 서서 눈에 아무 증거 안보이고 귀에는 아무 소리 안 들리고 손엔 잡히는 것 없어도 단호히 믿고 나설 수 있는 그런 믿음의 자세까지 도달해야 되는 것입니다. 그 다음 또한 우리의 기도는 왜 7일 동안이나 걸리나 하면은 마귀의 배후 세력을 완전히 묶어버려야 되는 것입니다. 마태복음 18장 18절에 "진실로 너희에게 이르노니 무엇이든지 너희가 땅에서 매면 하늘에서도 매일 것이요, 무엇이든지 땅에서 풀면 하늘에서도 풀리리라"고 말한 것입니다. 이스라엘 백성이 여리고 성을 한 바퀴 돌 때 벌써 밧줄이 여리고 성을 묶은 것입니다. 두 바퀴 돌 때 벌써 두 번째 칭칭 감는 것입니다. 세 바퀴 돌 때 세 번 믿음으로 마귀의 진을 감은 것입니다. 네 바퀴 돌 때 네 번 칭칭 감았습니다. 다섯 바퀴 돌 때 다섯 번째 감았습니다. 여섯 바퀴 돌 때 여섯 번 감았습니다. 일곱 바퀴 돌 때 일곱 번째 감으면서 일곱 번을 다시 칭칭 감는데 여리고 성에 있는 사람들을 입만 떡 벌리고 아무 것도 모르고 있었습니다. 마지막 고함친 것은 칭칭 감은 그 믿음의 밧줄로 잡아당긴 것입니다.

땅에서 매면 하늘에서 매일 것이요. 땅에서 마귀를 완전히 대적해서 묶어서 고함치니 여리고 성이 무너져 버리고 마는 것입니다. 우리의 기도는 마귀하고 대적인 것입니다. 마귀는 끝까지 결사적으로 저항합니다. 거기에 대해서 우리는 끝까지 대적해야 됩니다. 일곱 번 도는 것은 완전히 대적하라. 절대로 물러가지 마라 한번 마귀하고 붙었으면 끝까지 대적하라. 그래서 완전히 마귀에게 대적하면 마귀는 마지막에 여리고 성 무너지듯이 무너져 버리고 마는 것입니다. 그뿐 아니라, 또한 우리가 일곱 번 기도하는 것은 완전히 하나님께 제물이 되는 것입니다. 온전하게 하나님의 형상으로 바뀌는 것입니다. 기도는 하나님께 제사 드리는 것입니다.

제물을 드리는 것입니다. 구약시대는 짐승을 잡아서 죽여서 피를 흘려 제사를 드렸지만은 우리들은 산 제물로 드려야 됩니다. 제물이란 죽어야 되는 것이기 때문에 자기 고집이 죽고 자기 중심이 죽고, 인본주의가 죽고, 불순종이 죽고, 완전히 하나님, 그 발 앞에 내 자신을 내어놓고 온전히 순종하는 것을 말하는 것입니다. 우리가 하나님께 응답 받는 기도를 받으려면 이처럼 하나님께 자기를 드려서 완전히 순종하는 그러한 삶에 들어가야만 되는 것입니다. 그렇지 않고서 자기중심으로 서서 고집대로 자기 마음대로 살면서 하나님께 응답을 받으려고 하는 것은 잘못된 것입니다. 이러므로 살든지 죽든지 흥하든지 망하든지 성하든지 쇠하든지 주님 뜻대로 하시옵소서, 나는 주의 것입니다. 온전한 순종이 있어야만 되는 것입니다.

그렇기 때문에 일곱 번 여리고를 돈다는 것은 완전한 믿음에 도달하고 완전히 하나님께 앞에서 마귀를 대적하고 완전히 자기를 산 제물로 드릴 때까지 하나님께서 기다리시는 것입니다. 이러한 과정이 지나가면 성이 무너집니다. 문제의 성이 무너집니다. 고통의 짐이 무너지는 것입니다. 생활고가 무너지는 것입니다. 마귀의 진이 훼파되는 것입니다. 거기에는 반드시 이와 같은 기도의 요건이 성립 되어야 되기 때문에 항상 기도하고 낙심하지 말라고 예수께서 말씀한 것입니다.

**둘째, 엘리야의 응답받는 기도.** 왕상18장에 보면은 3년 6개월 동안 이스라엘이 우상을 섬김으로 하나님이 진노하사 비를 내리지 않았습니다. 그때 엘리야가 아합 왕에게 도전장을 던졌습니다. 아합왕과 그 아내 이세벨이 데리고 온 바알의 선지자 450인, 아세라 선지자400인을 갈멜 산으로 모아와서 우리 시합하자. 불로 응답하는 신을 참 하나님으로 섬기자, 그래서 그들은 두 제단을 쌓고 송아지를 각을 떠 얹고 시험을 했는데 바알의 제사장들이 오정이 되도록 부르짖어 기도해도 불이 임하지 않았었습니다. 그러나 오후 소제 드릴 때 엘리야가 하나님 앞에 기도하매 하늘에서 불이 떨어져서 제물을 불태우셨습니다. 그래서 모든 이스라엘 백성이 거기에 엎드려서 "여호와 그는 참 하나님"이라고 고백을 했습니다. 여기에서 엘리야는 바알 선지자 450명을 잡아서 기손 시냇 가에 내려가 칼로써 그들 목을 다 쳐서 죽였습니다. 귀신들을 다 죽였어도 비는 오지 않았습니다. 귀신을 떠나보냈다고 우리의 문제가 해결이 안 되는 것입니다. 그리고 난 다음에 그는 갈멜산에 올라가서 3년 6개월 동안 안온 메마른 땅에 비가 오도록 기도를 했습니다. 그는 기도를 할 때 한 번한 것이 아닙니다. 한번 기도하고 자기의 종을 산꼭대기에 올라가서 징조가 보이냐고 하니까 안 보인다고 그랬습니다. 두 번째 기도하고 또 보냈습니다. 세 번째 기도하고 또 보냈습니다. 네 번째 기도하고 또 보냈습니다. 아무 징조가 없습니다. 다섯 번째 기도하고 또 보냈습니다. 아무 징조가 없습니다. 여섯째 기도하고 또 보냈습니다. 아무 징조가 없습니다. 일곱 번째 기도하고 보내니깐 저 바닷가에 손바닥만한 구름이 뜬 징조가 보증의 역사로 보인 것입니다.

이것이 엘리야의 결사적인 기도입니다. 성경에 보면 얼마나 그가 간절히 부르짖었던지 이 허리가 굽어져서 머리가 다리 사이로 들어가 버렸다고 말한 것입니다. 우리도 기도하면 너무나 간절히 기도하면 배가 그냥 딱 등에 붙어버립니다. 엘리야가 얼마나 고함 쳤던지 새우같이 오그라져 가지고서 머리가 다리 사이로 들어가 버리고 말았었습니다. 그는 기도할 때 한번 기도할 때 그의 맘속에 시험이 다가왔습니다. 가뭄으로 눈에 보이는 모든 것이 메말랐는데도 자네가 기도한다고 비가 오겠는가, 그러나 그것을 기도로써 그는 극복했습니다.

그 다음에 자기 종이 와서 아무 것도 안보입니다. 그러니깐 또 마음속에 의심이 들어옵니다. 햇빛이 불같이 내려 쬐이는데도 네가 믿겠는가, 그러나 그것을 또 극복하고 그는 부르짖고 종을 보냈는데 또 아무 것도 안 보인다고 하니깐 그 다음 맘속에 하늘이 놋같이 푸른데 너 그래도 믿어서 뭐가 되겠는가, 그러나 그것은 또 자기가 기도로써 그것을 극복하고 또 부르짖어 기도하고 종을 보냈는데 내려와서 또 아무 흔적도 없습니다. 그러자 그 마음속에 또 마귀의 시험이 다가왔습니다. 야 이 사람아 3년6개월 가뭄이 갑자기 해결되겠는가, 웃기는 소리하지 마라. 그러나 그것을 또 극복하고 그는 부르짖어 기도하고 종을 보냈는데 또 와서 아무 징조도 안 보인다고 말합니다. 그러니까 마음속에 또 마귀가 와서 속삭입니다. 기도로 비가 온다는 것은 비이성적인 것이 아닌가, 기도로서 무슨 비가 오는가, 그러나 그것을 또 극복하고 그는 하나님께 부르짖었습니다. 그리고 종에게 보냈더니 종이 와서 아무 것도 안 보인다고 그럽니다. 그러니까 마귀가 와서 또 속삭입니다. 전에도 그런 경험이 없는데 네가 요사이 기도한다고 갑자기 그런 일이 일어나겠는가 웃기는 소리하지 마라. 그러나 그는 그것을 또 기도로서 극복을 했었습니다. 종을 위에 보냈었습니다. 그러나 그가 또 아무 것도 안 보인다고 그럽니다. 그래서 일곱 번째 그는 기도하는데 마귀는 웃습니다. 아무 징조도 없을 꺼야. 너 기도해도 아무 징조도 없을 꺼야. 그러나 엘리야는 그 모든 마귀의 비웃음과 그 모든 마음의 의심을 극복하고 일곱 번째 기도하고 종을 보내니깐 종이 저 바다 끝에 손바닥만한 구름이 떠올랐다고 말한 것입니다. 비가 온다는 보증의 역사가 나타난 것입니다. 그것을 보자 엘리야는 뛸 듯이 기뻤습니다. 그는 말하기를 아합에게 말하기를 빨리 먹고 마시고 병거를 타고 이스르엘로 빨리 들어가십시오. 큰비의 소리가 들린다고 말한 것입니다. 그러자 즉시로 손바닥만한 구름장은 온 하늘을 덮는 먹장구름이 되고 그리고 3년 6개월 만에 하늘에서 폭우가 쏟아졌습니다.

이러므로 그는 온전한 믿음에 도달할 때까지 마음에 조그마한 의심도 없을 때까지 기도를 계속해서 그 모든 것을 극복하고 마음에 완전한 믿음이 점령할 때까지 뒤로 물러가지 않았었습니다. 하나님은 일곱 번 시험했습니다. 일곱 번이라는 것은 완전한 믿음이 들어올 때까지 하나님께서는 시험해 보는 것입니다. 쉽게 뒤로 물러가면 안 됩니다. 그는 기도할 때 바로 비를 막고 있는 공중에 권세 잡은 원수마귀와 대결한 것입니다. 그의 기도가 상달하려고 할 때 원수마귀가 막습니다. 다니엘이 자기 조국을 위해서 얼레강가에 가서 기도할 때 하루를 기도해도 응답 없습니다. 열흘을 기도해도 응답이 없습니다. 같이 기도하던 사람들은 낙심해서 다 뒤로 나가 떨어졌습니다. 다니엘 혼자 남았습니다. 그는 열하루, 열이틀, 열사흘, 열나흘, 열닷새, 열엿새, 열이레, 열여드레, 열아흐레, 스무날, 금식하면서 그는 버팁니다. 끝까지 버팁니다. 마지막 21일째 되자 하늘의 천사가 나타나서 "하나님의 지극히 사랑 받은 다니엘아 너의 기도가 하늘에 첫날 상달되었으나 내가 응답을 가지고 내려오는데 하늘에 바사 나라를 다스리는 원수마귀가 나를 대적했었음으로 스무하루동안 대치해 있다가 군장 미가엘이 와서 나를 도우므로 오늘 네게 응답을 가지고 왔다"고 말하는 것입니다. 이 사실은 우리의 기도가 하늘에서 원수마귀에 의해서 대적되고 있다는 사실을 알아야 되는 것입니다. 그러기 때문에 우리는 끝까지 대적해야만 하는 것입니다. 끝까지 일곱 번 기도하라. 완전히 끝까지 물러가지 말고 마귀와 대적을 하고 대결을 하는 것입니다. 그래야 마귀의 진이 무너지고 하나님의 응답이 다가오는 것입니다. 그뿐 아니라 여기에서도 역시 기도 드리는 자는 온전한 순종으로 나가야 되는 것입니다. 하나님께서 아브라함에게 산제사를 요구했습니다. 하나님께서는 100살에 낳은 아들이삭을 모리야 산에 와서 제물로 드리라고 했었습니다. 그것은 그 아들을 제물로 드린다는 것보다도 여기에 전적으로 순종하는 아브라함 그 자신을 제물로 드린 것과 한가지인 것입니다.

100살에 낳은 아들을 잡아서 각을 떠서 장작 위에 펼쳐 놓고 불을 붙여서 제물로 드리라고 할 때 두말하지 않고 순종해서 그 아들을 사흘 길을 걸어 데려 가서 모리아 산에 올라가 장작 위에 잡아서 드리려고 칼을 들 때는 아들을 잡는 것이 아니라 자기를 잡는 것입니다. 자기를 온전히 순종하지 않고는 절대로 그렇게 할 수가 없습니다.

바로 그와 같은 순종의 제사를 하나님은 원하는 것입니다. 그 순종의 제사를 드릴 때 하나님 감동하십니다. 아브라함에게 내가 네게 복 주고 복 주며 너를 번창하고 번창케 하리라고 말씀하신 것입니다. 이처럼 우리의 기도는 우리가 완전히 산 제물이 될 때까지 하나님께서 기다리는 것입니다. 완전한 믿음, 원수마귀에 대한 완전한 대적, 그리고 완전한 산 제물이 될 때 하나님께서는 기꺼이 우리의 기도를 응답하여 주시는 것입니다.

**셋째, 나아만의 문둥병을 치유한 기도**. 우리는 나아만 장군의 문둥병과 요단강에서의 일곱 번 목욕한 사실을 살펴봐야 됩니다. 여기도 또한 일곱 번입니다. 7 수라는 것은 완전한 숫잡니다. 완전히 하나님께 믿고 완전히 마귀를 대적하고 완전히 순종의 제물이 되길 하나님 기다리시는 것입니다. 이와 같은 조건이 구비될 때 하나님의 응답이 우리에게 임하는 것입니다. 잘 아시다시피 시리아의 대 장군 나아만은 그 시리아의 임금을 위해서 여러 전투에서 승리하고 시리아를 구제했으므로 국가적인 영웅이었습니다. 그러나 그는 문둥병환자였습니다. 그러므로 세상 적으로 명예와 지위와 권세가 있었지만은 속으로 그는 죽어가고 있었습니다. 문둥병환자였습니다. 이는 마치 이 세상사람 같습니다. 21세기에 사는 사람들이 옛날보다 잘 먹고, 잘 입고, 잘 살고, 과학이 발달되고, 영화롭게 산다고 하지만은 그 속은 다 문둥병이 걸린 것입니다. 죄악은 문둥병입니다. 하나님을 대적하는 문둥병이 그들을 먹어 들어가고 있는 것입니다. 그리고 순식간에 70이 아니면 80세가 되기 전에 사람들은 그 문둥병에 모두다 썩어 들어가서 영원한 지옥으로 떨어지고 마는 것입니다. 예수그리스도 앞에 들어오기 전엔 그 문둥병이 낫지 않습니다. 예수님만이 우리 죄악을 십자가에 대신 걸머지고 몸 찢고 피를 흘려 죽으시고 이를 극복했기 때문에 예수를 믿음이 영적인 문둥병인 죄를 다 사해버리고, 그리고 문둥이들이 가는 지옥에 가지 아니하고 구원받은 사람들이 가는 천국으로 들어갈 수 있게 되는 것입니다. 그런데 이 나아만 장군은 이스라엘 중에서 포로로 잡은 소녀가 집에서 자기 부인을 도와서 집안일을 보고 있는데 그 소녀가 그걸 보고 깨달은 것이 있어서 우리 주인이 이스라엘에 가서 선지자 엘리사 앞에 서면 문둥병이 나을 것이라고 말했습니다. 이 말을 듣고 물에 빠진 사람이 지푸라기도 잡는 심정으로 그는 왕에게 이야기해서 이스라엘로 갔습니다. 이스라엘 왕에게 시리아 왕이 글을 썼습니다. 내 종이 당신 나라에 가거들랑 문둥병을 고쳐 주소서 이스라엘 왕이 이 편지를 받자 자기 옷을 찢었습니다. 이것은 시리아 왕이 나에게 조건을 걸어서 전쟁을 하려고 하는 것이다. 내가 하나님이냐 문둥병을 고치게 그러자 그 말을 들은 엘리사가 그 사람을 우리 집으로 보내소서.

그래서 이 나아만 장군이 위세 당당하게 장군의 옷을 입고 수많은 병사를 거느리고 보무도 당당하게 엘리사의 집에 가니 조그마한 초라한 초가집에 엘리사가 사는데 대문 앞에 엘리사도 나오지 않고, 그 종 게아시가 나와서 허리를 굽혀서 굽신하고 하는 말이 우리 주인은 지금 바빠서 당신 만날 여가가 없으니깐 저 요단강에 가서 일곱 번 목욕하면 나을 겁니다.

그리고 돌아가시오. 이 말에 나아만 장군은 노발대발했습니다. 내가 그래도 시리아의 대장군인데 모처럼 이렇게 먼 길을 찾아왔는데 아 엘리사가 나와서 거룩한 물을 뿌리고 그리고 손을 흔들어서 안수해서 고쳐줘야지 뭐 나를 보고 저 요단강에 가서 일곱 번 목욕하라고? 우리나라에 아바다 강이나 바르바르 강물이 얼마나 맑고 좋으냐. 물에 목욕해서 나을 바에야 거기서 목욕하는게 낫지 여기에 흙탕물인 요단강에 가서 내가 흙탕물을 일으키면서 목욕하라고? 웃기는 소리하네. 나는 간다. 가만 안 두겠다. 그래서 분개하여 돌아서자 그의 군사들이 와서 아버지여! 아버지여! 이보다 더 어려운 일이라도 할 것인데 요단강에 일곱 번 목욕하라는데 그것 못할 것이 어디 있습니까? 제발 좀 하세요. 하도 간청하기 때문에 그 간청을 듣고서 그는 장군의 옷을 입고 그리고 투구를 쓰고 요단강 물에 들어가게 된 것입니다. 여기에서 그가 이제 일곱 번 목욕하는 것은 하나님 앞에 믿음이 완전한지 시험 당하는 것입니다. 완전히 원수마귀를 대적하는지 시험해 보시는 것입니다. 완전한 순종을 하는지 시험해 보는 것입니다. 참으로 어려운 시험이었습니다. 그러나 그는 그의 모든 군사들이 보는 가운데서 요단강 물에 들어갔습니다. 요단강 물은 아바라나 바르바르강 처럼 맑지 않습니다. 그리고 들어가니까 밑에 진흙이 발에 잡혀서 흙탕물이 되었었습니다. 그는 한번 풍덩 들어갔다가 나와 보니깐 여전히 문둥병이거든요. 그러니 마음속에 야 너 창피 당하고 말았다. 너 우스꽝스럽게 되었다. 그렇게 낫느냐? 그래도 그는 믿습니다. 하고 두 번째 풍당 들어갔다 나오니까 여전히 문둥병이 곪아터지고 아픈 것은 여전합니다. 야! 너 이거 괜한 짓하고 있지 않느냐? 그러나 믿습니다. 하고 세 번째 또 풍당 들어갔다 나와 보니까 여전히 문둥이로 일그러진 그대롭니다. 야! 너 여전히 문둥병 환자 아니냐? 이런다고 뭐가 되겠는가? 그러나 그는 말했습니다. 아니야. 믿습니다. 네 번째 풍당 들어갔다 나왔는데 아~ 흙탕물에 들어갔다가 나온다고 나을 것이 뭔가 이렇게 물에 목욕할 바에야 다메섹강, 아바라나 바르바르강에서 목욕하는 것이 낫지 않느냐? 그런 마음이 들어왔습니다. 울상이 되었습니다. 그러나 군사들은 모두다 합장을 하고 계속하라고 자꾸 말하고 있는 것입니다. 다섯 번째 풍당 들어갔다가 나왔는데 이거 완전 꼬락서니가 말이 아닙니다. 물에 빠진 쥐새끼처럼 되고 만 것입니다. 흙탕물을 쭈루루루 흘리고 대장군이 이제 말이 아닙니다. 이제 이거 엘리사 말을 듣다가 사람 완전히 버린 사람 되지 않느냐 그런 맘이 생겼습니다. 그럼에도 불구하고 그는 믿습니다. 하고 여섯 번째 풍당 들어갔다 나왔는데 낫지도 않았습니다. 이런 비과학적이고 비이성적인 일을 내 계속하다가 사람 영 이제 망하지 않느냐 그런 생각이 났습니다.

그러나 그것을 극복하고 그는 죽을 기를 쓰고 일곱 번째 풍당 들어갈 때 마음속에 이래도 엘리사의 말을 믿느냐? 믿습니다. 기를 쓰고 풍당 들어갔다가 나와서 보니 순식간에 그의 몸이 어린 아이 몸같이 변하고 문둥병은 온데간데없이 사라져 버리고 말았던 것입니다. 기적이 일어난 것입니다.

그가 일곱 번 물에 들어갔다 나온다는 것은 여간한 믿음의 시련과 투쟁이 아니었었습니다. 그러나 그는 완전히 믿었었습니다. 그 완전히 믿음에 대해서 하나님이 응답한 것입니다. 그뿐 아니라 일곱 번 들어갔다 나오매 그는 완전히 마귀와의 싸움에서 이긴 것입니다. 병이란 것은 사고로 다친 것이나 장애자가 아닌 이상 일반적이 아닌 병은 그 배후에 귀신이 역사하고 있을 수가 있습니다. 이거 뭐 다쳐서 병들거나 장애자로 태어난 것은 그건 병이라고 할 수 없습니다. 불구입니다. 그러나 그렇지 않고 다가오는 병은 마귀가 배후에 있을 수가 있는 것입니다. 사도행전 10장 38절에 "하나님께서 나사렛 예수에게 성령과 능력을 기름 붓듯 하셨으매 저가 두루 다니시며 선한 일을 행하시고 마귀에게 눌린 모든 자를 고치셨다고" 말한 것입니다. 예수님이 고친 모든 병은 마귀에게 눌렸었던 병을 주님께서 다 고치신 것입니다. 그러므로 기도는 마귀와의 씨름인 것을 알아야 됩니다. 에베소서 6장 10절로 12절에 "종말로 너희가 주안에서와 그 힘의 능력으로 강건하여지고 마귀의 궤계를 능히 대적하기 위하여 하나님의 전신갑주를 입으라. 우리의 씨름은 혈과 육에 대한 것이 아니요. 통치자와 권세와 이 어두움의 세상주관자들과 하늘에 있는 악의 영들에게 대함이라" 그러므로 우리의 기도는 마귀와의 씨름입니다. 메치고 넘어지고 안다리를 걸고, 바깥다리 걸고 허리 치기하고 마귀와의 레슬링입니다. 그 레슬링에 중간에 포기하면 안 됩니다. 마귀는 결사적으로 저항하지만은 우리는 완전한 대항을 해야 되는 것입니다. 원수마귀에 대해서 완전하게 나사렛 예수 이름으로 명하노니 너희 원수귀신아 너는 이미 십자가에서 무장해제 되었다. 물러갈지어다. 마귀에 대해서 일곱 번 끝까지 마귀가 물러갈 때까지 대적해야 되는 것입니다. 우리의 불퇴전의 기도는 마귀를 번거롭게 합니다. 견디고 견디다가 마귀는 떠나가는 것입니다.

# 16장 하나님의 권세가 나타나는 기도

(출애굽기 17:8-13)"그 때에 아말렉이 와서 이스라엘과 르비딤에서 싸우니라. 모세가 여호수아에게 이르되 우리를 위하여 사람들을 택하여 나가서 아말렉과 싸우라 내일 내가 하나님의 지팡이를 손에 잡고 산 꼭대기에 서리라. 여호수아가 모세의 말대로 행하여 아말렉과 싸우고 모세와 아론과 훌은 산 꼭대기에 올라가서, 모세가 손을 들면 이스라엘이 이기고 손을 내리면 아말렉이 이기더니 모세의 팔이 피곤하매 그들이 돌을 가져다가 모세의 아래에 놓아 그가 그 위에 앉게 하고 아론과 훌이 한 사람은 이쪽에서, 한 사람은 저쪽에서 모세의 손을 붙들어 올렸더니 그 손이 해가 지도록 내려오지 아니한지라. 여호수아가 칼날로 아말렉과 그 백성을 쳐서 무찌르니라"

성령 안에서 성령으로 기도할 때 성령으로 충만하게 됩니다. 성도가 성령으로 기도하여 성령 충만한 상태가 되면 성도에게서 하나님의 5차원의 권세가 나타나는 것입니다. 지금 성령하나님은 예수를 믿고 성령으로 거듭난 성도의 마음 안에 주인으로 계십니다. 그러므로 하나님의 권세는 자신 안 성령하나님으로부터 나오는 것입니다. 파란 하늘에서 권세가 내려오는 것도 아니고, 능력있다고 자랑하는 목사님에게서 나오는 것도 아닙니다. 그러니까 무조건 기도한다고 하나님의 권세가 나타나는 것이 아닙니다. 하나님의 권세가 나타나는 영적인 원리를 바르게 알고 기도해야 합니다.

언제나 좋은 일이 있고 난 다음에는 마귀의 공격이 생깁니다. 그렇기 때문에 옛말에도 전쟁에 이기고 난 다음 투구를 벗지 말라는 말이 있습니다. 이스라엘 백성이 르비딤에 와서 물이 없어 애가 탔습니다. 그럴 때 하나님께서 모세에게 명령하사 이스라엘 백성 앞에서 호렙 산 바위를 쳐서 물이 나오게 하셨습니다. 바위가 물을 토해냈습니다. 그 위대한 기적 앞에서 이스라엘 백성들은 목마름만 충족했을 뿐 아니라 살아 계신 하나님께서 그들하고 같이 계신다는 것을 체험하고 큰 감격을 느끼게 되었습니다. 그래서 주안에서 기뻐하는 그 시점에 아말렉이 이스라엘을 습격해 왔습니다.

아말렉은 무장이 잘 되고 훈련이 잘 되고 또 잘 먹은 그런 장사들이 일시에 쳐들어왔는데 이스라엘은 광야를 여행하면서 훈련도 잘 되지 않고 영양도 충분하지 않고 사기도 떨어져있는 그런 상황에서 아말렉을 대적하여 생존을 위한 투쟁을 할 수밖에 없는 그런 위기에 처하게 되었습니다. 그런 때 모세가 여호수아에게 말하기를 너는 군대를 동원하여 아말렉을 대적하고 싸우라. 내일 내가 언덕에 올라가서 지팡이를 들고 하늘의 하나님께 기도를 드리겠다고 말했습니다.

그래서 여호수아가 군대를 데리고 출전을 했습니다. 아말렉과 함께 대결해서 싸우는데 너무나 힘이 들었습니다. 아말렉은 상상

이외로 강하고 무장이 잘 되어 있어서 그들을 대적해서 싸우는 것은 힘겹고 밀리고 또 밀리며, 이러다가는 이스라엘의 존폐가 달린 위기에 처한다고 여호수아는 생각을 했습니다. 그런데 갑자기 이스라엘에게 생기가 돌고 큰 힘이 하늘에서 쏟아집니다. 모든 이스라엘 장정들마다 순식간에 용장들이 되고 눈에 빛이 나고 온몸에 생기가 돌고 활기차고 그들이 휘두르는 칼날은 용맹스럽고 힘이 있었습니다. 순식간에 아말렉은 이스라엘에게 쫓기고 쫓기어 밀리고 밀리며 순식간에 파멸될 것 같았습니다.

그러더니 또 그 다음에 이스라엘이 그만 기운이 쫙 빠져 버리고 말았습니다. 그만 그들의 발걸음이 무거워지고 손에 든 칼이 천근같이 무겁고 심장이 뛰고 눈이 캄캄해지고 기운이 쭉 빠져 버렸습니다. 아말렉은 다시 일어나서 이스라엘을 밀어 제치는데 이스라엘이 밀리고 밀려 잘못하다가는 아말렉에게 전군이 도륙 당할 위기에 처해있습니다. 그런데 또 갑자기 하늘에서 힘이 내려오기 시작하는 것입니다. 갑자기 또 발걸음이 가벼워지고 온몸에 힘이솟고 근육이 쇳 덩어리처럼 되고 휘두르는 칼날이 힘이 있게 되고 눈에 빛이 나고 용감해 져서 또다시 아말렉을 밀기 시작하는 것입니다.

아말렉을 파죽지세로 밀어 제칩니다. 아말렉은 싸우다가 안 되어서 도망을 칩니다. 그래서 계속해서 큰 힘이 여호수아와 그 군대에게 주어지매 해질 무렵에 아말렉을 칼날로 완전히 도말하고 이스라엘을 위기에서 구출하고 그들은 승리의 찬양을 부르며 기쁨이 충만해서 너무 당당하게 진으로 돌아 왔습니다. 그리고 난 다음 모세에게 여호수아가 보고를 합니다. 우리가 나가서 처음 싸울 때 너무나 힘에 겨워서 몸부림을 치고 애를 썼는데 갑자기 우리 전군이 힘을 얻고 가벼워지고 온 팔이 무쇠덩어리 같이 되고 능력이 있어 아말렉을 치다가 또다시 그 힘이 빠져서 우리가 일대 일로 졌으나 그 다음에는 어쩐 일인지 계속 힘이 쏟아져서 우리가 아말렉을 쳐서 멸하고 승리하고 왔습니다.

그 말을 듣고 모세가 그 시간을 비교해서 알아보니 모세가 지팡이를 들고 기도를 할 동안에는 하나님의 능력이 임하여 아말렉을 쳐서 이겼는데 팔이 아프고 지쳐서 팔을 내리자 이스라엘 백성의 힘은 사라지고 아말렉이 재차 밀어붙였는데 그 다음 아론과 훌이 모세를 돌을 가지고 와서 앉히고 양팔을 양쪽에서 들어 올려서 계속 해질 때까지 손을 들어 기도하게 만들자 하나님의 능력이 계속 임하여서 아말렉을 쳐서 물리친 것을 알 수 있게 된 것입니다. 전쟁에 이기느냐 지느냐 밀리느냐 미느냐가 바로 그 전쟁터에 있는 것이 아니요. 그 전쟁의 배후에 숨어서 하늘을 향하여 부르짖는 기도하는 그 기도가 바로 승패의 가름이 되는 것을 그들은 알게 된 것입니다.

하나님께서는 우리를 위해서 직접 싸우시는 하나님이시지마는 우리가 기도해야 그 기도를 통해서 하나님이 역사해 주시는 것입니다. 오늘날 이 모세와 여호수아가 아말렉을 대적해서 싸운 이야기는 우리에게 대단히 큰 교훈을 허락해 주고 있는 것입니다. 왜냐하면 우리가 오늘 하루하루 살아가는 것은 하루하루 생존문제의 전쟁터에서 몸부림치는 것입니다. 우리의 전쟁터는 바로 생존경쟁의 이 사회인 것입니다. 그런데 오늘날 우리가 이 세상에 나가서 생존을 유지하고, 그리고 천국까지 갈려고 하는데 우리가 우리 앞에 가로막은 아말렉 군대가 있습니다. 그 아말렉은 오늘날 죄요. 거룩하지 못한 삶이요. 미워하는 마음이요. 마귀요. 병이요. 저주요. 가난이요. 공포요. 절망이요. 죽음이요. 시련과 환란이요. 이런 아말렉들이 우리에게 거듭 거듭 침공해 들어오는 것입니다.

수많은 사람들이 이 아말렉과 싸우기 위해서 인간의 혈과 육의 힘을 의지하고, 인간의 지혜와 총명을 의지해서 싸우고 싸우나 사람들은 이 아말렉에게 밀리면서 상처투성이가 되고 피투성이가 돼서 싸우고 있습니다. 그들은 죄에 대해서 지고, 거룩하지 못한 삶에 묶이고, 미움에 짓밟히고, 마귀의 포로가 되고, 병들고, 저주받고, 가난하고, 공포와 절망에 가슴 두근거리면서 살아가고 있는 것입니다. 이 아말렉을 어떻게 이기고 우리는 천국까지 갈 수 있을까요?

아말렉과 싸울 때 모세는 언덕 위에 올라갔었습니다. 언덕은 상징적으로 높은데 있으니까 하나님께로 가까이 나갔다는 것입니다. 모세는 하나님께 가까이 나가서 하나님 앞에서 기도를 드렸던 것입니다. 오늘날 하나님께서는 우리 안에 주인으로 계시므로 내 안에 계신 하나님을 찾고 나갈 때, 우리와 같이 하십니다. 시편 121:1-2에 보면 "내가 산을 향하여 눈을 들리라 나의 도움이 어디서 올고 나의 도움이 천지를 지으신 여호와에게서로다." 할렐루야! 우리의 도움이 전쟁터에서 오는 것이 아니라, 내안에 주인으로 계시는 하나님께로 오는 것입니다. 그러므로 오늘 하나님께 가까이 나아가기 위해서 모세가 언덕 위에 올라간 것은 우리가 하나님을 가까이 하기 위해서, 내 안에 계신 마음 안에 성전(성도의 몸인 교회)에 나가는 것과 같은 것입니다. 또 그리스도의 몸 된 교회에 나와서 우리가 두 세 사람이 모이면 그 곳에 주님이 함께 계신 것입니다. 너희 두 세 사람이 내 이름으로 모인 곳에는 나도 너희와 함께 있겠노라고 말했습니다.

또한 예수님께서는 마태복음 21:13 저희에게 이르시되 기록된바 내 집은 기도하는 집이라 일컬음을 받으리라 말씀하셨습니다. 심령 교회와 그리스도의 몸 된 교회에 나와서 만민들이 기도하면 하나님께서 응답해 주실 것을 말씀하고 있는 것입니다. 그러므로 우리는 우리가 아말렉과 생존경쟁에서 싸워 이기기 위해서 심령 교회와 그리스도의 몸 된 교회에 나와서 하나님께 부르짖어 기도해야 되는 것입니다. 모세가 아론과 훌과 더불어서 전쟁에서 싸우는 여호수아를 위해서 기도한 것처럼, 오늘 교회의 성직자나 재직들이 바로 모세와 아론의 입장에 있는 것입니다. 오늘 주의 종들과 교회 재직들은 끊임없이 교회를 위해서 성도들을 위해서 간절히 기도할 때 그 성도들이 생존경쟁에서 이겨 나오게 되는 것입니다.

그렇기 때문에 기도하는 교회, 하나님께 늘 부르짖는 교회, 성도들을 위해서 간구하는 주의 종과 재직들이 있는 교회는 성도들이 세상 생존경쟁에 나가서 승리하고 영혼이 잘 됨 같이 범사에 잘 되며 강건하고 생명을 얻되 넘치게 얻습니다.

그러나 기도가 없는 교회, 주의 종도 기도하지 않고 재직들도 기도하지 않고 기도가 죽은 교회 성도들은 모두다 세상에 나와서 피투성이가 됩니다. 아말렉과 전쟁에 나와 싸우되 상처투성이가 되고 피투성이가 되고 이기지 못하고 패배하고 낭패와 실망을 얻게 되는 것입니다. 바로 마음 안의 교회와 그리스도의 몸 된 교회는 모세와 아론과 훌이 올라간 언덕과 같은 것입니다. 그곳에서는 바로 전쟁에서 싸우는 여호수아와 백성들을 위해서 기도하는 처소인 것입니다. 이러므로 마음 안의 교회와 그리스도의 몸 된 교회는 주의 종과 재직들이 모여서 마땅히 성도들을 위해서 간절히, 간절히 쉬지 않고 기도해야 되는 것입니다.

그 기도가 큰 힘이 됩니다. 그 기도를 통해서 하나님께서 하늘 문을 여시고 지혜를 주시고 총명을 주시고 능력을 주시고 권세를 주시고 힘을 주셔서 이 세상에 나가서 원수 마귀와 싸워서 이기고 승리하며 죄악을 이기고 거룩하지 못한 삶을 청산하고 미움을 이기며 마귀와 병과 저주와 가난과 공포와 절망과 죽음을 다 짓밟아 버리고 승리의 개가를 부르는 삶을 이어나갈 수 있게 만들어 주는 것입니다. 그러므로 교회의 성직자와 재직들은 교인을 위해서 마땅히 기도할 것이요. 또, 성도들은 각자가 바로 기도를 해야 되는 것입니다. 성도들이 교회 와서 기도 할 때는 모세의 위치에서 있고 세상에 나가서 생존경쟁에서 싸울 때는 여호수아의 입장에 서게 되는 것입니다.

주일날 교회 와서 기도할 때는 바로 당신이 모세요. 월요일부터 토요일까지 세상에 나가서 생존경쟁에서 싸울 때는 당신이 여호수아인 것입니다. 그러므로 모세의 위치에 서서 교회 나와서 하나님께 간절히 하나님의 도움을 간구해야 될 것이요. 여호수아의 위치에 또 서서 세상에 나가서 마귀와 세상의 시험과 환란을 대비하여 싸워서 이겨야 될 것인 것입니다. 이러므로 주일이 바로 산언덕입니다. 모세가 산언덕에 올라간 것처럼, 주일 교회예배당에 찾아오는 것은 하나님 가까이 찾아오기 위해서 나오는 것입니다. 교회예배당에서 기도할 때 하나님이 응답하여 주시는 것입니다. 그리고 또, 매일 매일 아침 새벽기도예배는 바로 그 날 하루의 산언덕입니다. 그 날 아침에 주님께 가까이 나와서 우리 주님께 부르짖으면 그 날 하루 종일 전쟁터에 나가서 생존경쟁의 투쟁을 할 때 승리하게 하나님께서 힘을 허락하여 주시는 것입니다. 그래서 주일이 참으로 중요합니다. 또 무시로 기도하는 것은 자신 안 하나님의 보좌 연결하여 하늘의 권세를 받는 것입니다.

이러므로 생존경쟁의 승패는 인간의 능력에 있지 않고 당신이 기도해서 하나님이 도와주심에 있다는 것을 알게 되시기를 바랍니다. 주님께서 문을 열어 놓으시면 닫을 자가 없고 주님께서 문을 닫아 놓으시면 열 자가 없습니다. 주님께서 높이면 낮추지 못하고 주님께서 낮추면 높일 자도 없습니다. 우리 하나님께서는 용사요. 우리를 위해서 싸우는 전쟁에 능하신 하나님이신 것입니다. 그러나 우리 하나님은 우리가 기도하지 아니하면 결코 우리와 같이 싸우지 않으십니다. 기도가 하나님이 우리를 위해서 싸울 수 있는 그 길을 열어 주신다는 것을 우리가 알아야 되는 것입니다. 시편 50:15에 "환란 날에 나를 부르라 내가 너를 건지리니

네가 나를 영화롭게 하리라"고 말한 것입니다. 예레미야서 33:3
에 "너는 내게 부르짖으라. 내가 네게 응답하겠고 네가 알지 못
하는 크고 은밀한 일을 네게 보여 주리라"고 말씀하셨습니다. 빌
립보서 4:6-7에 "아무 것도 염려하지 말고 오직 모든 일에 기도
와 간구로 너희 구할 것을 감사함으로 하나님께 아뢰라 그리하면
모든 지각에 뛰어난 하나님의 평강이 그리스도 예수 안에서 너희
마음과 생각을 지키시리라"고 말씀하고 있는 것입니다.

이러므로 우리가 기도 할 때 하나님께서는 그 기도를 통해서
우리 상상을 초월한 위대한 승리를 갖다 주는 것입니다. 우리가
기도할 때 공중에 권세 잡은 모든 원수 마귀를 하나님이 묶어 버
리시고 그들의 세력을 멸하시고 우리를 훼방하는 자를 다 없애시
고 하나님의 성령을 공급하사 성령의 능력에 의지해서 살도록 주
님께서 만들어 주시는 것입니다. 그러면 우리가 기도할 때 기도
의 지팡이는 무엇일까요? 모세는 기도할 때 지팡이를 들고 기도
했습니다. 빈손 들고 기도하지 않았습니다. 그러면 우리가 기도
할 때 우리의 손에 무슨 지팡이를 들고 기도해야 되겠습니까?

**첫째, 보혈의 지팡이를 들어야만 되는 것이다.** 성도는 예수 믿
을 때 죄인은 죽고, 다시 예수님으로 태어난 것입니다. 예수 그리
스도께서 십자가에서 우리를 모든 죄와 마귀와 슬픔과 고통과 절
망에서 건져주는 거대한 이유가 되는 것입니다. 그 피가 맘속에 큰
증거가 됩니다. 우리의 승리의 증거는 바로 예수 그리스도의 보혈
인 것입니다. 계시록 1:5-6에 보면 우리를 사랑하사 그의 피로 우

리 죄에서 우리를 해방하시고 그 아버지 하나님을 위하여 우리를 나라와 제사장으로 삼으신 그에게 영광과 능력이 세세토록 있기를 원하노라고 말하고 있는 것입니다. 예수 그리스도의 보혈로 말미암아 우리는 하나님의 나라가 되고 그리고, 우리는 하나님의 제사장이 되어서 하나님께 거룩한 기도의 제사를 드리고 하나님의 응답을 받을 수 있는 처지에 들어가게 되는 것입니다. 이러므로 예수님의 피를 의지하지 않고 기도하는 것은 아무 효과가 없습니다.

우리가 하나님께 엎드려 기도할 때 제일 먼저 기도할 기도의 지팡이는 예수의 보혈입니다. 주님 예수 그리스도의 보혈을 의지하고 나왔습니다. 그 피로 말미암아 우리 죄가 용서함 받고 의롭게 되고 구원함 받았습니다. 그 피로 인하여 하나님과 화해되고 성령이 우리에게 와서 우리를 세속에서 분리시켜 주십니다. 그 피로 인하여 우리가 마귀를 이기고 모든 질병에서 치료함 받았습니다. 우리는 그 피로 인하여 하나님 아버지여, 저주에서 해방되고 낭패와 실망과 가난에서 해방되었습니다. 주의 보혈로 말미암아 사망과 음부에서 건져냄을 받고 영생과 천국을 얻게 되었사오니 아버지여 우리는 이 피의 지팡이를 의지하고 오늘 전쟁터에 나갑니다. 보혈의 능력으로 승리를 주옵소서. 이와 같이 피를 의지하고 나가야지 보혈의 지팡이를 의지하지 않고 나가면 소용이 없습니다. 모세가 지팡이 없이 맨손 들고 기도해 봤자 소용이 없습니다. 그 지팡이가 바로 하나님께서 같이 한다는 증거가 된 것처럼 보혈의 지팡이를 우리가 의지하고 나가면 그 보혈의 지팡이를 통해서 하나님이 우리와 같이 계시는 것입니다.

**둘째, 말씀의 지팡이를 가지고 나가야 되는 것이다.** 바로 하나님의 말씀은 원수의 염통을 찌르는 칼입니다. 또, 하나님의 말씀은 바로 우리에게 주는 믿음의 근거가 되는 것입니다. 에베소서 6:17에 보면 성령의 검 곧 하나님의 말씀을 가지라고 말하는 것입니다. 우리가 하나님의 약속의 말씀을 가지고 기도한다는 것은 바로 성령의 검을 가지고 기도하는 것입니다. 그 검에 원수 마귀는 찔려서 한길로 왔다가 일곱 길로 도망하는 것입니다. 히브리서 4:12에 보면 하나님의 말씀은 살았고 운동력이 있어 좌우에 날선 어떤 검보다도 예리하여 혼과 영과 및 관절과 골수를 찔러 쪼갠다고 말씀한 것입니다. 하나님의 말씀은 이러므로 살아 있는 힘이 있습니다. 하나님의 약속의 말씀을 우리가 읽고 우리가 말씀을 듣고 말씀을 묵상해서 그 말씀을 인용하고 말씀에 서서 우리가 기도해야 되는 것입니다. 로마서 10:12에 보면 그러므로 믿음은 들음에서 나며 들음은 그리스도의 말씀으로 말미암았느니라고 말씀하고 있는 것입니다.

기도할 때 말씀을 가지고 기도하면 믿음이 충천하고 말씀가지고 기도하면 성령의 검을 휘두르는 것이 되기 때문에 그 검 앞에 원수 마귀와 귀신들은 모두 다 도망을 칠 수밖에 없는 것입니다. 그러므로 우리의 기도는 말씀의 지팡이를 가지고 기도해야만 되는 것입니다. 이러므로 말씀을 알기 위해서는 성경을 읽어야 되고 말씀을 마음속에 묵상해서 간직하고 기도할 때 언제나 하나님 말씀을 인용해서 기도해야 되는 것입니다. 말씀 없이 기도하는 것은 검 없이 전쟁터에 나가는 것과 같은 것입니다.

**셋째 우리는 성령의 지팡이를 들고 나가야 되는 것이다.** 하나님께서 내가 너희를 고아와 같이 버려놓지 않고 다시 오겠다고 말씀한 것입니다. 내가 아버지께 기도하겠으니 그가 또 다른 보혜사를 너희에게 주사 영원토록 너희와 함께 있다고 말씀하신 것입니다. 로마서 8:26에 보면 "이와 같이 성령도 우리 연약함을 도우시나니 우리가 마땅히 빌 바를 알지 못하나 오직 성령이 말할 수 없는 탄식으로 우리를 위하여 친히 간구하시느니라."고 말하고 있는 것입니다. 성령의 지팡이를 들면 성령이 우리의 기도를 도와주시는 것입니다. 성령께서 우리에게 기름 부어 주시고 기도할 수 있는 힘을 주시고 능력과 지혜를 주시는 것입니다.

이러므로 기도할 때 항상 성령으로 기도해야 합니다. 성령을 인정합니다. 성령을 환영합니다. 성령을 주인으로 모셔드립니다. 성령이여 제게 기름 부어 주시고 힘을 주시옵소서. 성령이여 능력을 주시옵소서. 성령의 권능으로 귀신들이 물러가는 것입니다. 성령의 역사를 구할 때 하나님의 성령께서 기도 할 수 있는 힘을 주시고 지혜와 총명을 주시고 능력을 주시고 말씀을 주시는 것입니다. 성령의 지팡이를 들고 기도해야 되는 것입니다.

**넷째, 예수 이름의 지팡이를 들고 기도해야 되는 것이다.** 예수 그리스도의 이름을 가지고 기도하라고 주님은 말씀했습니다. 이것은 바로 법적 대리권 행사를 주님께서 주신 것입니다. 우리가 재판에 나갈 때, 우리 스스로 직접 나가서 하지 않습니다. 변호사에게 우리가 대리권 행사를 주는 것입니다. 우리가 우리 도장을 맡기면 변호사가 우리를 대리해서 법정에 나가서 우리를 위해서 싸워 주는 것입니다. 그러므로 변호사는 우리의 모든 재산과 우리의 모든 삶을 보호해 줄 의무가 있고 권리가 있습니다. 우리 대리권 행사를 하는 것입니다.

이와 같이 예수님께서는 당신의 이름을 우리에게 주심으로 이 땅에 살면서 예수님의 대리권 행사를 하라고 말한 것입니다. 이것 정말 놀라운 일인 것입니다. 주님께서 네가 날 대신해서 세상에서 싸우라. 날 대신해서 전도하고 날 대신해서 귀신을 쫓아내고 날 대신해서 날 위해서 병을 고치고 날 대신해서 저주를 없애고 사망의 권세를 물리치라고 말한 것입니다. 주님께서 당신의 이름을 우리에게 주신 것은 놀라운 일입니다. 예수 안 믿는 사람에게 주님은 이름을 주지 않으셨습니다. 예수를 믿는 사람에게 그리스도의 이름을 사용할 대리권 행사를 주신 것입니다. 이러므로 우리들은 예수 이름을 사용해서 나가야 되요. 마가복음 16:17-18절에 "믿는 자들에게는 이런 표적이 따르리니 곧 저희가 내 이름으로 귀신을 쫓아내며 새 방언을 말하며 뱀을 집으며 무슨 독을 마실지라도 해를 받지 아니하며 병든 사람에게 손을 얹은즉 나으리라"고 말씀하신 것입니다.

그것은 예수 이름을 대신으로 사용하라는 것입니다. 대리권 행사인 것입니다. 요한복음 1:12-13에 보면 "영접하는 자 곧 그 이름을 믿는 자들에게는 하나님의 자녀가 되는 권세를 주셨으니 이는 혈통으로나 육정으로나 사람의 뜻으로 나지 아니하고 오직 하나님께로서 난 자들이니라" 예수 이름을 주는 것은 구원을 주는 것입니다. 또 요한복음 14:13절에 보면 너희가 내 이름으로 무엇을 구하든지 내가 시행하리니 이는 아버지로 하여금 아들을 인하여 영광을 얻으시게 하려 함이라. 예수 그리스도의 이름으로 하나님께 구하면 하늘나라 은행에 저금해놓은 하나님의 모든 축복을 인출 할 수 있다는 것입니다. 예수께서 십자가에서 몸 찢고 피 흘려 우리를 위해서 예금하고 저축해 놓은 그 은혜를 예수 이름으로 기도할 때 이것을 인출해 낼 수가 있다는 것입니다.

예수 이름으로 우리가 하나님께 기도할 때 그리스도라는 이름의 지팡이를 가지고 나가서 기도해야 되는 것입니다. 그러므로 우리는 모세는 지팡이를 하나를 들고 갔지만 우리는 지팡이를 여러 개 들고 나갑니다. 우리가 들고 나갈 수 있는 지팡이는 보혈의 지팡이요. 말씀의 지팡이요. 성령의 지팡이요. 예수 이름의 지팡이를 가지고 나가는 것입니다. 그러니 우리의 승리는 이미 기약되어 있는 것입니다. 우리는 당당히 이기게 되어 있는 것입니다.

이 모든 일에 우리가 넉넉히 이긴다고 말씀한 것은 사실인 것입니다. 우리가 이와 같이 예수의 보혈과 말씀의 지팡이와 성령의 도우심과 예수 그리스도의 이름에 의지해서 강력히 언덕 위에 올라가서 기도할 때 하나님 가까이에 있는 언덕 즉 교회에 와서 기도할 때 새벽에 와서 기도할 때 우리의 기도가 하늘에 상달되어 하늘 문을 열고 모든 하늘에 통치자와 권세와 이 세상의 어두움의 주관자들과 공중권세 잡은 악령들의 훼방을 묶어 버리게 됩니다. 그리고, 일선에 나가서 싸울 때 성령이 우리와 함께 도와줌으로 말미암아 우리는 파죽지세로 승리의 삶을 살아갈 수가 있는 것입니다. 승패는 전쟁하는 전장에 있지 아니하고 성령으로 기도하는 그 자리에 바로 승패가 결정되는 것입니다. 우리의 싸움은 혈과 육 즉 보이는 인간이나 물질적인 세계가 아니라 그것을 움직이는 배후의 세력에 대하여 싸우는 것입니다.

그렇기 때문에 이 배후의 세력이 다름 아닌 통치자 즉, 마귀의 정부와 권세 즉, 마귀의 군대와 이 세상의 어두움의 주관자들 즉, 귀신들과 공중의 권세 잡은 악의 영들 즉, 마귀에 가담한 천사들과 우리는 대항해 싸웁니다. 이 영물들과 싸우는 싸움은 성령 안에서 하는 기도밖에 없습니다. 기도하며 저들의 세력을 묶어 버리는 길이 종국적으로 승리를 가져오는 길인 것입니다. 이러므로 모든 기도와 간구로 하되 무시로 성령 안에서 기도하고 이를 위하여 깨어 기도하기를 항상 힘쓰라고 에베소서 6:18은 우리에게 말하고 있는 것입니다. 또한 누가복음 22:40에 주님께서 시험에 들지 않게 깨어서 기도하라고 말하셨습니다.

골로새서 4:2에는 기도를 항상 힘쓰고 기도에 감사함으로 깨어 있으라고 말하고 있습니다. 그러므로 기도하는 개인은 승리하는 것입니다. 기도하는 집단은 승리합니다. 기도하는 나라는 결코 망하지 않습니다. 이러므로 첫째도 기도요. 둘째도 기도요. 셋째도 기도에 힘을 쓰십시오. 언덕 위에 올라와서 하나님 주신 지팡이를 들고 마음 안에 주인으로 계신 하나님을 향해서 기도하는 그 사람은 전쟁터에 나가서 이기고 우리의 원수인 아말렉을 밀어붙이고 젖과 꿀이 흐르는 동산까지 들어가게 되는 것입니다.

# 4부 기도의 응답

## 17장 에스더의 나라를 위한 기도

(에 4:12-17)"그가 에스더의 말을 모르드개에게 전하매 모르드개가 그를 시켜 에스더에게 회답하되 너는 왕궁에 있으니 모든 유다인 중에 홀로 목숨을 건지리라 생각하지 말라. 이 때에 네가 만일 잠잠하여 말이 없으면 유다인은 다른 데로 말미암아 놓임과 구원을 얻으려니와 너와 네 아버지 집은 멸망하리라 네가 왕후의 자리를 얻은 것이 이 때를 위함이 아닌지 누가 알겠느냐 하니 에스더가 모르드개에게 회답하여 이르되 당신은 가서 수산에 있는 유다인을 다 모으고 나를 위하여 금식하되 밤낮 삼 일을 먹지도 말고 마시지도 마소서 나도 나의 시녀와 더불어 이렇게 금식한 후에 규례를 어기고 왕에게 나아가리니 죽으면 죽으리이다 하니라. 모르드개가 가서 에스더가 명령한 대로 다 행하니라"

하나님의 자녀는 하나님의 소유물입니다. 하나님의 일꾼입니다. 하나님의 재산입니다. 하나님의 자녀를 해하고자 하면 먼저 하나님의 손을 범해야 하나님의 자녀를 해할 수가 있습니다. 성경에는 요한복음 10장 29절에 "저희를 주신 내 아버지는 만유보다 크시매 아무도 아버지 손에서 **빼앗을** 수 없느니라”고 말씀을 하셨습니다. 오늘 읽은 하나님의 말씀에는 유대인이 포로로 잡혀서 살고 있던 파사 나라 최고 권력자 원수 하만이 하나님의 백성인 모르드개와 유대인을 전멸시키려고 하다가 오히려 파멸을 당한 이야기가 실려 있습니다. 이야기의 시작은 이러한 것입니다.

바로 파사왕 아하수에로 왕은 천하를 호령하는 왕이었습니다. 그 나라는 애굽으로 부터 시작해서 인도까지 펼친 거대한 제국을 건설하고, 그는 수산궁을 세계에서 가장 아름다운 궁으로 만들었습니다. 그는 자기의 부귀와 영화가 충천함을 보이기 위해서 전국에서 도백과 장군들과 지도자를 모아서 여섯달 동안 잔치를 베풀었습니다. 그러니 여섯 달 동안에 넘치는 어주와 음식이 풍부하여 말로 다할 수 없었습니다.

여섯달을 잔치를 베풀고도 모자라서 또 이레 동안 잔치를 연장했는데 칠일째 왕이 술이 얼큰히 취해서 신하를 시켜서 자기 아내 와스디를 데리고 와서 모든 사람 앞에 그 아름다움을 보여주려고 했었습니다. 그래서 그 내시가 와스디에게 갔을 때에 그 아내 와스디는 임금님이 술이 취하여 주흥으로 자기를 불러내어서 모든 사람에게 쇼를 시킨다고 생각하고 마음이 괴로워서 임금님의 명령을 거역하고 가지 않았습니다. 그러자 왕중 왕인 아하수에로 왕이 분노가 마음에 불같이 탔습니다. 어디 감히 내가 명령하는데 왕후가 내 명령을 거역하고 오지 않느냐.

그럴 때에 신하가 하는 말이 당장 왕후의 직위를 **빼앗으소서.** 그대로 두면 왕의 명령이 이 천하에 먹혀 들어가지 않을 것입니다. 그래서 그 결과로 와스디는 폐위되고 얼마 있지 아니하여 왕이 새 장가를 들게 되었는데 그때에 하나님이 섭리해 주어서 바벨로니아에 포로로 잡혀 왔던 유대인 중에 모르드개의 사촌 여동생, 아버지와 어머니가 죽고 사촌 오빠인 모르드개의 손에서 키움을 받은 에스더가 참가하게 되고 수많은 아름다운 처녀들 가운데 왕이 이 에스더를 가장 사랑해서 에스더에게 왕후의 관을 씌워주고 왕후로 삼으신 것입니다.

하나님께서는 유대인에게 큰 환난이 다가올 것을 아시고 미리 준비한 것입니다. 아버지 하나님의 섭리가 있어서 와스디가 폐위되고 유대인 에스더가 왕후로서 들어가게 된 것입니다. 그 결과로 그 사촌 오라버니인 모르드개도 관직을 얻어서 대궐 문 밖에서 임금님을 섬기는 그런 직위를 하고 있었습니다.

그런데 모르드개가 왕궁에서 왕을 섬기고 있을 때에 문지기 두 사람이 왕을 모반하여 살해하려는 모의를 하는 것을 듣고 이것을 자기의 사촌 여동생 왕후 에스더에게 고하매 에스더가 왕에게 직고한 즉 왕이 이 두 문지기를 잡아 문책해 본즉 사실입니다. 이 문지기를 처형하고 그 사실을 왕궁 일지에 기록해 놓았었습니다.

그런데 이 왕이 그 신하들 중에 하만을 가장 높여서 국무총리로 만들었습니다. 그 하만은 왕에게 총애를 받고 국무총리가 되고 자기의 영광이 풍성하고 열 아들을 거느려 자녀도 많고 크게 부귀와 공명으로 들떠 있었습니다. 그리고 왕이 이 하만이 가는 데는 모든 백성이 다 엎드려서 절을 하라고 하는데 이 하만이 왕궁에서 수레를 타고 나오면 모든 사람이 다 그 앞에 엎드려 절을 하는데 여기에 유대인 모르드개 만은 절을 하지 않았습니다. 모르드개는 나는 주 하나님께만 경배하고 사람에게 절하지 않는다. 그래서 같이 있던 동료들이 말을 했습니다. 야~ 너 임금님의 명령인데 이 하만에게 절을 안 하다가 어떤 일을 당할 줄 아느냐. 다음에는 나오거든 절하라. 그러나 하만이 들고 날 때에 모르드개만은 절을 안 하고 꼿꼿이 서 있습니다. 그리고 난 다음에 사람들이 하만에게 말했습니다. 당신에게 절하지 않는 이 모르드개가 누군지 아느냐 그는 바로 유대인이다. 그러니까 하만의 마음속에 분노가 끓었습니다. 하만은 바로 옛 아말렉 조상의 후손인 것입니다. 아말렉과 유대인은 대대로 원수가 되어서 싸웠던 것입니다.

그러므로 하만이 생각하기를 모르드개만 죽일 것이 아니라 이 나라에 와 있는 파사 나라의 모든 유대인들을 멸절해 버리겠다. 그렇게 생각을 하고 유대인 멸절할 날짜를 정했습니다. 그리고 난 다음 그는 임금님에게 가서 임금님이여 임금님의 나라에 왕의 법을 지키지 아니하고 왕의 법을 따르지 않는 이상한 민족이 있습니다. 자기들 개별적인 법을 가지고 왕의 명령에 따르지 아니하며 왕을 섬기지 않고 자기들의 개별적인 신을 섬기는 민족이 있는데 이것은 백해무익한 민족입니다. 이 민족이 이 땅에 살면 다른 사람들에게 물을 들여서 오히려 왕의 나라에 해를 끼치므로 이 민족을 도륙하고 멸망시키는 것이 좋습니다. 왕께서 내게 허락하시면 제가 이 나쁜 민족을 이 파사 나라에서 전멸해 버리겠습니다. 이 왕이 하만을 높이고 하만을 신뢰하기 때문에 왕이 인장을 뽑아주면서 네 마음대로 하라. 그래서 하만은 전 파사 나라에 정한 그 날

짜에 유대인들을 다 전멸시키라는 포고문을 만들어서 이것을 왕의 역졸들에게 붙이매 역졸들이 말을 타고 온 파사 전국에 가서 이 방을 다 붙이고, 또 수도인 수산 도시에도 다 붙이니, 온 유대인들이 이것을 읽고 난 다음에는 통곡을 하고 울고 수많은 사람들이 베옷을 입고 잿더미에 드러누웠습니다. 모르드개도 이 사실을 알고 난 다음에 그는 통곡을 하고 수산성에서 울면서 왕궁에 와서 머리에 먼지를 덮어쓰고 옷을 다 벗고 베옷을 입고 엎드려 있었습니다. 이 사실을 그의 사촌 여동생 되는 왕후 에스더가 보고 사람을 보내어서 그 옷을 벗고 좋은 옷으로 갈아입으라고 권면을 했습니다. 그러자 모르드개가 말했습니다. 지금 하만이 온 유대인들을 멸절하려고 하는데 네가 임금님에게 들어가서 하소연하여 이 민족을 구출하도록 하라. 그러자 소식이 왔습니다. 에스더가 사람을 보내어서 말하기를 왕이 나를 부르지 아니하면 내가 왕 앞에 나가면 죽임을 당하는데 왕이 나를 안 부른지가 벌써 한 달이 넘었습니다. 그러므로 내가 들어가면 죽임을 당할 것입니다.

그러자 모르드개가 말하기를 네가 너 혼자만 왕궁에 있어서 살 줄로 생각하느냐? 유대인 박멸을 하면 너도 유대인인줄 알려지면 너도 죽을 것이다. 네가 지금 나가서 왕의 마음을 돌이키지 아니하면 구원이 다른 데서부터 오겠거니와 너와 네 아버지의 집은 멸망당할 것이다. 이 소식을 듣자 에스더는 소식을 모르드개에게 보냈습니다. 내가 3일 동안 먹지도 아니하고 마시지도 아니하고 금식하며 하나님께 부르짖겠사오니 당신은 가서 온 수산 도성과 온 유대인들에게 삼주 야를 먹지도 말고 마시지도 말고 나를 위해서 금식하며 기도를 해 달라고 부탁을 했습니다.

그래서 3일 동안 에스더도 자기 시녀들과 함께 먹지도 않고 마시지도 않고 금식을 하고 온 유대인들이 다 먹지도 않고 마시지도 않고 금식을 했습니다.

사흘째 되는 날 에스더는 죽으면 죽으리이다. 라는 각오로써 잘 화장을 하고 화려한 옷을 입고 그는 왕의 부르심을 받지 않고 왕궁으로 향해서 걸어 들어갑니다. 그것은 죽음의 길인 것입니다. 왕 앞에 부름을 받지 않고 들어가면 왕의 아내라도 법에 의해서 죽임을 당하고 맙니다. 그러나 오직 왕이 오직 살리려고 하면 그 짚고 있는 왕 홀을 내밀면 그 홀을 붙잡으면 죽음에서 면할 수가 있습니다. 그런데 에스더가 담대하게 왕의 부름을 받지도 않고 왕이 계신 그곳에 저 문 앞에 나타났습니다. 그 속으로 얼마나 떨렸겠습니까? 진땀이 납니다. 자기 혼자 죽고 사는 것만이 아니라 민족이 죽고 사는 것이 거기에 달렸습니다. 그런데 그 에스더가 얼마나 화려하게 얼굴을 치장하고 옷을 화려하게 입고 왕 앞에 섰을 때에 햇빛같이 밝은 얼굴로 아름다운 교태의 자세로 왕을 쳐다보았겠습니까? 왕이 앉았다가 한 달 만에 자기를 찾아온 왕후 에스더를 보니 너무너무 예뻐서 눈이 황홀합니다. 그래서 왕이 자기 홀을 내밀었습니다. 에스더가 가서 그 홀을 잡았습니다. 이젠 죽지 않습니다. 왕후여! 어떻게 하여 나를 찾아 왔는가? 나라의 반이라도 네게 주겠노라 얼마나 왕이 그 아내를 사랑하고 감동했던지 나라의 반이라도 주겠다고 했습니다. 그래서 에스더가 내 소원이 있습니다. 내가 잔치를 베풀었는데 왕이 총리대신 하만과 함께 잔치에 참여하여 주시는 것이 내 마음의 소원입니다. 그야 어렵지 않지… 야! 총리대신 하만에게 말하라. 오늘 저녁에 나와 함께 왕후 에스더의 잔치에 참여하도록 하라. 그래서 왕후는 진수성찬을 차렸습니다. 그날에 왕이 하만을 불러서 같이 오니 하만은 기고만장합니다. 기분이 너무나 좋고 황홀합니다.

모든 대신 다 제켜 놓고 오직 왕과 자기만을 에스더가 청했으니 얼마나 좋습니까? 의기양양하여 들어와서 그날 대접을 잘 받았습니다. 그리고 왕이 또 말했습니다. 왕후 에스더여 무엇을 원하는가? 내가 나라의 반이라고 자네에게 주겠노라. 왕이여 내일 다시이 잔치 상을 베풀 터인데 내일 오셔서 잔치에 참여하면 그때에 내 마음의 소원을 아뢰겠습니다. 그렇게 하지, 내일 하만하고 같이만 와 주소서. 그렇게 하지. 그래 나오는데 술이 얼큰히 취한 하만이 수레를 타고 오는데 기분이 보통 좋지 않습니다. 오늘 하루 임금님과 함께 왕후의 잔치에 초청 받은 것도 영광인데 내일 또 오라고 하니까 이야말로 천하를 얻은 것입니다.

그래서 오는데 모든 사람이 다 엎드리는데 여기 모르드개가 서서 엎드리지 않습니다. 이놈의 자식 당장 박살을 내야 되겠다. 이것 때문에 내가 술이 맛이 없다. 이놈을 처치해야 되겠다. 이를 갈면서 그는 집으로 돌아갔습니다. 자기의 아내 세레스를 불러 놓고, 친구들을 다 불러 놓고, 이보게 왕이 나를 높여 국무총리로 만들고, 또 왕후가 왕과 나만 청해 다가 진수성찬으로 즐겁게 지내고, 내일 또 오라고 하니 이런 영광이 어디에 있느냐? 그런데 아주 술맛이 딱 떨어지는 것이 하나 있다. 그 유대인 모르드개란 놈이 왕궁 뜰 앞을 지나오면 다 내게 엎드려 절하는데 나를 쳐다보고 절하지 않는다. 그러니까 그 부인 세레스가 말하기를 여보! 당신이 정말 국무총리요? 뭘 그런 걸 두려워합니까? 당장 50규빗(약 25m에서 30m) 되는 나무를 우리 정원에 심고 거기에 왕에게 허락을 받아 그 놈을 높이 매달아 처형하고 난 다음 내일 저녁 갈 때는 기쁨과 즐거움으로 마음에 부담 없이 가소서.

마누라 잘못 만나면 박살납니다. 그 세레스의 말만 안 들었어도 하만이 안 죽었을 것입니다. 그런데 그 부인이 그러니까 그 말이 옳다. 그렇게 하자. 그래서 날이 밝기를 초조하게 기다려서 새벽쯤 되어서 이 모르드개를 처형하기 위해서 왕의 허락을 받으려고 빨리 그는 새벽같이 왕궁에 나갔는데 그날 밤에 초저녁에 잠을 자고 일어나서 잠이 안 온 임금님이 자기 신하를 불러서 궁중 일기를 가져오너라. 그래서 일기를 가져왔습니다. 일기를 읽고 있는데 거기에 보니까 왕의 문지기 신하 두 사람이 왕을 살해하려고 할 때에 모르드개란 관원이 이것을 고발해서 이 두 사람을 잡아서 물어본 즉 사실인지라. 처형하고 위험을 면했다. 그 기사가 나오니까 왕이 눈을 번쩍 뜨고, 이 사람아 그 모르드개라는 사람에게 이로 말미암아 직위를 높여 주든지 상을 주었느냐? 아니요. 준 것이 없습니다. 여봐라, 거기 누가 있느냐? 마침 그때 하만이 모르드개를 자기의 50규빗의 나무에 달 허락을 받기 위해서 정원에 서성거리니까 여기에 하만이 있나이다. 국무총리 들어오라고 해라. 그래서 왕이 국무총리에게 말했습니다. 국무총리, 내가 높여주고 싶은 사람이 있는데 그 사람을 내가 어떻게 하랴? 아이고, 하만이

속이 막 기쁨으로 떨립니다. 임금님이 높여 줄 사람이 나 밖에 더 있겠는가? 지레 짐작으로 자기라고 생각하고, 예 왕이여 왕이 높이고자 하시는 분이 있으면 왕의 옷을 벗어서 그에게 입히고 왕관을 벗어서 그 사람에게 씌우고 왕의 백마에 태우고, 왕이 가장 신임하는 신하로 하여금, 그 말고삐를 잡고 온 수산 시내로 돌아다니면서 왕이 높이고자 하는 사람은 이렇게 하느니라. 외치게 하소서. 그리고 하만이 속에 만면에 희색을 띠고 이젠 그것이 나다. 내가 왕의 금관을 쓰고 왕복을 입고 왕의 말에 타고 버금가는 국무총리가 나를 이끌고 온 수산 시내에 가서 왕이 높이고자 하는 자는 이렇게 한다고 할 것이니, 내 영광이 얼마며 내 아내나 자녀들이 얼마나 자랑스럽게 생각하겠는가? 막 군침을 삼키는데 그러면 내가 명하노니 즉시 그렇게 하라. 저 왕궁 입구에 서 있는 하위 계급인 모르드개를 불러다가, 예 모르드개요? 네가 말한 그대로 왕관을 씌우고 왕의 옷을 입히고 내 말에 태워서 네가 제일 높은 사람이니까 그 말고삐를 잡고 온 수산 시내를 다니면서 왕이 높이고자 하는 자는 이렇게 한다고 외치고 돌아오너라.

하나님하고 장기를 두어서는 안 됩니다. 절대로 이길 수가 없습니다. 벌써 에스더와 유대인들이 3일 낮 3일 밤을 금식하고 기도하여 부르짖어 하나님이 사건에 개입을 했습니다. 하나님께서 에스더에게 지혜를 주신 것입니다. 이제 하나님이 사건에 개입하면 사사건건이 주의 백성을 올무에 가두려고 하면 자기가 그 올무에 들어가고 주의 백성을 함정에 떨어뜨리려고 하면 자기가 그 함정에 떨어지게 되는 것입니다. 누가 하나님처럼 강합니까? 누가 하나님처럼 지혜롭습니까? 누가 하나님과 경쟁해서 이길 수가 있는 것입니까? 하만은 모르드개를 그 50규빗 되는 나무에 달 수 있다고 생각했는데 이제 바로 그 모르드개를 자기 입으로 부탁한 대로 왕관을 씌우고 왕의 옷을 입히고 왕의 말을 태워서 온 수산 시내로 다니면서 우리 임금님이 높이고자 하는 자는 이렇다고 하루 종일 돌아다니니 목도 쉬고 다리도 아프고 이젠 해거름이 되었는데 왕궁에 들어와서 다시 그곳에 모르드개를 내려놓고 그는 머리를 싸매고 집으로 돌아왔습니다. 그 부인이 보니까 얼굴이 창백하고 말이 아니거든, 몰골이 말이 아니어서 여보 당신 왜 이렇습니까? 왜 이렇고 저렇고 간에 박살이다. 박살이다. 내가 오늘 이 나무에 달려고 한 모르드개를 말에 태우고 왕관을 씌우고 왕의 옷을 입히고 하루 종일 수산 시내에 돌아다니면서 왕이 높이고자 하는 자는 이렇게 한다고 이렇게 외치고 돌아왔으니 이 창피가 무슨 창피냐? 당신 진정 코, 그 모르드개가 유대인입니까? 유대인이지. 그렇다면 당신이 한번 유대인 앞에 즉 하나님의 섭리 앞에 무릎을 꿇었으면 이제는 끝까지 딩신이 파멸을 당할 것입니다. 그런데 왕궁에서 사람이 왔습니다. 빨리 잔치에 출동하라고 합니다. 이래서 빨리 낯을 씻고 손을 씻고 옷을 갈아입고 잔치에 참여하는데, 그는 마음속에 수심이 가득하고 즐거움이 전혀 없습니다. 그러나 임금님은 너무 좋아서 에스더의 어깨를 끌어안고 에스더여! 내 사랑하는 왕후여! 무엇을 해 주기를 원하는가? 나라의 반이라고 주겠노라.

그러니 에스더가 딱 정색을 하더니 왕이여! 왕이 진실로 저를 사랑하고 저의 소원을 들어주시기를 원하신다면 저의 생명을 저에게 돌려주소서. 내 민족의 생명을 돌려주소서. 내 생명과 내 민족이 말살을 당하고 도륙을 당하게 되었습니다. 나나 내 민족이 종으로 팔렸더라면 내가 이렇게 호소하지 않겠습니다. 나와 나의 민족을 도륙하고 죽이려는 계획을 하고 있으니 왕이여! 내 생명을 구출하여 주옵소서. 임금님이 생각하니 기가 막힌 노릇이라. 누가 감히 왕후의 생명을 빼앗는다는 말인가? 도대체 그게 무슨 말이냐? 누가 왕후의 생명을 빼앗는다는 말이야? 누구냐? 이악한 하만입니다. 그러자 왕이 그 소리를 듣고 너무 놀라고 너무 분해서 왕이 그 분을 식히려고 뒤뜰로 나갔습니다.

그런데 그 옛날 중동에서는 잔치나 밥상을 할 때는 옆으로 비스듬히 누워서 먹습니다. 걸상에 팔을 고여서 이렇게 누워서 밥을 먹는데, 그래서 임금님도 자리에 누워 있고, 에스더도 걸상에 누워 있는데, 이 하만이 너무 급하니까, 누워있는 에스더의 옷 치마를 잡고 엎드렸습니다. 날 좀 살려달라고 하니까, 다른 사람들이 보기에는 꼭 겁간하려고 하는 것같이 보입니다. 임금님이 뜰에서 들어오니까 이런 놈이 있나 에스더가 누워 있는데, 거기에 치마를 잡고 엎드려 있습니다. 그러니까 이 고약한 놈. 어디 감히 왕궁 어전 앞에서 왕후를 강간하려고 하느냐? 그러니까 신하들이 달려들어서 얼굴을 쌌습니다. 그것은 바로 사형한다는 것입니다. 그러자 옆에 있는 신하가 하는 말이 왕에게 충성스럽게 고발한 모르드개를 죽이려고 하만이 그 뜰에서 50규빗 되는 장대를 달았나이다. 왕이 말하기를 당장 이 하만을 그 뜰에 가서 50규빗 되는 장대에 달아서 처형하라. 불같은 호령이 떨어지매 신하들이 하만을 데려다가 그 뜰에서 그 가족들이 다 보는 앞에서 50규빗 되는 장대에 달아서 처형하고 모르드개는 하만 대신에 국무총리의 자리에 들어서게 되고, 에스더와 모르드개가 자기 나라와 민족을 위해서 일하매 유대인 전체가 순식간에 사망에서 생명으로, 절망에서 소망으로, 슬픔에서 기쁨으로 변화된 것입니다.

정말 이 세상 말에 사람 팔자 시간문제라고 하더니, 이야말로 기가 막힌 역사가 유대인에게 일어났습니다. 그래서 온 유대민족들이 다 일어나서 잔치를 베풀고 선물을 교환하며 기뻐 뛰고 춤을 추었습니다.

이 이야기는 우리 예수 믿는 사람들에게 굉장히 큰 하나님의 교훈이 되는 것입니다. 왜냐하면 유대인들은 하나님과 육신으로 언약을 맺은 백성이지만 우리들은 예수 그리스도 하나님의 아들이 친히 십자가에 못 박혀서 몸을 찢고서 피를 흘려서 언약 맺은 하나님의 자녀들이 되는 것입니다. 구약의 성도들은 하나님의 백성입니다. 그러나 우리들은 육신으로나 혈통으로나 사람의 뜻으로 나지 않고 하나님께로 태어난 친자식들인 것입니다. 하나님의 성전 하나님의 나라입니다. 우리가 친 하나님의 자녀들인데 하나님의 자녀를 모함해서 하나님의 자녀를 50규빗이나 되는 나무에 달려고 하는 원수마귀 하만이 아무리 날뛴다고 하더라도 우리가 주를 믿고 기도하는 이상, 절대로 원수 마귀의 손에 넘어가지 아니할 것입니다. 하나님이 함께 하심으로 오히려 원수 마귀를 자기의 꾀에 넘어지게 하는 역사를 하나님께서 베풀어주실 것입니다.

오늘날 수많은 하만이 하나님의 자녀들을 모함하고 멸하려고 하는 것입니다. 그러나 에스더와 같은 기도와 부르짖음이 있는 이상 언제나 우리의 원수 하만은 자기가 판 올무에 자기가 빠지게 되어 있는 것입니다. 어떠한 마귀의 궤계도 하나님의 지혜를 능가할 수가 없습니다. 하나님께 도전하는 자마다 하만처럼 멸망당하고 말 것입니다.

로마서 8장 31절로 32절에 "그런즉 이 일에 대하여 우리가 무슨 말 하리요 만일 하나님이 우리를 위하시면 누가 우리를 대적하리요 자기 아들을 아끼지 아니하시고 우리 모든 사람을 위하여 내어주신 이가 어찌 그 아들과 함께 모든 것을 우리에게 은사로 주지 아니하시겠느뇨."라고 말씀하고 있는 것입니다.

우리가 이 땅에 살면서 하나님의 아들 예수를 구주로 믿는다는 것은 하나님의 친자식으로 태어나는 것을 말합니다. 하나님의 성령이 우리 속에 와서 계시고 우리의 이름이 하나님의 생명책에 기록되어 있는 것입니다. 이러므로 우리는 택한 족속이요. 왕 같은 제사장들이요. 거룩한 나라요. 그의 소유된 백성이 되어 있는 것입니다. 살아계신 하나님의 성전입니다. 이런 하나님의 백성을 감히 누가 대적할 수 있겠습니까? 우리가 예수 그리스도를 중심으로 섬기고, 하나님을 사랑하고 나가면 하나님 아버지가 우리를 밤낮 살펴 주시고, 그리스도의 보혈로 우리를 덮으시고, 하나님의 천군 천사가 우리 주위를 둘러 친 쳐 우리를 보호해 주실 것입니다. 우리는 강하고 담대한 믿음으로 그리스도를 섬기고 이 땅에서 살다가 천국까지 들어갈 수가 있는 것입니다.

이러므로 하나님께서는 우리를 미리 아시는 고로 마귀가 도적질하고 죽이고 멸망시키려고 해도 미리 이미 피할 길을 예비해 놓으신 것입니다. 성령이 우리를 통하여 간곡히 기도하게 만들어 주시면 마귀의 모든 궤계는 언제나 자승자박하고 마는 것입니다. 원수 마귀는 하나님의 아들 예수 그리스도를 십자가에 못 박아 하늘나라가 이 땅에 임하지 못하게 하고, 사람들이 구원을 못 받게 하려고 했습니다. 그러나 죄 없는 예수를 십자가에 못 박은 그 결과로 하나님이 진노하사, 오히려 그 십자가를 통하여 마귀를 멸하고, 마귀의 통치자와 권세를 다 폐하고, 마귀를 무장해제해 버리고, 그가 예수를 십자가에 못 박음으로 자기 스스로가 파멸 당하고 만 것입니다.

마귀는 예수를 십자가에 못 박아 버리면 하늘나라가 못 임할 줄 알았는데 죄 없는 예수를 십자가에 못 박은 그 죄과로 말미암아 오히려 무장이 해제되고 통치자와 권세를 빼앗기고, 이 세상 임금의 자리에서 쫓겨나고 스스로가 박살되고 만 것입니다.

그러므로 하나님은 언제나 마귀의 지혜보다 한 수가 높은 것입니다. 마귀는 그리스도를 십자가에 못 박아 죽이면 자기 나라가 성할 줄 알았으나 그로 말미암아 자기 나라는 망하고 그리스도는 십자가를 통하여 이 땅에 하늘나라가 임하게 만드신 것입니다. 살아계신 하나님의 성전이 된 것입니다. 그리스도의 깨어진 몸과 피로 말미암아 이제 죄 사함과 의의 나라가 임하고, 그리고 성령 충만과 성결의 나라가 임하고, 치료와 건강의 나라가 임하고, 축복과 형통의 나라가 임하고, 천국과 영생의 나라가 그리스도의 십자가를 통하여 우리에게 임하게 되는 것입니다.

예수 안에서는 흑암은 광명으로, 무질서는 질서로, 죽음은 생명으로, 파멸은 생명으로, 가난은 부요로 변화되어 버리고 마는 것입니다. 그리스도는 하나님의 능력으로 우리 속에 들어와서 위대한 변화의 능력을 가지고 다가오는 것입니다. 마귀는 항상 우리에게 와서 우리를 도적질하고 죽이고 멸망시키려고 해도 주님은 언제나 마귀보다 한 수 높어서 마귀의 모든 궤계를 변하여 오히려 하나님의 찬양이 되게 하고 우리 영혼이 잘 되고 범사가 잘 되며 강건하게 만들어 주는 것입니다.

　　이 성경의 말씀을 잊지 마십시오. 시편 23편에 "주께서 원수의 목전에서 내게 상을 베푸시고 기름으로 내 머리에 바르셨으니 내 잔이 넘치나이다" 원수가 오면 하나님께서는 원수의 목전에서 우리에게 진수성찬 베풀어서 우리를 잘 먹고 잘 입게 만들어 주시고 성령의 기름부음을 받아 원수보다 성하게 해서 잔이 넘치게 만들어 주는 것입니다.

　　이렇기 때문에 우리는 원수가 안 왔을 때 기뻐하고 즐거워하고, 원수가 오면 더 크게 기뻐하고 즐거워할 것은 원수를 하나님이 대적하기 위해서 우리에게 진수성찬을 차려주시기 때문인 것입니다. 하나님을 사랑하는 자 곧 그 뜻대로 부르심을 입은 자들에게는 모든 것이 합력하여 선을 이루게 되는 것입니다. 이러므로 우리는 주 안에서 항상 기뻐하고 쉬지 말고 기도하고 범사에 감사하면서 긍정적이고 적극적이며 창조적이고 생산적인 꿈을 가지고 나아가는 모두가 되시기를 바랍니다.

# 18장 한나의 응답 받은 기도

(사무엘상 1:13-17)"그가 여호와 앞에 오래 기도하는 동안에 엘리가 그의 입을 주목한즉, 한나가 속으로 말하매 입술만 움직이고 음성은 들리지 아니하므로 엘리는 그가 취한 줄로 생각한지라. 엘리가 그에게 이르되 네가 언제까지 취하여 있겠느냐 포도주를 끊으라 하니, 한나가 대답하여 이르되 내 주여 그렇지 아니하니이다 나는 마음이 슬픈 여자라 포도주나 독주를 마신 것이 아니요 여호와 앞에 내 심정을 통한 것뿐이오니 당신의 여종을 악한 여자로 여기지 마옵소서 내가 지금까지 말한 것은 나의 원통함과 격분됨이 많기 때문이니이다. 하는지라. 엘리가 대답하여 이르되 평안히 가라 이스라엘의 하나님이 네가 기도하여 구한 것을 허락하시기를 원하노라 하니"

본문에 나오는 한나의 기도는 지성소기도입니다. 성경은 이렇게 말합니다. "너희는 너희가 하나님의 성전인 것과 하나님의 성령이 너희 안에 계시는 것을 알지 못하느냐"(고전 3:16). 지금 예수를 믿고 성령으로 거듭난 성도가 성전이라는 것입니다. 지금은 성도들의 마음(혼) 안에 성소가 있고, 성소 안 지성소(영)에 예수님이 주인으로 계십니다. 기도는 성령으로 하라고 하십니다. "사랑하는 자들아 너희는 너희의 지극히 거룩한 믿음 위에 자신을 세우며 성령으로 기도하며"(유 1:20). 이를 이해해야 지성소기도를 할 수가 있습니다. 지성소에서 성령의 불이 나오기 때문에 성령으로 지성소에서 기도를 하라는 것입니다. 한나는 온몸이 성전이 되어 온몸으로 기도하여 하나님의 응답을 받은 것입니다.

기도를 크게 나누면 두 가지로 분류 할 수 있습니다. 그 첫째가 일반적인 기도로 평범하게 하나님과 교통하며 하나님께 감사 찬양 드리고, 또 시시로 일상생활 중 하나님의 도움을 구하는 기도인 것입니다. 그 두 번째 기도는 삶의 큰 위기를 당하여 하나님께 응답을 받든지 그렇지 않으면 삶의 파탄에 이르는 절대 절명의 기도입니다. 오늘 저는 이 두 번째기도 즉, 삶의 위기를 당했을 때 하는 기도에 관하여 말씀드리고자 합니다. 그러면 우리가 한나의 기도를 통해서 이 절대 절명의 위기에 처했을 때 어떻게 기도해야 하나님의 응답을 받을 수 있는가? 거기에 대한 것을 알아보고자 하는 것입니다.

**첫째, 한나는 하나님만 믿었다.** 이스라엘에 엘가나라는 한 사람이 한나와 브닌나라는 두 처를 가지고 있었습니다. 그런데 브닌나는 자녀를 많이 낳았습니다. 그러나 첫째 부인인 한나는 자녀가 없었습니다. 그러므로 자연히 같이 살자니까 브닌나가 일일이 한나에게 간섭하고 한나를 비평하고 조롱했습니다. "자식도 못 낳는 주제에 무슨 큰소리냐?" "자식을 못 낳았으면 보따리 싸서 나가야지 집에서 같이 있느냐?" "자식도 못 낳는 것이 밥만 자꾸 축내고 본처 자리를 차지하고 있느냐…." 이러니까 한나가 매일매일 브닌나에게서 격분을 당하는 것이 말로 다 할 수가 없었습니다.

그런데 엘가나가 일 년에 한 번씩 실로에 있는 하나님의 성전에 나가서 하나님께 제사를 드리는데 그때는 언제나 엘가나는 한나를 사랑해서 브닌나와 그 자식들에게 주는 음식보다 갑절을 많이 주고 선물을 주지만 한나는 도저히 그런 인간적인 동정으로는 위로를 받을 수가 없었습니다. 그렇게 하면 할수록 브닌나는 더 무섭게 한나를 격분시켰습니다. 그래서 한나는 늘 울고 음식도 먹지 않았습니다. 남편이 가서 "이 사람아! 왜 이렇게 울고 먹지도 안느냐? 아들 열 명보다 내 사랑이 더 좋지 않느냐? 내가 널 사랑해 주면 됐지 자식이 무슨 소용이 있느냐?" 그렇게 말하지만 그것이 조금도 위로가 되지 않았습니다.

이래서 한나는 격분을 당하여 나중에는 죽느냐 사느냐의 마음의 위기에 처하게 되었습니다. 그녀는 최후에 돌이킬 수 없는 삶의 막다른 골목에서 이제는 목숨을 걸고 하나님의 성전에 나가서 하나님께 기도 드렸습니다. 마음을 열고 심경을 통회하여 하나님에게 기도를 했습니다. 마음 속에 있는 사정을 있는 그대로 하나님에게 솔직하게 토설하며 기도를 했습니다. 마음에 맺힌 한과 마음에 응어리를 완전하게 숨김없이 토설하였습니다. 마음이 후련해질 때 하나님이 응답을 해 주셔서 그가 낳은 아들이 사무엘 이였습니다. 환경에서 다가오는 연속적인 고통이 최후의 결단을 가져오게 합니다. 죽기 아니면 살기다. 이러한 마음의 결단이 하나님의 보좌를 움직이게 되는 것입니다.

사람들은 "왜? 내 환경에 이렇게 자꾸 가시처럼 찌르는 사람이 많으냐"라고 생각합니다. 남편이 가시가 될 때가 있고, 아내가 가시가 될 때가 있습니다. 자식이 가시가 될 때가 있습니다. 그리고, 시부모가 가시가 될 때가 있습니다. 이들이 약대가 되어서 물 먹여 달라고 자꾸만 고함을 칩니다. 그래서 이와 같은 환경 적인 격동이 하루 이틀이 되지 않고 점점 오래 되면 마음이 지쳐서 견딜 수가 없게 되는 것입니다.

마음이 번뇌스럽고, 고통스럽고, 억울하고, 원통하고, 절통하고, 눈물이 앞을 가리게 되면 나중에 어떻게 되느냐. 죽든 살든 결말을 내려야겠다. 더 이상 이와 같은 상황에서 나의 생존을 계속할 수 없다. 하나님께 나가서 이제 금식하든지, 철야하든지, 목이 터져라 고함을 치든지 결론을 내리고야말겠다는 이러한 비장한 각오와 결심을 하도록 하나님이 유도해 주시는 것입니다.

**둘째, 결단의 기도를 했다.** 이러므로 우리 환경가운데 여러 가지 고난의 가시가 찌르는 것은 마음에 결단을 내리게 하려고 그렇게 하는 것입니다. 하나님께서는 절대 절명의 순간에 돌입해서 돌이킬 수 없는 결단을 내리고 기도하기를 원하시고 계시는 것입니다. 이러한 기도는 마귀의 장벽을 무너트리고 하나님의 보좌를 흔드는 위대한 힘이 있는 것입니다. 기도라는 것은 그러한 결단 없이 "뭐. 응답해도 좋고 안 해도 좋습니다." 이렇게 그저 형식적으로, 의식적으로 드리는 기도 이것은 안하는 것보다는 훨씬 낫습니다만, 그러나 하나님의 손길을 움직일 만큼 위대한 역사를 일으키지 못하는 것입니다. 이렇기 때문에 작은 문제나, 큰 문제나 마음에 깊은 결단을 내려야지 그 결단이 없이는 하나님의 역사가 일어나지 못합니다. 열두 해 혈루병을 앓은 여인을 보십시오. 그녀는 "내가 예수 그리스도의 옷자락에 손만 대면 나으리라."

그렇게 해서 그녀는 무지무지한 결단을 내렸습니다. 열두 해 동안 피를 흘려서 어지럽고, 지치고, 심장이 뛰고, 걸음을 걸을 수 없음에도 불구하고 사생결단하고 "예수님이 오시면 나는 그의 옷자락에 손을 대고야 말겠다. 이것은 나의 절대 절명의 기회이다. 이것을 놓치면 안 된다. 나는 이로 말미암아 응답을 받아야겠다. 돌이킬 수 없다. 주님께 YES라는 응답만 받지 NO는 있을 수 없다." 그렇게 해서 예수님이 가까이 오실 때 그녀는 나갔습니다.

어지러움에도 불구하고, 햇빛이 비추어 눈을 뜰 수 없음에도 불구하고, 심장이 방망이질 치고, 온 전신이 땀에 흠뻑 젖음에도 불구하고 그녀는 군중을 헤치고 나가서 사력을 다하여 타협 없이 그리스도에게 나가서 그 옷자락에 손을 대자 말자 하나님의 능력이 임하여 열두 해를 혈루병으로 앓던 병이 순식간에 나아버리고 만 것입니다. 그러니까 예수님이 돌이켜서 "누가 내 옷자락에 손을 대었다." "주여! 많은 사람이 손을 대었습니다. 많은 사람이 주를 밀고, 당기고, 손을 대었는데 어떤 특정한 사람이 손을 대었다고 말씀하십니까?"하고 베드로가 물을 때 예수님께서는 그 베드로의 물음에는 아랑곳없이 손댄 여자를 찾았습니다. 수많은 사람들이 "주여! 주여!" 부르짖어도 그것은 오며, 가며 주님의 옷자락에 손을 대보는 것입니다. 절대 절명의 결단을 가지고 "이것 아니면 나는 이제는 생명의 종결이다."라는 이런 각오로서 주님께 나와서 그에게 손을 대면 그 기도는 하나님의 능력을 나타나게 해 주시는 것입니다.

**셋째, 한나의 기도 통해 얻는 교훈**. 우리가 한나를 통해서 오늘 기도의 비결의 중대한 내용을 배워야 되겠습니다. 그런데, 우리가 이와 같은 절대 절명의 기도를 하려면 우리 마음에 준비가 필요한 것입니다. 하나님과의 막힌 담을 헐어야 되는 것입니다. 우리가 이 세상에 살 동안에 먼지가 묻고, 티끌이 묻고, 죄악과 타협하고, 세상에 찌들어 살 때가 많습니다.

그러나 우리가 문제를 만나서 주님의 관심을 이끌고 주님의 손길을 잡으려고 하면 우리 자신이 먼저 정결해야 되는 것입니다. 우리가 귀한 손님이 오면 집안 청소를 합니다. 목욕을 하고 좋은 옷으로 갈아입습니다. 이처럼 우리의 심신을 정결하게 하고 난 다음에야 우리 하나님께 나아가서 간절한 기도를 드릴 수가 있는 것입니다. 그러므로 우리는 하나님께 나아가기 전에 성령님의 지배 가운데 하나님의 계명 앞에 우리를 비춰보고 하나님의 계명을 어긴 죄가 있으면 그것을 하나하나 모두다 우리의 생애 속에 제해 놓아야 되는 것입니다. 성령으로 충만한 상태가 되어야 합니다.

성경에 주님께서 말씀하시기를 믿는 자들에게는 이러한 표적이 따르리니 저희가 내 이름으로 뱀을 집으며 라고 말씀했습니다. 우리 가슴속에 숨어있는 그 뱀들 우리가 모르는 사이에 원수 마귀가 들어와서 우리 속에 자리를 틀고 있는 그 뱀들을 다 잡아내고 그리고 주님 앞에 나아가야 됩니다. 회개와 자복을 통해서 감추인 죄악을 우리가 다 옮겨야 되는 것입니다.

이러기 위해서는 성령 안에서 하나님의 계명을 우리 마음속에 비춰봐야 됩니다. "내 앞에 다른 신을 두지 말라." 절대로 하나님은 다른 신을 섬기는 사람의 기도는 응답하지 않습니다. "우상에 절하지 말라." 하나님은 우상과 전쟁을 하십니다. 하나님은 우상 숭배하는 사람은 멸하셨습니다. 이러므로 우상을 우리는 절대로 가까이 하지 말아야 합니다. 하나님의 이름을 망령되이 부르면 하나님을 무시하는 것이 되는데 하나님을 무시하고 하나님께 어떻게 나아갑니까? 하나님의 이름을 경건하게 부르고, 하나님의 이름을 존귀하게 취급해야 하는 것입니다. 그리고 안식일을 거룩히 지키라고 했는데 하나님의 성일을 우리 맘대로 쓰고 하나님을 만나러 가서 공경하지 아니하고 하나님을 사랑한다고 할 수 없습니다. 주일은 하나님이 우리와 만나는 날인 것입니다. 그러므로 하나님이 주의 성전에서 기다리는 그 날에 하나님께 나가서 하나님을 예배하며 공경해야 하는 것입니다.

"네 부모를 공경하라." 우리 부모님과 의견이 다를 수가 있습니다. 부모님과 우리 사이에 뜻이 완전히 맞을 수는 없는 것입니다. 그러나 뜻이 맞든 안 맞든 공경하는 것은 우리가 마땅히 해야 할 것입니다. 요즈음에 보니까 부모에게 생활비를 주지 않아서 부모가 할 수 없이 법정에 생활비를 주도록 고소하는 사건이 일어난 것을 일간지에서 읽어보았습니다.

이것 정말 우리가 생각해 볼 때 가슴 아픈 일인 것입니다. 자녀 가정 생활의 능력이 없으면 모르겠는데 생활의 능력이 있으면서 부모를 공경하지 아니하고 공경하지 아니하므로 법에 의존해서 고소해야 법적으로, 강제로 자녀들이 부모를 봉양해야 한다는 것은 비극적인 일인 것입니다. 이와 같은 환경 속에서 주님께 기도해야 응답이 오지 않을 것입니다. "살인하지 말라."고 했는데 사람을 죽이고야 기도 응답을 받을 수 있겠습니까?

죽일 마음을 가지고야 응답을 받지 못하지요. "간음하지 말라."고 했는데 하나님의 성전인 몸을 더럽히고야 하나님께서 그 속에 성령을 주시고 성령으로 역사할리가 없는 것입니다. "도둑질하지 말라."고 했는데 우리가 하나님의 성물도 도둑질하고, 우리 이웃도 도둑질하고 산다면 도둑놈하고 하나님이 같이 의논할 리가 만무한 것입니다. "네 이웃에 거짓증거하지 말라."고 했는데 하나님의 형상과 모양대로 지음 받은 형제를 자꾸 할퀴고, 모함하고, 두들기고, 때리고, 그리고 하나님을 경외할 수가 없습니다.

자식들이 서로 싸우면 부모가 볼 때에 좋을 리가 없는 것입니다. "네 이웃을 탐하지 말라." 이웃 것을 늘 탐해서 그것을 시기하고, 그것을 빼앗고 싶어 하고, 이웃이 못되기를 간절히 바라는 이러한 심정은 사랑에서 나오는 마음이 아닌 것입니다. 이러한 심정은 하나님께서 미워하십니다. 이웃이 잘 되기를 축복해 주고, 이웃이 잘 되면 함께 기뻐하는 그러한 심정을 우리가 가져야 되는 것입니다. 이러므로 우리의 마음을 살펴보고 우리 마음에 거리끼는 것이 있으면 모두 다 청소해야 됩니다.

우리의 삶이 하나님 중심으로 돌아와야 되는 것입니다. 이기주의가 아니고, 내 중심이 아닌 하나님을 주인으로 섬기는, 하나님 중심으로 우리가 돌아오는 그러한 마음의 준비가 필요한 것입니다. 그렇지 않고서야 하나님께서 어떻게 우리의 기도를 받겠습니까? 우리 손이 깨끗하고 정결해야 우리 손으로 드리는 기도와 제물을 하나님께서 기꺼이 열납하지 않겠습니까?

성경은 말씀하기를 "내 눈이 멀어 보지 못함이 아니요. 귀가 둔하여 너희 기도를 듣지 못함이 아니며, 내 손이 짧아 너희를 도와주지 못하는 것이 아니라 너와 나 사이에 죄악의 담이 가리워져 있으므로 내가 너의 기도를 들을 수 없다."고 말한 것입니다. 이러므로 우리가 하나님 앞에 나가기 전에 철저히 회개하고 죄악의 담을 헐어야 되는 것입니다. "회개하라. 그리하면 천국이 가까이 온다."고 말한 것입니다. 이러므로 하늘나라와 회개는 분리하려야 분리할 수가 없습니다. 언제나 회개하는 것을 조건으로 하고 우리가 하나님 앞에 나아가야 되는 것입니다.

그리고 우리가 하나님께 기도할 때 절대로 하나님께 응답을 받으려고 하면은 하나님께 서원을 해야 하는 것입니다. 서원기도란 결정적인 기도가 되는 것입니다. 보통기도는 그저 막연하게 하는 것이지마는 서원기도 이것은 무서운 힘이 있습니다. 한나는 아들을 달라고 기도할 때 그녀는 하나님께 말했습니다. "아들을 주면 내 품에 안고 내가 키울 것이 아니라, 주신 아들을 하나님의 성전에 바치겠습니다. 아들을 주시면 내가 젖만 떼면 하나님의 성전에서 성전을 받들고 성전에서 성전지기가 되도록 하겠습니다."서원했습니다. 하나님께서 한나가 이러한 기도하도록 임신을 늦추신 것입니다. 기도하는 한나에게서 사무엘 선지자가 태어나기를 원하셨던 것입니다. 한나가 하나님의 뜻에 부합된 기도를 하니까 하나님께서 한나에게 아들을 주신 것입니다.

한나는 하나님께 서원을 하고 아들을 낳고 난 다음에 이름을 사무엘이라고 지었습니다. 이는 "여호와께 그를 구하였다"는 뜻입니다. "한나가 임신하고 때가 이르매 아들을 낳아 사무엘이라 이름하였으니 이는 내가 여호와께 그를 구하였다 함이더라"(삼상 1:20). 그 사무엘이 젖떼기까지 품에 품고 있다가 젖을 떼고 난 다음에는 성전에 데리고 가서 엘리 제사장을 섬기는 몸종으로 성전지기로 바쳤습니다. 하나님의 뜻에 부합되는 서원의 기도는 굉장한 힘이 있는 것입니다. 자신의 인간 욕심으로 서원하면 하나님께서 응답하시지 않습니다.

야곱이 형님을 두려워해서 외 아저씨 집으로 도망을 칠 때 그가 하루는 돌베개를 베고 잠을 잤는데 꿈에 보니 하늘 문이 열리고 그 위에 여호와 하나님이 앉아 계시고 그 보좌에서 천사들이 오르락내리락하는 것을 보고 아침에 깨어서 "두렵도다. 이것이 하나님의 문이다." 그래서 그는 그 돌기둥을 세워 기름을 붓고 그리고 그곳에서 서원을 했습니다. "하나님이여~ 내가 가는 길에 하나님이 지켜주시고 무사히 우리 아버지 집으로 돌아오게 하면은 하나님은 내 하나님이 될 것이요. 여기에 기름을 부은 이 자리가 하나님의 성전이 될 것이며, 내가 얻는 모든 수입 중에 십분의 일은 반드시 하나님께 드리겠나이다." 그는 서원의 기도를 했습니다. 그 서원의 기도를 하나님은 들어 주셨습니다.

그러므로 야곱은 이십 년만에 한 떼, 두 떼의 큰 짐승의 떼를 거느리고 그는 고향 땅에 들어올 때 거기 벧엘에 와서 하나님의 성전 입구인 벧엘에서 하나님께 제단을 쌓았습니다. 그리고 그는 평생에 하나님 앞에 서원한대로 십일조를 하나님께 반드시 드렸으므로 그와 그 후손이 하나님께 크게 복을 받은 것입니다. 평생 하나님께 십일조를 드렸다는 것은 야곱(이스라엘)은 자신의 모든 소유가 하나님의 것이라는 것을 인정하고 드린 것입니다. 그래서 하나님은 야곱과 동행하시면서 형통으로 역사하신 것입니다.

우리가 성경을 보면 입다의 서원을 볼 수가 있습니다. 이스라엘이 암몬 자손의 침략을 받아서 나라가 위기에 처했을 때 장로들이 입다에게 가서 간청을 했습니다. 나와서 우리 민족을 대표해서 암몬 자손과 싸워달라고 했습니다. 그래서 입다가 암몬 자손과 싸우러 나가기 전에 하나님께 서원을 했습니다. "하나님! 저를 도와 주셔서 내가 이 암몬 자손을 쳐서 이기면 내가 집에 돌아올 때, 우리 집 대문 앞에 제일먼저 나오는 자는 누구든지 잡아서 하나님께 번제로 드리겠습니다." 얼마나 마음이 다급했던지 하나님의 도움을 반드시 받아야겠다는 그 심정에 그는 아주 강한 서원을 했습니다. 하나님이 도와주셔서 그는 암몬 자손을 항복시켰습니다. 큰 전쟁에 이겼습니다. 그리고 집으로 돌아왔습니다.

그러니까 그의 무남독녀 외딸이 아버지가 이기고 돌아온다고 채색 옷을 입고 손에 북을 들고 막 춤을 추면서 제일먼저 대문간에 뛰어 나왔습니다. 아버지는 그 자리에 주저앉았습니다. "이놈아! 개가 먼저 나올 수가 있고, 닭도 먼저 나올 수가 있고, 종이 먼저 나올 수도 있는데 네가 왜 먼저 북을 치고 나오느냐" "아버지 왜요?" "내가 암몬 자손과 싸울 때 하나님께 서원해서 말하기를 내가 이겨 돌아오면 누구든지 우리 집 대문에서 제일먼저 나를 환영하며 나오는 사람을 죽여 번제로 드리겠다고 서원했다."고 말했습니다. 그

때 그 딸이 말했습니다. "아버지가 서원했으면 서원대로 해야 될 것입니다. 나에게 한 달만 말미를 주시면 내가 시집도 못 가고 죽는 것이 억울해서 친구들과 산 위에 가서 실컷 울고 돌아오겠습니다." 그래서 울고 돌아오는 그 딸을 아버지는 하나님께 번제로 드렸습니다. 서약이란 무섭습니다. 하나님께 서원하는 것은 무서운 것입니다. 서원하고 갚지 않으면 파멸을 당합니다. 하나님은 그런 사람을 내버려두시지 않습니다.

우리가 하나님께 기도응답 받으려고 할 때 절대 절명의 시간에 서원하는 것은 하나님을 묶어 놓는 것입니다. 서원한 것은 지켜야 됩니다. 오늘날 많은 사람들이 "내 병을 고쳐 주시면 내 집을 바치겠습니다." 병 고침 받고 난 다음에는 집이 아니라, 옷도 한 벌 안 바치는 사람이 있습니다. 그러면 버림받습니다. 사람들은 절대 절명의 위기에 처하면 서원을 합니다. 서원한 것은 자기에게 어떠한 손해가 오더라도 서원을 갚아야 됩니다.

이 서원은 하나님의 손을 움직이는 큰 힘이 있습니다. 그러므로 신중하게 작정한 서원의 기도는 어마어마한 힘을 발휘하는 것입니다. 이렇기 때문에 간절한 기도를 할 때에는 크고 작은 서원을 하십시오. 서원 예물을 드리고 하나님께 부르짖어 기도하는 것은 일반 기도보다 큰 힘이 있는 것입니다. 그 다음에 우리가 기도할 때 결사적인 기도를 해야 하는 것입니다. 한나는 성전에 와서 성경에 보면 눈물을 흘리고, 그녀는 통곡하고, 애곡하며 기도했습니다.

고함을 치고, 땅을 치며, 몸부림치며 기도를 했습니다. 하나님은 "너희는 내게 속삭이라." 그렇게 말씀하지 않으시고 "너희는 내게 부르짖으라."고 말씀하신 것입니다. 한나는 그렇게 기도하다가 나중에는 깊은 경지에 들어가서 말도 나오지 않았습니다. 나중에는 눈을 감고 입술만 움직여 기도했습니다. 얼마나 애절하게 기도에 몰입하는 기도를 했던지 이제는 입술만 움직여 기도했습니다. 그때 엘리가 보고 한나가 술이 취한 줄 알고 "이 사람아, 언제까지 포도주나 독주를 마시고 취한 몸으로 하나님의 성전에 나와서 입술로만 기도를 하겠느냐?" "아닙니다. 제사장님, 나는 마음이 슬픈 여자요. 마음이 고통스러운 여자입니다. 너무나 억울하고 원통하여 마음의 응어리를 하나도 남김없이 주님께 토설하며 기도하다가 깊은 경지에 몰입하여 입술로만 기도를 하고 있었습니다." "그래? 평안히 가라. 네 기도가 하나님께 응답 받았다." "하나님께 은혜 받기를 원한다." 그때로부터 그녀는 일어나 나가서 얼굴을 씻고 다시는 걱정을 하지 않았습니다.

응답 받았다는 마음에 확신이 왔기 때문인 것입니다. 그래서 그녀는 평안했습니다. 기도가 환경에서 증거가 나오든, 마음에 증거가 오든, 증거가 올 때까지 성령의 깊은 지배 가운데 몸부림쳐 부르짖어야 되는 것입니다. 여기에 한나의 기도는 바로 대제사장 엘리를 통해서 하나님의 응답이 왔습니다. "평안히 가라. 네 기도가 응답되기를 바란다." 이것은 하나님이 주신 표적이기 때문에 그녀는 안심하고 일어나서 돌아갈 수가 있는 것입니다.

갈멜산에서 엘리야의 기도를 보십시오. 엘리야는 삼 년 육 개월 동안에 비가 오지 않은 그 나라에 하나님께서 비를 주시겠다고 약속하셨습니다. 그래서 그는 아합 왕을 청하고 이세벨의 단에서 섬기는 바알 선지자 450명, 아세라 선지자 400명을 청해서 갈멜산에서 시합을 하고 난 다음에 하나님의 제단에 불이 임하여 큰 권능을 나타내시고는 이 바알신의 제사장을 다 잡아서 기손 시냇가에 내려가서 전부 목을 베어 죽였습니다. 이것이 회개입니다.

그리고 난 다음에 종하고 갈멜산에 올라가서 기도하는데 그의 기도를 보십시오. 그는 꿇어앉아서 얼마나 하나님께 부르짖어 간절히 기도를 했는지 배창자가 당겨서 허리가 굽어져 목이 다리 사이로 들어가 버렸습니다. 그냥 앉아서 기도하면 되지만 얼마나 간절히 기도하면 배창자가 오그라듭니다. 머리가 다리 사이로 들어갑니다. 성경에는 엘리야는 그 머리가 다리 사이에 들어갔다고 했습니다. 창자가 그냥 오그라들 정도로 하나님께 간절히 부르짖어 기도했습니다. 그러면서 그의 종을 보고 "산 위에 올라가서 증거가 있는지 보라." 처음 올라갔다 내려와서 "아무 증거도 안보입니다." 두 번째, 세 번째, 네 번째, 다섯 번째, 여섯 번째, 일곱 번째까지 증거가 나타날 때까지 기도했습니다. 일곱 번째에 와서 "저 동쪽하늘에 손바닥만 한 구름 한 점이 일어납니다." "됐다. 큰 비의 소리가 들린다. 빨리 왕에게 마차를 타고 시내로 뛰어 들어가라고 해라." 그리고 그는 나가서 왕의 마차 앞에 서서 성령의 회오리바람에 밀려서 그는 맨발로 뛰어서 시내까지 들어갔습니다. 그러자 하늘이 먹장구름으로 덮이고 큰 비가 삼년 육 개월 만에 처음 쏟아진 것입니다. 여기에서 한나도 그렇고 엘리야도 그렇고 증거가 나타날 때까지 부르짖어 기도한 것입니다. 오늘날 우리는 증거도 안 받고 그냥 자기 혼자 기도하고 난 다음에는 그냥 나오는 것입니다. 그러면 아무 것도 안 됩니다. 하나님의 증거가 내 가슴속에 임하든, 내 환경에 임하든 증거가 나타날 때까지 기도해야 되는 것입니다.

증거는 반드시 나타납니다. 저는 제 개인의 경험으로는 내가 하나님께 간절히 기도할 때 대개 나타나는 증거는 환경에 나타나는 보증의 역사와 더불어 마음속에 한없는 평화인 것입니다. 그 가슴속에 고통스럽고, 괴롭고, 번뇌로 꽉 들어찬 무거운 짐이 사라져 버리고 마음에서, 뱃속에서 하나님의 평화가 강물같이 흐르기 시작하는 것입니다. 그리고 뱃속에서 말씀이 들립니다. "응답 받았다.""응답 받았다.""하나님이 다 책임졌다. 이제 걱정하지 말아라." 이런 뱃속에서 증거가 들려올 때까지 부르짖습니다. 그 증거가 환경에 안 나타나고, 마음속에 번뇌와 고통이 누르고 있을 때에는 아직까지 기도의 짐을 하나님께 풀어놓지 못했습니다. 아직 하나님께 상달되지 않았습니다. 그러므로 뱃속에서 그런 증거가 오든지 그렇지 않으면 내가 부르짖는 응답의 표적이 환경에서 나타나든지 증거가 올 때까지 부르짖는 기도를 하시기를 바랍니다.

그럴 때 하나님의 역사가 일어나는 것입니다. 기도라는 것은 이러한 간절함이 있어야 합니다. 우리 주 예수 그리스도의 기도도 깊은 경지의 기도가 성경에 기록되어 있지 않습니까? 예수님은 큰 통곡과 눈물로 기도하셨습니다. 히브리서 5:7절에 보면은 "그는 육체에 계실 때 자기를 죽음에서 능히 구원하실 이에게 심한 통곡과 눈물로 간구와 소원을 올렸고 그의 경외하심을 인하여 들으심을 얻었느니라."고 말씀하고 있는 것입니다.

이러므로 주님 자체도 통곡을 하시고 눈물을 흘리시고 기도하시는데 우리가 누구기에 맹숭맹숭하게 기도하고 눈을 깜빡거리면서 눈물 한 방울 흘리지 않고 기도하면서 하나님이 응답하시길 바라십니까? 이러므로 우리가 하나님 앞에 기도의 응답을 받으려면 막다른 골목에 들어간 심정으로 기도해야 합니다. 이 기도가 응답 받지 않으면 내가 파멸 당한다는 것을 인식하고 절대 절명의 위기에 처해서 기도를 해야 하는 것입니다. 그러면 오늘날도 하나님은 보좌에서 일어나서 역사하시는 것입니다. 절대 절명의 기도는 역사와 운명과 환경을 변화시키는 위력을 가지고 있는 것입니다.

스코트랜드의 요한 막스는 그가 하나님께 기도할 때 "하나님이여! 스코트랜드를 내게 주시든지 그렇지 않으면 나의 생명을 거두소서." 그는 절대 절명의 기도를 했습니다. 그 결과 하나님의 성령의 역사가 일어나서 스코트랜드가 변하여서 완전히 예수 그리스도를 믿게 된 것입니다. 이러므로 우리는 "자기 목숨을 거두던지 그렇지 않으면 기도 응답을 해 주시든지 둘 중에 하나를 해 주시옵소서." 죽기 아니면 살기. 이러한 기도를 할 줄 알아야 되는 것입니다. 한나는 이러한 기도를 드렸습니다. 그 결과 하나님의 뜻에 부합되는 기도를 할 수가 있는 경지에 이른 것입니다. 위대한 하나님의 종들은 다 이와 같은 기도를 드린 것입니다. 이와 같은 기도를 할 때에 하나님은 응답하십니다. 그런 간절한 심정과 죄를 다 청산한 기도와 그리고 하나님 앞에 서원하는 예물을 작정하고 하는 그러한 기도는 오늘날도 하나님의 보좌를 움직이고 개인과, 가정의 생활, 사업의 문제, 그리고 나라와 민족의 운명을 하나님께서 변화시키는 기적을 베풀어주시는 것입니다.

# 19장 환경을 지배하는 능력기도

(행 12:1-10)"그 때에 헤롯왕이 손을 들어 교회 중에서 몇 사람을 해하려 하여 요한의 형제 야고보를 칼로 죽이니 유대인들이 이 일을 기뻐하는 것을 보고 베드로도 잡으려 할 새 때는 무교절 기간이라 잡으매 옥에 가두어 군인 넷씩인 네 패에게 맡겨 지키고 유월절 후에 백성 앞에 끌어내고자 하더라. 이에 베드로는 옥에 갇혔고 교회는 그를 위하여 간절히 하나님께 기도하더라. 헤롯이 잡아 내려고 하는 그 전날 밤에 베드로가 두 군인 틈에서 두 쇠사슬에 매여 누워 자는데 파수꾼들이 문 밖에서 옥을 지키더니, 홀연히 주의 사자가 나타나매 옥중에 광채가 빛나며 또 베드로의 옆구리를 쳐 깨워 이르되 급히 일어나라 하니 쇠사슬이 그 손에서 벗어지더라. 천사가 이르되 띠를 띠고 신을 신으라 하거늘 베드로가 그대로 하니 천사가 또 이르되 겉옷을 입고 따라오라 한대 베드로가 나와서 따라갈 새, 천사가 하는 것이 생시인 줄 알지 못하고 환상을 보는가 하니라. 이에 첫째와 둘째 파수를 지나 시내로 통한 쇠문에 이르니 문이 저절로 열리는지라 나와서 한 거리를 지나매 천사가 곧 떠나더라."

사람의 지혜나 힘이나 능력으로는 절대로 환경을 지배할 수가 없습니다. 환경에는 사람보다 한 차원이 강한 사단 마귀 귀신이 지배하고 있기 때문입니다. 이래서 성도가 환경을 지배하려면 반드시 성령으로 세례를 받고 성령의 불세례를 받으면서 성령으로 충만한 상태에서 성령으로 기도하여 5차원의 초자연적인 상태가 되어야 환경을 지배할 수가 있는 것입니다. 본문의 상황을 묵상하면서 성령으로 깨닫기를 바랍니다.

헤롯왕이 칼로서 요한의 형제 야고보를 쳐서 죽였습니다. 그러자 유대인들이 굉장히 기뻐하고 즐거워하는 것을 보고 기독교를 박멸해야 되겠다고 생각을 하고 기독교의 기둥 같은 베드로를 잡아서 옥에 가두었는데 그때가 마침 유월절이었습니다. 그래서 유월절이 지나고 난 다음에 베드로를 군중 앞에 끌어내어서 처형하기로 결심을 하고, 군사 16명에게 부탁을 해서 베드로를 엄중하게 지키도록 했습니다.

한사람의 주의 종을 지키는데 군사 16명을 배치했었습니다. 그래서 베드로는 옥에 갇혔고 온 예루살렘의 교회와 더구나 마가 요한의 어머니 마리아의 집에 모인 부인 성도들은 불철주야하고 하늘을 향해서 간절히 기도했었습니다. 그때 인간적으로 생각해서는 헤롯왕의 명령에 의해서 갇힌 사람이 구출되어 나올 도리가 없는 살기등등한 시대인데 그들은 하늘을 향해서 베드로를 구출해 달라고 간절히 기도한 것입니다.

그런데 이제 내일이면 베드로가 군중 앞에 끌려 나와서 참수를 당할 그런 처지에 있을 때 온 교회와 마가 요한의 어머니 마리아의 집에 있는 성도들이 간절히 기도하고 있는데 그날 밤에 하나님의 사자가 찾아온 것입니다. 베드로가 잠을 자고 있는데 군사 두 사람

사이에 끼어서 잠을 자고 있었습니다. 거기다가 양팔이 쇠고랑에 묶여서 사슬에 묶여 있습니다.

절대로 달아나지 못하게 되어있습니다. 그런데 천사가 와서 베드로의 옆구리를 발로 차니까 베드로가 잠에서 깨어 일어나니까 착고가 그대로 떨어지거든요. 옆에 있는 군사들은 정신 모르게 자고 있습니다. 천사가 베드로에게 "일어나라. 허리띠를 묶고 신발을 단단히 묶어라. 겉옷을 들쳐 입어라. 그리고 나를 따라오라." 그래서 베드로는 마치 환상을 보는 것으로 생각하고 그 천사를 따라 첫째 파수를 지나는데, 파수꾼들이 눈을 뜨고도 보지 못합니다. 또 둘째 파수를 지났습니다. 베드로가 지나가는 것을 못 봤습니다. 그리고 성으로 나가는 문이 철문으로 되어 있는데, 천사가 앞으로 걸어가니 철문이 철컥하며 저절로 열렸었습니다.

그래서 베드로가 비로소 그 철문 밖에 나오니 천사가 사라지는지라 자기가 꿈을 꾸는 것이 아니라 실제인 것을 알게 되었습니다. 그런데 그 마음속에 마가 요한의 집인 그 마리아의 집에 가고 싶은 생각이 나서 거기에 가 보니까 거기에 성도들이 모여서 간절히 철야기도를 하고 있었습니다. 바로 하나님께서는 베드로를 인도하여 주셔서 그가 자유롭게 된 것이 우연히 된 것이 아니라 그 성도들의 간절한 기도가 응답 되었다는 사실을 보여주기 위해서 이끌어 주신 것입니다.

나는 이 베드로의 사건을 통해서 오늘날 우리 환경에 비교해서 생각해 보고자 하는 것입니다. 우리는 현재 코로나19로 경제적으로 심히 어려운 가운데 있고, 정치적으로, 군사적으로 온 세계는 일촉즉발의 위기에 놓여 있습니다. 우리는 언제 이 세상이 불바다가 될지 알지 못하는 그런 처지에 살고 있습니다.

그러므로 이런 시점에 개인이나 가정, 사회, 국가를 위해서 우리가 마음을 합쳐서 간절히 기도해야 할 것이요 기도가 우리 운명과 환경을 지배하고 변화시키려는 위대한 역사를 베푼 것을 우리가 깨닫고 기도하기에 전념을 해야 되겠다는 것입니다. 그러면 우리가 어떻게 기도해야 될 것인가? 기도라는 것은 우리가 모두 평범하게 매일같이 하고 있고, 또 기도하라는 명령을 많이 받고 있지만 실제적으로 효과적으로 어떻게 기도해야 될 것인가에 대해서는 사람들이 바르게 깨닫지 못하고 있는 것입니다. 저는 오늘 우리가 어떻게 효과적으로 기도해서 베드로가 헤롯의 감옥에서 해방되어 나오는 거와 같은 그런 기적을 우리의 생활가운데 늘 체험할 수 있게 만들 것인가 여기에 관해서 알아보고자 하는 것입니다.

**첫째, 하나님 뜻에 따라 기도.** 우리가 기도할 때 성령으로 하나님의 뜻에 따라 기도해야 되는 것입니다. 요한1서 5장 14-15절로 보면 "그를 향하여 우리의 가진바 담대한 것이 이것이니 그의 뜻대로 무엇을 구하면 들으심이라 우리가 무엇이든지 구하는 바를 들으시는 줄을 안즉 우리가 그에게 구한 그것을 얻은 줄을 또한 아느니라"고 말했었습니다. 우리가 하나님의 뜻을 분명히 알고 그 뜻대로 기도하면 하나님께서 듣고 계신다는 것입니다.

하나님이 듣고 계시면 우리는 하나님께서 이미 응답해 준 줄 알고 마음속에 확신과 평화를 얻을 수가 있다는 것입니다. 대다수로 많은 사람들이 기도할 때 성령으로 하나님의 뜻을 좇아 기도하지 않고 자기의 마음속의 욕심으로 기도할 때가 많습니다. 우리들은 하나님의 뜻을 깊이 살펴보지 않고 갑자기 어려운 일이 다가오면 자기의 마음에 욕심이 생겨서 그 가운데서 부르짖습니다.

야고보서 4장 1-3절에 보면 "너희 중에 싸움이 어디로 다툼이 어디로 좇아 나느뇨 너희 지체 중에서 싸우는 정욕으로 좇아 난 것이 아니냐, 너희가 욕심을 내어도 얻지 못하고 살인하며 시기하여도 능히 취하지 못하나니 너희가 다투고 싸우는도다 너희가 얻지 못함은 구하지 아니함이요 구하여도 받지 못함은 정욕으로 쓰려고 잘못 구함이니라"고 말한 것입니다.

우리의 마음속에 정욕이 있어서 내 욕심을 충족하기 위해서 아무리 하나님께 부르짖어 기도해도 하나님은 그런 인간적인 기도에는 응답하지 않으시는 것입니다.

또한 우리는 하나님을 거역하는 생활 중에서 기도할 때가 많습니다. 갑자기 답답한 일이 다가오고 시련과 환란이 다가오면 자기의 생활은 하나님을 반역한 삶을 살았음에도 불구하고 하나님이여 도와달라고 부르짖어 기도할 때가 많습니다.

요한1서 3장 21-22절에 보면 "사랑하는 자들아 만일 우리 마음이 우리를 책망할 것이 없으면 하나님 앞에서 담대함을 얻고 무엇이든지 구하는 바를 그에게 받나니 이는 우리가 그의 계명들을 지키고 그 앞에서 기뻐하시는 것을 행함이라"고 말한 것입니다. 이 보십시오. 우리가 하나님 앞에서 계명을 지키는 삶을 살아서 하나님을 기쁘시게 해야 우리 기도가 응답받는다는 것입니다. 예수님께서 "내가 아버지의 계명을 지키고 그의 사랑 안에 거한 것처럼 나의 계명을 지키는 자라야 나를 사랑하는 자"라고 말했었습니다. 오늘날 우리는 많이 입술로 "주여! 주여!" 부르짖으면서 주님의 계명을 땅에 던져버리고 발로 짓밟아 버리고 자기 마음대로 살다가 필요할 때만 하나님이 나를 도와달라고 부르짖습니다.

계명을 어기는 것은 하나님을 거역하는 것입니다. 하나님을 슬프게 하고 난 다음에 우리가 부르짖어 기도해 봤자 무슨 소용이 있겠습니까? 그러므로 하나님의 계명을 우리가 지키고 하나님을 기쁘시게 하고 난 다음에 우리 주님께 기도하면 하나님께서 우리의 기도를 응답한다고 성경은 말하고 있는 것입니다. 계명이란 어렵지 않습니다. 십계명에다가 우리가 하나님 앞에서 소득의 십일조를 정직하게 드리고, 하나님 나라에 양식이 있게 하는 일을 열심히 하고 주님을 충성스럽게 섬기면 우리는 하나님을 기쁘시게 하는 삶을 살 수 있게 되는 것입니다.

그러면 하나님의 뜻에 따라 구하는 기도를 우리가 대략 어떻게 알까요? 물론 우리 성경말씀을 통해서 우리는 하나님의 뜻을 대개는 다 알고 있는 것입니다. 부지런히 말씀을 읽고 설교를 들은 사람 같으면 대개의 문제에 관해서 하나님의 뜻을 알 수가 있습니다. 또 일반적으로 쉽게 하나님의 뜻을 분별할 수 있는 길도 있습니다. 성경은 말씀하기를 "그 나라와 그 의를 먼저 구하라 그리하면 이 모든 것을 너희에게 더하시리라" 했었으므로 어떤 일이 생기던지 먼저 하늘나라와 하나님의 정의를 구하는 일을 우리가 선택하면 하나님의 뜻을 알 수가 있는 것입니다. 하나님의 나라를 위한 것인가? 무슨 일을 할 때라도 그것을 먼저 하나님께 물어 보십시오. 내가 이 사업을 하는 것이 하늘나라를 위한 것인가, 그렇지 않으면 세상의 정욕을 위한 것인가? 내가 이 일을 하는 것이 하나님 정의를 위한 것인가? 다시 말하면 하나님께 영광을 돌리고 복음에 유익된 것인가? 그렇지 아니하면 복음에 유익되지 아니 한 것인가? 성령하나님께 물어보는 습관이 중요합니다.

필자에게 사람들이 종종 와서 이런 질문을 합니다. "목사님 술을 마시는 것이 반드시 나쁘지는 않습니다. 성경에는 술 취하지 말라고 했지 술 마시지 말라고는 말하지 않았습니다." 그런 것도 형편과 때에 따라 쉽게 알 수가 있습니다.

내가 이 자리에서 술을 마시는 것이 하늘나라를 위한 것인가? 하나님께 영광이 되겠는가? 그렇지 않으면 복음에 유익이 되겠는가? 손해가 되겠는가? 이것을 물어보면, 그 장소와 그 형편에 따라서 간단하게 하나님의 뜻을 알 수가 있는 것입니다. 내가 이런 옷을 입는 것이 하늘나라에 영광이 되겠는가? 복음에 유익이 되겠는가? 그렇지 못하겠는가? 그것을 간단히 생각해 보고 하늘나라에 영광이 되지 않고 하늘나라에 유익이 되지 않겠다고 생각하면 그것은 없애버려야 되는 것입니다.

언제나 하나님의 뜻을 추구하려고 할 때에는 마음에 평화도 늘 생각해 보아야 되는 것입니다. 하나님의 뜻은 우리 마음에 평화를 언제나 정진시킵니다. 그러나 하나님의 뜻에 어긋나는 일을 하게 되면 우리 마음에 평화를 잃어버리고 맙니다. 이 세상의 아무리 쾌락을 누리고 좋은 일을 많이 누린다 하더라도 마음의 평화를 잃어

버리면, 그 사람은 항구적으로 봐서 크게 손실을 당하고 가장 행복의 근원을 상실해 버리고 마는 것입니다. 이러므로 우리가 하나님의 뜻을 따라 기도할 때는 이것이 하나님의 나라를 위한 것인가? 이것이 하나님의 정의, 즉 하나님의 영광과 복음에 유익된 것인가? 이런 일을 할 때 내 마음이 평안한가?

내 마음에 평화가 증진되는가? 내 마음이 행복한가? 이런 질문을 반드시 해 보아야 될 것입니다. 예루살렘의 교회가 베드로를 위해서 간절히 기도할 때 그들은 그것이 하나님의 뜻인 줄 분명히 알고 있었습니다. 왜냐하면 베드로가 감옥에서 해방되어 나오는 것은 말할 필요 없이 하늘나라를 위한 것입니다. 이제 막 어린아이와 같이 걸음마를 시작한 교회가 그 지도자인 베드로를 잃어버리면 생성되기 전에 파멸될 위험이 있습니다.

이러므로 그들은 베드로가 있어야 하늘나라가 전파되고 하늘나라가 확장됨으로 하늘나라를 위한 것입니다. 또 베드로가 해방되어 나오는 것이 하나님의 영광이 되고 복음에 유익이 됩니다. 그러므로 이것은 반드시 하나님의 뜻입니다. 또 베드로가 만일 거기에서 순교를 당한다면 온 성도들의 가슴 속에 불안과 공포가 회오리바람 칠 것입니다. 마음의 평화는 베드로가 기적적으로 나오는 것입니다. 이래서 그들은 하나님의 뜻을 알았기 때문에 하나님의 뜻을 부여잡고 간절히 기도할 수가 있었던 것입니다.

**둘째, 하나님의 능력을 인식하고 기도.** 우리가 기도할 때 하나님의 능력을 인식하고 기도해야 되는 것입니다. 오늘날 많은 사람들이 하나님의 능력을 의심하고 기도합니다. 하나님의 능력을 의심하면 진실 되게 기도할 수가 없고 내 모든 것을 하나님께 내어 맡기고 기도할 수가 없습니다. 내어 맡겼다가 안 되면 큰일 나게 이런 생각을 하는 것입니다.

이러므로 우리가 기도할 때는 반드시 하나님의 능력을 인식해야 되는 것입니다. 하나님은 전지하시다는 것을 알아야 되고, 하나님은 전능하시다는 것을 알아야 되고, 하나님은 어느 곳이나 계시다는 무소부재하시다는 것을 알아야만 되는 것입니다.

어떻게 이런 것을 알 수가 있습니까? 그것은 하나님의 말씀과 접함으로 알 수가 있습니다. 부지런히 성경을 읽고 묵상함으로 말미암아 하나님은 모든 것을 아시고 계시며, 하나님은 우주를 지으셨기 때문에 하나님이 하시고자 하시면 못 할 일이 하나도 없다 하나님은 어느 곳에나 계신다 하나님 앞에 우리 스스로를 감출 수 없다는 이 사실이 마음속에 인식될 때 우리는 진실하게 기도할 수 있고, 하나님께 내어 맡기는 기도를 할 수가 있게 되는 것입니다.

**셋째, 믿음의 증거를 내어놓고 기도.** 우리가 기도할 때, 믿음의 증거를 내어놓고 기도해야 되는 것입니다. 항상 예수께서는 우리의 믿음을 보시고 응답하시는 하나님이신 것입니다. 이러므로 눈에 보이는 믿음의 씨앗을 심고 기도하는 것은 굉장한 능력을 발휘하는 것입니다. 믿음의 씨앗을 심는 것은 자신의 믿음이 가짜가 아니요 요행을 바라는 것이 아니요. 신실하다는 것을 표현하는 것이고 또 그 믿음의 씨앗을 통해서 하나님이 역사할 수 있는 기회를 드리는 것입니다.

　오병이어의 기적도 보십시오. 하나님이 무엇이 없어가지고서 그 남녀 수만 명을 못 먹이겠습니까? 그러나 여기에 안드레가 오병이어라는 것을 가지고 주님 손에 심었었습니다. 안드레가 오병이어를 심을 때 그는 믿음을 풀어놓았습니다. 주님께서 이것을 가지고 기적을 행할 수 있다는 믿음을 풀어놓았고, 예수님은 그 안드레의 오병이어를 받아가지고서 하나님의 능력을 나타낼 수가 있었던 것입니다.

　사렙다의 과부의 마지막 남은 한 움큼의 밀가루와 기름으로 과자를 만들어서 하나님의 종 엘리야에게 내 놓는 것도 그를 통해서 그 과부는 자기의 믿음을 심었었습니다. 나는 하나님께서 절대로 이 가뭄이 지날 때까지 우리를 도와 줄 것을 믿는 다라는 그 믿음을 풀어 놓은 것이고, 하나님은 또 그 믿음을 받아가지고서 하나님의 능력을 풀어놓을 수가 있었던 것입니다. 우리가 믿음을 풀어놓으니까 하나님의 기적의 역사가 벌써 그에게 일어나기 시작한 것입니다.

　이러므로 우리가 하나님께 기도할 때 믿음을 풀어놓기 위해서는 믿음의 씨앗을 심어야 된다는 것을 잊어서는 안 됩니다. 그럴 때 우리 마음의 진실한 기도를 할 수가 있는 것입니다. 무엇이든지 믿음의 씨앗을 심어놓고 난 다음에 가짜로 기도할 수는 없습니다. 그때는 이제는 진짜로 매어달리며 기도할 수가 있게 되는 것입니다. 이러기 때문에 믿음의 씨앗을 심고는 기적이 일어날 것을 기대하고 기대해야 되는 것입니다.

로마서 4장 17절의 말씀대로 "죽은 자를 살리시며 없는 것을 있는 것 같이 부르시는 이시니라" 이와 같이 우리의 마음속에 이미 하나님께서 응답해 주신 것을 꿈꾸어 보고 마음속에 환상으로 그리어 보면서 믿음의 씨앗을 심고 내가 기도하기 때문에 반드시 기적이 일어난다는 확신을 가지고서 하나님께 부르짖어 기도하면 그 기도는 하나님의 보좌를 흔드는 위대한 힘을 나타낼 수가 있습니다.

**넷째, 끈질기게 기도.** 우리는 끈질기게 기도해야 되는 것입니다. 왜냐하면 기도는 그 기도를 막는 마귀가 있기 때문인 것입니다. 성령으로 지배와 장악이 되어야 응답을 막는 귀신이 물러갑니다. 다니엘이 기도할 때 3주간을 계속해서 낙심하지 않고 기도했다는 것을 기억하십시오. 일주일을 기도하고도 응답이 없습니다. 2주일째 기도해도 응답이 없습니다. 그러나 그는 끈질기게 하나님께 매달려 3주간째 금식하며 기도하니까 21일 만에 하나님의 응답이 왔습니다. 천사가 하는 말이 "마귀의 진을 꿰뚫고서 비로소 응답을 가지고 올 수 있었다"고 말한 것입니다.

오늘날도 우리가 기도할 때 마귀는 우리의 기도가 통과되지 못하게 여러모로 훼방하고 막는 것입니다. 이 마귀의 심장을 꿰뚫기 위해서는 끈질긴 인내력을 가지고 응답될 때까지 기도해야 되는 것입니다. 예루살렘교회도 전 교회가 합쳐서 또 마가 요한의 마리아의 집에 모여서 불철주야하고 계속해서 기도를 했던 것입니다. 예수 그리스도께서도 성경이 말씀하기를 "나의 의는 믿음으로 말미암아 살리라 뒤로 물러가면 내 마음이 저를 기뻐하지 아니하리라"고 말한 것입니다. 물러가냐, 안 물러가냐, 이것을 시험해 보는 기간이 반드시 있는 것입니다.

성경에 보면 수로보니게 여인의 집념을 볼 수 있습니다. 예수께서 두로와 시돈지경에 쉬러 가셨을 때 거기에 자기 딸이 귀신들린 여인 한사람이 뛰어나와서 제자들을 붙잡고 내 딸을 도와달라고 부르짖었습니다. 제자들이 예수께 와서 간청을 했습니다. "저 여자가 저렇게 부르짖으니 좀 소원을 듣고 보내 주십시오" 예수께서 말씀하기를 "나는 이스라엘의 잃어버린 양들에게 보냄을 받았지 이방인에게는 보냄을 받지 않았다"고 했습니다. 그러자 이 수로보니게 여인이 또 뛰어와서 예수님의 발 앞에 엎드렸습니다. "내 딸이 흉하게 귀신 들렸으니 내 딸을 도와주소서" 예수님께서 들은 체 만체 했었습니다. 그러나 이 여인은 떠나지 아니하고 예수님 걸어 가는 앞을 자꾸 막고서 "주여! 나를 도와주소서" 그때 예수께서 말씀하셨습니다. "자녀에게 줄 떡을 취해서 개에게는 안 준다. 너 이방 개에게 내가 무슨 떡을 주느냐" "예! 주님 옳습니다. 그러나 개들도 자녀들의 밥상 밑에서 떨어지는 부스러기를 주워 먹습니다. 나에게 부스러기 하나만 주옵소서."

굉장히 예수님께서 감동하셨습니다. "여인아! 네가 이 말을 했으므로 집으로 돌아가라 네 딸에게서 귀신이 나갔느니라" 끈질긴 기도와 올바른 신앙의 고백을 보십시오. 어지간한 사람 같아서는 개 취급을 받았으니까 그냥 돌아서 갔을 것인데 이 여인은 절대로 아니라는 대답을 받지 않기고 결심했었습니다. 예수님이 응답할 때까지 매달리겠다. 나는 아니라는 대답은 안 받는다.

그 결과로 그는 기도응답을 받은 것입니다. 기도한다는 것은 마치 나무를 뽑는 거와 같습니다. 나무를 붙잡고 잡아당기면 뿌리가 뽑히지를 않습니다. 그러나 그것을 흔들고 또 흔들고 그리고 또 잡아당겨서 또 당기고 하면 뿌리가 조금씩 조금씩 빠집니다. 그렇다고 해서 이제 내버려 두면 안 됩니다. 있는 힘을 다 해서 자꾸 잡아당기고 흔들고 또 잡아당기고 흔들고 잡아당기면 나중에 쩍쩍 소리가 나면서 뿌리가 뽑히는데 확 뽑히나요? 아닙니다. 찌익 하면서 빠져요. 기도응답도 그와 같은 것입니다. 어려운 문제를 붙잡고서 원인을 물어보는 기도를 하고, 또 기도를 하면, 나중에 그것이 할 수 없어서 뽑혀서 나오는 것입니다. 뿌리가 뽑혀서 나올 때가지 집중하여 기도해야 합니다.

이러므로 기도라는 것은 끈질긴 인내력을 가지고서 도전해서 뿌리가 뽑힐 때까지 부르짖어야 되는 것입니다. 이 예루살렘에 있는 기도하는 여성들을 보십시오. 베드로가 감옥에서 나와서 집에 찾아올 때까지 그들은 계속해서 하나님이여 베드로가 감옥에서 나오도록 해 달라고 기도한 것입니다. 성령의 역사가 충만하게 될 때까지 집중기도 한 것입니다.성경에 보면 이제 다섯째는 합심 기도하는 것이 굉장히 유익하다는 것을 보여주고 있습니다.

마태복음 18장 19-20절에 "진실로 다시 너희에게 이르노니 너희 중에 두 사람이 땅에서 합심하여 무엇이든지 구하면 하늘에 계신 내 아버지께서 저희를 위하여 이루게 하시리라. 두 세 사람이 내 이름으로 모인 곳에는 나도 그들 중에 있느니라." 고 말한 것입니다. 그러므로 혼자 기도할 때는 기도하다가 지쳐버릴 수 있지만 합심해서 여러명이 기도하면 자기 기도가 약해질 때에 옆에 기도가 불을 붙여 주어서 기도에도 힘을 얻을 수가 있습니다.

또 그럴 뿐 아니라, 성경에는 한사람은 천을 쫓고 두 사람은 만을 쫓는다고 그런 것입니다. 한사람의 힘이면 천명밖에 대항을 못하는데 둘이면 만 명을 대항할 힘이 생긴다는 것입니다. 또 그것보다도 이 두 사람이상 기도하는 것을 주님이 기뻐하시는 것입니다. 그러기 때문에 주님께서 전도할 때도 두 사람씩 보냈고 기도도 두 사람 합심해서 하라는 것은 주님이 그것을 기뻐하는데 기도를 들어주실 분이 기뻐하기 때문에 기도할 때 혼자 기도하는 것보다는 집에서도 부부간에 모여서 기도하고, 부모 자식 간에 모여서 기도하고 교회에서 두 세 사람 합심해서 모여서 기도하는 것이 하나님이 즐겨 받으시는 것입니다.

그러면 하나님의 영광을 나타낼 수 있는 위대한 힘이 있는 것입니다. 이러므로 베드로가 감옥에 갇혀있었을 때 온 예루살렘 교회가 다 합쳐서 기도했고, 마가 요한의 마리아의 집에 사람들이 모여서 합심해서 불철주야 기도했던 것입니다. 이러므로 우리가 특별한 내 개인만 알아야 될 비밀이 아니라면 기도할 줄 아는 사람에게 가서 합심해서 기도하는 것이 좋습니다.

이러기 때문에 제가 주중 예배에 참석하라는 것은 주중 예배에 가서 두 세 사람 성도가 모인 곳에서 여러 가지 나의 문제를 내어놓고 성도들에게 함께 기도해 달라고 부탁하는 것입니다. 그러면 성도들이 함께 구역예배를 드릴 때 마음을 합쳐서 기도하면 하나님께서 하늘 문을 여시고 큰 기적을 허락하여 주시는 것입니다. 성경 상에 보면 위대한 하나님의 역사는 성도들이 합심해서 기도할 때 이루어진 사실을 우리가 볼 수 있는 것입니다.

요한복음 14장 13-14절에 보면 "너희가 내 이름으로 무엇을 구하든지 내가 시행하리니 이는 아버지로 하여금 아들을 인하여 영광을 얻으시게 하려 함이라 내 이름으로 무엇이든지 내게 구하면 내가 시행하리라"고 하신 것입니다. 우리는 아직까지 우리 기도의 위대한 능력을 깨닫고 있지 못합니다. 우리가 기도함으로 말미암아 얼마나 크나큰 하나님의 위대한 힘이 우리의 배후에서 우리를 위해서 일을 해 주시며 문제를 해결해 주신다는 것을 우리는 이해하지 못하고 있는 것입니다. 만일 예루살렘에 있는 성도나 마가 요한의 다락방에서 함께 기도한 마리아와 기도의 용사들이 그 당시에 엎드려서 기도하지 않았더라면 오늘날 기독교는 온 세계에 이처럼 위대한 위력으로 퍼져나가지 않았을 것입니다.

왜냐하면 그 당시 베드로가 참수를 당했더라면 기독교의 역사는 힘을 잃어버렸을 것입니다. 그러나 인간으로 상상할 수 없는 하나님의 능력이 나타나서 가장 무서운 로마의 분봉왕 헤롯이 군대들에게 엄명해서 지킨 그 철창살 안의 감옥도 기도로 깨뜨려버리고 마는 것입니다. 이러므로 우리의 개인문제, 가정문제, 생활문제, 우리 사회 우리 국가와 여러 가지 문제가 닥쳐올 때 인간의 수단과 방법보다도 무엇보다 제일 먼저 나가서 시행해야 될 것이 하나님 앞에 엎드려 기도하는 것입니다. 우리가 기도에 강하면 생활에 강하고 기도에 승리하면 생활에 승리하게 되는 것입니다.

# 20장  24시간 항상 깨어있는 기도

(마태복음 24:42-46) "그러므로 깨어 있으라 어느 날에 너희 주가 임할는지 너희가 알지 못함이니라. 너희도 아는 바니 만일 집 주인이 도둑이 어느 시각에 올 줄을 알았더라면 깨어 있어 그 집을 뚫지 못하게 하였으리라. 이러므로 너희도 준비하고 있으라 생각하지 않은 때에 인자가 오리라. 충성되고 지혜 있는 종이 되어 주인에게 그 집 사람들을 맡아 때를 따라 양식을 나눠 줄 자가 누구냐 주인이 올 때에 그 종이 이렇게 하는 것을 보면 그 종이 복이 있으리로다."

24시간 항상 깨어있는 기도를 한다고 하니까, 어떤 분들은 잠을 자지 않고 24시간 기도하는 것으로 오해할 소지가 다분하게 있습니다. 필자도 신앙이 어릴 때 어떻게 사람이 자지 않고 24시간을 깨어서 기도할 수 있느냐 하면서 마음으로 거부한 경험이 있습니다. 24시간 깨어서 기도하라는 것을 이렇게 이해하셔야 합니다. 우리의 주인은 성령하나님이십니다. 성령하나님은 시편 121:4절에서 "이스라엘을 지키시는 이는 졸지도 아니하시고 주무시지도 아니하시리로다." 말씀하셨습니다. 이스라엘은 나라가 아니고 하나님의 나라 사람을 말하는 것입니다. 지금 성령이 역사하는 교회시대의 이스라엘은 성령으로 거듭난 성도들을 말하는 것입니다.

그럼 어떻게 해야 24시간 깨어서 기도할 수가 있겠습니까? 항상 자신 안에 주인으로 계시는 하나님을 찾는 것입니다. 기도란 자신 안에 하나님께 집중하는 것입니다. 항상 자신 안에 계신 하나님을 찾으니 자신의 주인이신 하나님께서 주무시지 않고 자신을 위하여 기도하시는 것입니다. 자신은 잠을 자고 있지만 성령하나님은 자신을 위하여 기도하시는 것입니다. 믿어야 합니다. 중요한 것이 자신 안에 하나님께 집중하는 것입니다. 걸어 다니는 성전으로 사는 것입니다. "너희는 너희가 하나님의 성전인 것과 하나님의 성령이 너희 안에 계시는 것을 알지 못하느냐"(고전 3:16).

하나님은 깨어있는 기도가 있으면 반드시 응답이 있습니다. 그리고 기도가 하나님의 마음에 합하기만 하면 모든 문제가 해결됩니다. 하나님의 도우심으로 형통한 축복을 받게 됩니다. 이 시간 성령이 인도하는 깊은 영의 기도로 하나님에게 응답을 받을 수 있는, 영의 통로를 여는 기도를 터득하는 시간이 되시기를 바랍니다.

미국의 백화점 왕, 존 워 너 메이커는 기도에 대해서 다음과 같이 정의했습니다. "기도란 하나님과 손을 잡는 것이다." 하나님께서 손을 잡아주시면, 하나님께서 함께 하시면, 하나님께서 주인이시면 모든 문제가 해결됩니다. 그런데도 오늘날 사람들은 기도하지 않습니다. 또한 기도한다고 하는 사람들 중에도 도중에 의심하고 포기하는 사람이 얼마나 많습니까? 악한 영에 시달리고 병들어 있어도 안수만 받으려고 하고 기도를 하지 않습니다. 목회자 사모가 직분자가 되어도 기도하기를 귀찮아합니다. 그러나 하나님은 기도로 우리와 손을 잡아 주십니다.

하나님께서는 기도를 통해서 역사하십니다. 기도를 성령으로 깊게 하면 기도 응답도 바로 해주시고, 기도를 적게 하면 응답도 더디게 됩니다. 기도를 길게 하면 하나님의 역사도 길어지게 되지만, 기도를 짧게 하면 하나님의 응답도 더디오는 것입니다. 기도를 깊게 오래 하면 하나님의 깊은 진리와 지혜를 깨달아 알게 되지만, 기도를 얕게 하면 하나님의 뜻을 제대로 알 수 없습니다.

기도는 우리 생활에 막대한 영향을 줍니다. 기도를 통해서 응답 받고 축복 받고 하나님 앞에 영광을 돌리는 사람이 있는가 하면, 기도를 제대로 하지 않아서 하나님의 도움도 축복도 받지 못하고, 하나님 앞에 가까이 나가지 못하는 사람도 있습니다. 기도는 우리의 영을 깨우는 의지적인 활동입니다.

하나님과 영의 통로를 여는 적극적인 활동입니다. 잠을 자고 있는 사람은 누가 무엇을 하는지 알지 못합니다. 그러나 깨어 있는 사람은 주변의 사리 판단과 전개되는 모든 일들을 질서 있게 처리하면서 생활하게 되는 것입니다. 우리 신앙도 마찬가지입니다. 만약에 신앙이 깨어 있지 않은 상태라면 자기에게 어떤 불행이 오는지, 또 어떤 사탄 마귀가 시험하는지, 천군 천사가 곁에서 축복해주고 보호해주고 있는지, 또 자기가 무엇을 해야 되는지, 그것을 알지 못하는 가운데 있게 됩니다. 그러므로 하나님은 주님의 재림의 시기가 가까운 시대를 살아가고 있는 우리에게 "깨어 있으라."

고 말씀하고 있습니다. 로마서 13:11에 보면 "또한 너희가 이 시기를 알거니와 자다가 깰 때가 벌써 되었으니 이는 이제 우리의 구원이 처음 믿을 때보다 가까웠음이라" 라고 말씀했습니다. 그러면 어떻게 깨어 있어야 할까요?

**첫째, 영의 기도로 깨어 있어야 한다.** "시험에 들지 않게 깨어 기도하라 마음에는 원이로되 육신이 약하도다 하시고"(마 26:41) 우리는 성령으로 깨어서 기도해야 합니다. 성도가 기도하는 순간은 깨어있는 순간입니다. 만일 성도가 기도하지 않는다면 그것은 신앙의 잠을 자고 있는 순간입니다. 마치 마취를 하면 아무 감각이 없는 것과 마찬가지입니다. 기도하지 않으면 내게서 어떠한 보화가 상실되는 지도 모릅니다. 황금 같은 세월이 어떻게 흘러가는지도 모르고 나태하게 되는 것입니다. 그러나 기도할 때는 항상 하나님께서 지혜를 주시고, 성령의 도우심이 함께 할 줄로 믿으시기 바랍니다. 마태복음 24:17에 보면 "지붕 위에 있는 자는 집 안에 있는 물건을 가지러 내려가지 말며" 라고 말씀했습니다.

왜 이 말씀을 하셨을까요? 극심한 환난이 임했을 때 도망가기 위해서 집 안에 있는 물건을 가지러 갈 생각보다도 지붕 위에 있으라는 말은 "기도하라" 는 말입니다. 성령충만하라는 것입니다. 외적 침묵을 하고 내 면의 하나님을 찾으라는 것입니다. 유대인들이 기도를 주로 많이 하는 곳은 산입니다. 산이 없는 곳에 사는 사람은 바다에서 합니다. 또 바다도 없는 곳에 사는 사람은 지붕 위에 올라가서 합니다. 기도하는 순간을 중단하지 말고, 기도하는 처소를 떠나지 말고, 기도하는 일을 그치지 말라는 것입니다. 깨어 기도해야 할 시간에 영-혼-육체가 깊이 잠이 들면 주님의 제자들처럼 시험에 빠져 주님을 부인하는 지경에 이르기도 합니다.

우리에게 무기가 있다면 그것은 기도하는 것입니다. 어떠한 일이 있어도 기도할 때에 그 기도 속에 하나님의 역사가 함께 하는 것입니다. 하나님이 특별히 역사 해주고 축복해주는 사람은 기도하는 사람입니다. 우리가 영적으로 하나님과 대화하는 순간은 우리의 인성, 육성, 자신의 모든 경험과 여건, 환경, 조건도 다 포기하는 순간입니다. 기도할 때는 오직 하나님만 역사하는 순간이 될 줄 믿으시기 바랍니다.

**둘째, 사명에 충성을 다하며 깨어 있어야 한다.** 하나님은 주신 사명에 대해서 반드시 청산할 때를 약속했습니다. 마태복음 25:14~30에 보면 다섯 달란트 받은 사람과 두 달란트 받은 사람, 한 달란트 받은 사람 등 달란트 비유가 나옵니다. 다섯 달란트 받은 사람과 두 달란트 받은 사람처럼 충성한 사람에게는 "그 주인이 이르되 잘하였도다 착하고 충성된 종아 네가 적은 일에 충성하였으매 내가 많은 것을 네게 맡기리니 네 주인의 즐거움에 참여할지어다 하고"(마 25:21)라고 칭찬해주셨습니다. 그리고 한 달란트 받은 사람처럼 게으른 사람에게는 "그 주인이 대답하여 이르되 악하고 게으른 종아 나는 심지 않은 데서 거두고 헤치지 않은 데서 모으는 줄로 네가 알았느냐"(마 25:26).

"이 무익한 종을 바깥 어두운 데로 내쫓으라 거기서 슬피 울며 이를 갈리라 하니라"(마 25:30)라고 책망을 했습니다. 그래서 하나님은 항상 자기 일에 충성을 다하고, 자기 사명에 충성하는 자를 기뻐하시는 것입니다.

요한계시록 2:10에 보면 "너는 장차 받을 고난을 두려워하지 말라 볼지어다 마귀가 장차 너희 가운데에서 몇 사람을 옥에 던져 시험을 받게 하리니 너희가 십 일 동안 환난을 받으리라 네가 죽도록 충성하라 그리하면 내가 생명의 면류관을 네게 주리라"고 말씀했습니다. 보통 사람들은 자기가 생각하고 자기가 목표를 세운대로 이루어졌으면 주님의 뜻이라고 하고, 자기의 목적이 안 이루어졌을 땐 주님의 뜻이 아니라고 하는데, 이렇게 판단하면 안 됩니다. 주님이 말씀하신 대로, 주님이 생각하시는 대로, 주님이 원하시는 것을 우리가 이룰 때 이것이 바로 충성이 되는 줄 믿으시기 바랍니다. 하나님은 우리가 충성하는 대로 반드시 생명의 면류관 상을 주시고, 더 많은 것을 맡겨주시는 축복(마 25:21)을 주실 줄 믿으시기 바랍니다.

로마서 12:11에 보면 "부지런하여 게으르지 말고 열심을 품고 주를 섬기라" 고 말씀했고, 베드로전서 4:7에 보면 "만물의 마지막이 가까이 왔으니 그러므로 너희는 정신을 차리고 근신하여 기도하라"고 말씀했습니다. 우리는 주신 사명을 빼앗겨서는 안 됩니다. 또 하나님께 받은 사명을 묻어두면 안됩니다. 하나님께 받은 사명을 활용할 줄 알아야 됩니다. 누가복음 9:62에 보면 "예수께서 이르시되 손에 쟁기를 잡고 뒤를 돌아보는 자는 하나님의 나라에 합당하지 아니하니라 하시니라"라고 말씀했습니다.

**셋째, 시험에 들지 않기 위해서 깨어 있어야 한다.** "시험에 들지 않게 깨어 기도하라 마음에는 원이로되 육신이 약하도다 하시고"(마 26:41) 마귀는 시험하는 자(마 4:3)라고 했습니다. 성령으로 기도하는 자에게는 마귀가 틈을 타지 못합니다. 성령으로 깨어 있어 기도할 때 사탄 마귀가 물러갑니다. 베드로전서 5:8-9에 보면 "근신하라 깨어라 너희 대적 마귀가 우는 사자 같이 두루 다니며 삼킬 자를 찾나니 너희는 믿음을 굳건하게 하여 그를 대적하라 이는 세상에 있는 너희 형제들도 동일한 고난을 당하는 줄을 앎이라"고 말씀했습니다.

또 에베소서 4:27에 보면 "마귀로 틈을 타지 못하게 하라"고 말씀했습니다. 사탄은 조금만 틈을 주면 홍수처럼 밀려옵니다. 그래서 하나님은 시험에 들지 않기 위해서, 시험을 주는 마귀를 대적하여 이기게 하기 위해서 항상 깨어 있기를 원하시는 것입니다. 항상 깨어있는 다는 것은 잠을 자지 않는 것을 말하는 것이 아닙니다. 성령으로 기도하며 성령의 지배와 장악이 되는 것입니다. 항상 깨어 있는 상태란 우리는 잠을 자더라도 성령님이 주무시지 않으시면서 영으로 기도하는 상태를 말하는 것입니다.

**넷째, 생업의 성공을 위하여 기도로 깨어있어야 한다.** 하나님의 자녀가 하는 일은 모두가 하나님의 일입니다. 하나님의 일에는 방해하는 마귀가 있습니다. 마귀와의 전쟁에서 승리해야 생업에 성공할 수가 있습니다. 생업에 성공하여야 하나님의 마음을 기쁘시게 하며 하나님을 감동시킵니다. 생업을 위하여 기도로 집중하십시오. 어떻게 하면 내가 하는 분야에 일인자가 될 수가 있는? 어떻게 하면 적은 자본을 투자하여 많은 수입의 효과를 거둘 수 있겠는가? 어떻게 하면 좀더 좋은 물건(상품)을 만들 수 있겠는가? 어떻게 하면 매출을 더 높이겠는가? 어떻게 하면 효과적인 광고를 할 수 있겠는가? 어떻게 하면 지금보다 나은 상품을 개발할 수가 있겠는가? 직원들은 어떤 생각을 가지고 있는 가? 영의 기도로 깊은 임재 가운데 끊임없이 하나님에게 지혜를 받아 하나님이 생업을 이끌어 가게 해야 합니다.

경제적으로 안정되게 살던 한 남자가 있었습니다. 그런데 갑자기 망하게 되었습니다. 집을 저당 잡히고 친구의 보증을 섰는데, 친구의 사업이 잘못되는 바람에, 자기 집까지 날리는 신세가 되었습니다. 처음에는 가깝게 지내던 친구로 인해 망하게 되어 낙심이 되었습니다. 그러나 계속 낙심하고 있을 수만은 없었습니다. 그는 "어떻게 하면 잃어버린 것을 되찾을 수 있을까, 어떻게 하면 새롭게 재기할 수 있을까?" 하고 생각했습니다. 그러다 자기를 도울 수 있는 분은 하나님밖에 없다는 결론을 내렸습니다. 이 남자는 하나님, 하나님만을 의지하기로 결심을 했습니다. 평소에는 새벽 기도도 한 번도 안 나가던 사람이 매일 새벽 기도를 나갔습니다.

철야 기도도 안 나가던 사람이 철야 기도도 나갔습니다. 밤새도록 하나님 앞에 기도했습니다. "하나님! 나를 도와주시옵소서. 저는 하나님밖에 의지할 곳이 없습니다. 앞으로 하나님 나라 부흥을 위하여 살겠사오니 기적을 베풀어주시옵소서." 그렇다고 이미 나간 돈이 어떻게 다시 들어오겠습니까? 그러나 그 남자는 열심히 성령으로 하나님께 기도를 했습니다. 그 남자의, 주변 사람들도 "만약 이 상태에서 저 사람이 다시 일어설 수 있다면, 진짜 하나님은 살아계시는 거야." 이렇게 말할 정도로 열심히 기도를 했습니다.

그렇게 기도한지 한 1년쯤 되는 어느 날이었습니다. 자본 없이 할 수 있는 일이 없을까 생각하고 있는데, 하나님께서 그에게 좋은 지혜 아이디어를 주셨습니다. 평소에는 생각조차 해 보지 않은, 장난감을 만드는 일이었습니다. 자기 집의 방 한 칸을 장난감 가게로 개조했습니다. 두 평도 안 되는 조그만 가게에서 "배추 머리인형"이라는 아주 못생긴 인형을 만들기 시작했습니다.

대개 인형이라고 하면 예쁘게 생긴 인형을 생각하지만, 그는 아주 못생긴 인형을 만들었습니다. 그런데 그 못생긴 인형을 사러 동네 아이들이 몰려들었습니다. 못생긴 인형을 보고 그래도 자기는 잘 생겼다는 위안을 받으려는 심리 때문인지 아이들은 배추머리인형을 많이 사갔습니다. 그래서 그 남자는 인형의 총 판권을 따냈습니다. 가게가 점점 자리가 잡히고 일어서기 시작했습니다.

이 남자 성도는 모든 것이 부족한 상태에서, 연약한 상태에서 하나님 앞에 간절히 기도만 했습니다. 그랬더니 하나님께서 아이디어를 주시고 용기를 주시고 믿음을 주시고 다시 사업을 일으켜 주셨습니다. 다시 재물을 주시고 하나님 나라 부흥을 이루며, 영광 돌리며, 살도록 축복해 주셨습니다.

우리 모두 하나님 앞에 성령으로 기도하시기 바랍니다. 하나님의 도움을 받으시기 바랍니다. 하나님의 지혜를 받기 바랍니다. 하나님은 믿는 자를 통하여 하나님의 일을 이루어 가십니다. 하나님은 지금도 하나님 마음에 합한 자를 두루 다니시며 찾고 계십니다. 우리 모두 하나님의 일을 이루는 일에 선택되시기를 바랍니다. 회복하시는 하나님의 은혜를 체험하시기를 바랍니다.

하나님께서 우리와 함께 하시면, 잃어버린 지위도 다시 찾을 수 있습니다(창 40:13). 망한 회사도 다시 일으키고(레 25:41), 재산도 다시 회복할 수 있습니다(삼하 9:7). 잃어버린 건강도 다시 찾을 수 있습니다(시 39:13; 눅 6:10). 나라도 다시 부강해 질 수 있습니다. 하나님이 우리와 함께 하시면 하나님께서 하신 약속의 말씀이 다 성취되는 것입니다. 시간마다 주님 앞에 기도하면 하나님께서 반드시 피할 길을 주시고 구원의 손길을 베풀어주십니다. 절망과 슬픔 속에서 낙심하고 땅을 치고 통곡하며 한숨만 쉬지 마시고 눈을 들어 하늘을 바라보시기 바랍니다. "하나님, 우리에게 살길을 주시옵소서. 우리에게 건강을 주시고, 잃어버린 것을 되찾게 하시고, 능력과 카리스마 권능을 베풀어주시옵소서." 기도하는 사람은 결코 망하지 않습니다. 기도로 깨어있는 사람을 하나님이 사용하십니다.

**다섯째, 주님의 재림을 준비하는 슬기로운 자가 되기 위해서 깨어 있어야 한다.** 마태복음 25:1~13에 보면 슬기로운 다섯 처녀와 미련한 다섯 처녀 비유가 나옵니다. 슬기로운 다섯 처녀는 등불과 여분의 기름을 준비한 반면, 미련한 다섯 처녀는 등과 기름을 준비했지만 여분의 기름을 준비하지 않았습니다. 그 결과 슬기로운 다섯 처녀는 더디 오는 신랑을 맞이했지만, 미련한 다섯 처녀는 기름이 떨어져 기름을 사러 간 사이에 문이 닫힘으로 신랑을 맞이하지 못했습니다. 요한계시록 16:15에 보면 "보라! 내가 도둑 같이 오리니 누구든지 깨어 자기 옷을 지켜 벌거벗고 다니지 아니하며 자기의 부끄러움을 보이지 아니하는 자는 복이 있도다"라고 말씀했습니다.

이 땅에 재림의 주가 오실 때도 깨어 있는 자가 맞이할 수 있지만, 평소에도 깨어 있는 자가 늘 주님과 동행하게 될 줄 믿습니다. 사랑하는 독자들이여! 주님의 재림이 점점 다가오고 있는 이때에 무관심과 나태, 영육의 깊은 잠에 빠져서 그 날을 갑작스럽게 당황해하며 맞이하지 말고, 영적으로 항상 깨어 있어 기도하고, 사명에 충성하며, 시험에 들지 않고 마귀를 대적하며, 주님의 재림을 준비하는 슬기로운 성도가 되시기를 바랍니다.

**여섯째, 영을 깨우는 영적 기도의 여러 방법.**

1) 잠자기 전 기도로 영을 깨우고 잠들라. 잠자리에 들어가 호흡기도나 침묵기도로 성령의 깊은 임재 하에 하루를 정리하고 잠자

리에 들어가시기를 바랍니다.

2) 걸어 다니면서 호흡과 마음의 기도로 영을 깨우라. 걸음을 한 발 한발 내 딛으면서 코로 숨을 아랫배까지 들이쉬고 내쉬는 호흡 기도나 마음의 기도로 성령의 임재 하에 하나님을 찾으라. 답답한 현실의 문제를 하나님에게 질문하라. 하나님 어떻게 했으면 좋겠습니까? 하나님 사랑합니다. 하나님 도와주세요.

3) 일을 하면서 마음의 기도로 영을 깨우라. 일을 하면서도 마음의 기도나 호흡기도로 성령의 깊은 임재에 들어가 일을 하시라. 피로도 조금오고 스트레스도 받지 않습니다.

4) 예배 시 말씀을 들으며 마음의 기도로 영을 깨우라. 말씀을 들으면서도 호흡기도나 마음의 기도를 하여 성령의 임재를 머물게 하세요. 잡념도 들지 않고 말씀도 잘 들리고 마음도 평안하게 유지할 수가 있습니다.

5) 학교 공부나 강의를 들으며 마음의 기도로 영을 깨우라. 강의를 들으면서도 호흡기도나 마음의 기도를 하여 성령의 임재를 머물게 하세요. 잡념도 들지 않고, 집중도 잘되고, 마음도 평안하게 유지할 수가 있습니다. 시간을 영적으로 잘 활용하는 슬기로운 성도가 되시기를 바랍니다.

6) 자신의 생업의 성공을 위하여 기도로 영을 깨우라. 하나님을 믿는 자가 하는 모든 일은 하나님의 일입니다. 죄짓고 술장사를 제외하고 말입니다. 호흡기도나 마음의 기도로 성령의 깊은 임재 하에 목사님은 목회하는 일과 교회와 성도들의 영적인 관리를 위하

여, 사업하시는 성도님은 사업의 번창과 직원의 안녕을 위하여, 직장인은 직책의 성공적인 수행을 위하여, 가정주부는 가정의 평안과 가족의 영육의 건강을 위하여, 영적으로 깊은 가운데 몰입하여 하나님과 의논하며, 지식의 말씀과 지혜의 말씀과 영들을 분별하여 자신이 위치한 곳을 하나님의 나라가 되게 하세요.

7) 쇼핑이나 여행(등산. 해수욕. 관광)시에 호흡과 마음의 기도로 영을 깨우라. 세상 속에서 세상을 즐길 때도 거기에 빠지지 말고, 호흡기도나 마음의 기도를 하여 성령의 깊은 임재 하에 지내보세요. 당신의 영성은 날로 깊어지고 발전하고 하나님의 성품으로 변할 것입니다.

8) 기도원. 치유센터 등에 은혜 받을 때 대적기도로 깨어있으라. 우리 성령의 사람은 스폰지와 같은 흡입력이 강한 사람들입니다. 내가 성령으로 충만한 상태이면 문제가 되지 않지만 혼탁한 경우라면 나쁜 영이 침입할 수 있습니다. 그러므로 치유 기관이나 교회, 기도원에 기도하러 가서도, 영적으로 경각심을 가지고 깨어있어야 합니다. 예수님이 십자가에서 피를 흘리는 모습을 묵상하면서 묵상기도로 깨어있던지, 호흡이나 마음의 기도로 영을 깨우고, 은혜를 받아야 합니다.

방심은 금물입니다. 교회나 치유센터나 기도원이나 공통으로 영적으로 맑은 사람이 모였다고 볼 수는 없습니다. 자칫 잘못하면 상대방에 흐르는 잘못된 영이 전이될 수가 있습니다. 은혜가 많은 곳에 악한 영의 역사도 많다는 것을 명심하세요.

9) 중보(도고) 기도하며 영을 깨우라. 중보기도 자는 기도로 깨어있는 자입니다. 호흡 기도나 마음의 기도로 중보 대상자를 마음에 두고 깨어서 하나님에게 기도하시기 바랍니다. 그러면 그 대상자의 모든 면을 돌보아 줄 수가 있는 영력이 생길 것입니다. 개인의 응답, 가정의 응답, 사업의 응답, 교회의 응답 등이 들릴 것입니다. 이는 기도하는 당신의 모습을 보고 감탄하여 성령님이 주시는 은총입니다.

어떤 분은 어떻게 24시간 깨어있을 수 있을까? 하실 것입니다. 그러나 알고 보면 쉽습니다. 마음으로 하나님을 항상 찾는 것입니다. 영이신 하나님을 무시로 찾으니까, 영이 깨어있는 것입니다. 하나님을 무시로 찾으세요. 걸어가면서도 하나님을 마음으로 찾고, 문제가 있으면 하나님! 어떻게 해야 합니까? 하고 물어보는 것을 습관화하세요. 그러면 당신의 영은 날로 새롭게 깨어날 것입니다.

**충만한 교회는** 매주 월-화-금-토(매일10:00-12:00) 기도치유 집회를 인도합니다. 성령안에서 깊은기도를 숙달하며 귀신을 축사하고 상처를 치유하고 병원이나 세상 방법으로 해결하지 못하는 무슨 문제든지 해결을 받겠다는 믿음을 가지고 오시면 15가지 질병과 문제도 모두 치유 받습니다. 천국을 누리고 싶은 분은 믿음을 가지고 오시기만 하면 무슨 문제라도 치유되고 해결이 됩니다. 오시면 천국을 체험하고 누리며 살아가게 됩니다. 전화(02-3474-0675)로 확인하시고 예약하세요.

# 21장 하나님께 증표를 구하는 기도

(사사기 6:36-40)"기드온이 하나님께 여쭈되 주께서 이미 말씀하심 같이 내 손으로 이스라엘을 구원하시려거든 보소서 내가 양털 한 뭉치를 타작 마당에 두리니 만일 이슬이 양털에만 있고 주변 땅은 마르면 주께서 이미 말씀하심 같이 내 손으로 이스라엘을 구원하실 줄을 내가 알겠나이다 하였더니 그대로 된지라 이튿날 기드온이 일찌기 일어나서 양털을 가져다가 그 양털에서 이슬을 짜니 물이 그릇에 가득하더라. 기드온이 또 하나님께 여쭈되 주여 내게 노하지 마옵소서 내가 이번만 말하리이다 구하옵나니 내게 이번만 양털로 시험하게 하소서 원하건대 양털만 마르고 그 주변 땅에는 다 이슬이 있게 하옵소서 하였더니, 그 밤에 하나님이 그대로 행하시니 곧 양털만 마르고 그 주변 땅에는 다 이슬이 있었더라."

증표란 하나님께서 함께하시며 일하시고 계신다는 보증입니다. 하나님께서 함께하시면서 문제나 환경을 지배하고 계신다는 것을 눈에 보이게 역사하시는 보증의 역사입니다. 성령으로 기도하여 성령하나님으로 지배와 장악이 되어 하나님의 말씀에 순종하니 하나님이 응답을 하셨다는 표징(보증의 역사)입니다. 하나님께서 인도하고 계신다는 증명입니다. 그대로 따라가면서 순종하면 길이 열린다는 뜻입니다. 하나님의 뜻과 자신의 행동이 일치가 되었다는 표징입니다. 하나님께서는 환경이 나타나는 증표를 통하여 애굽에 있던 이스라엘을 가나안으로 인도하셨습니다. "홍해가 갈라지고, 낮에는 구름기둥으로 밤에는 불기둥으로(출 13:17-22) 인도하시고, 마라의 쓴물이 정화되어 식수가 되고, 하늘에서 만나가 내리고, 바위에서 물이 솟아나고" 이런 모든 것들을 증표라고 하는 것입니다. 하나님께서 함께하시는 증거입니다. 증표를 보증의 역사라고 하기도 합니다. 환경에 증표(보증의 역사)가 나타날 때까지 기도하는 습관이 중요합니다. 우리는 자연의 현상 중에서 변화의 증표를 깨달을 때가 많습니다. 즉, 저녁노을이 붉으면 내일 날씨가 좋겠다, 그렇게 말합니다. 또 아침 북서가 붉으면 날이 흐리고 비가 올 것이다, 그렇게 말합니다. 하나님께서는 하나님이 일하시기 전에 우리들의 신앙을 확고히 하기 위해 종종 증표를 보여주십니다. 어떤 사람에게는 꿈으로, 어떤 사람에게는 환경을 통하여 하나님의 뜻을 분명하게 보여 주십니다.

구약시대 하나님의 종들은 하나님의 뜻을 알기 위하여 담대히 증표를 구했습니다. 예를 들어 아브라함의 종이 이삭을 위해서 신부감을 구하기 위하여 메소포타미야의 나홀의 성으로 갔을 때였습니다. 그는 메소포타미야의 나홀성의 어느 우물가에 약대 열필을 앉혀놓고 기도를 했습니다. "아브라함의 하나님이시여! 저희 일행을 무사히 메소포타미야의 나홀성까지 오게 하여 주셨으니 이제 이 우물가에서 기다리겠습니다. 어떤 처녀가 물동이를 메고 와서 물을 길을 때, 내가 이렇게 말을 하겠습니다. "내게 물을 좀 마시게 해 주세요" 그 처녀가 내게만 물을 마시울 뿐 아니라 약대들에게도 물을 마시우겠다고 하면 그 처녀가 하나님이 이삭을 위해서 택한 아내인 줄로 알겠습니다." 이렇게 확실한 증거를 하나님 앞에 제시했습니다.

그러고 있는데 한 처녀가 물동이를 걸머지고 왔습니다. 그래서 그 처녀가 물을 기르는 것을 잠잠히 바라보고 있다가 그 처녀에게 "내게 물을 좀 마시우소서" 그러니까 그 처녀가 "예 당신에게 마시울 뿐 아니라 당신의 약대에게도 다 마시우겠습니다" 하고 물을 그 종에게 마시우게 하고 약대들에게도 다 마시게 하는 것을 보고 야! 하나님께 요구한 증표대로 이루어지는구나 하고, 약대에 물을 다 마시웠을 때, 즉시로 그에게 금팔찌, 금목걸이, 금귀고리를 끼워주고, 그가 누구인지 알아보니까 바로 리브가였습니다. 이처럼 하나님의 뜻을 알기 위해서 먼저 자기가 증표를 내어놓고, 그 증표에 하나님이 응할 때, 이것이 하나님의 뜻이라는 것을 확실히 알고 수행한 일들이 수없이 많습니다. 신약시대에 와서도 이와 같은 현상이 성경은 성령으로 깨닫고 보면 자주 일어났지만 구약시대 성도들에게는 증표를 보여주시는 하나님을 간절히 찾고, 또 하나님께서는 그들에게 변치 않는 증표를 보여주셔서 확실한 신앙을 가질 수 있도록 해주신 것입니다. 우리가 구약시대에 보면 기드온이 구한 증표를 볼 수 있었던 것입니다. 사사시대에 이스라엘이 하나님 목전에서 악을 행하여 미디안의 손에서 7년간 종살이를 했습니다. 너무 고통스러우니까 그들이 회개하고 부르짖으매 하나님의 사자가 나타나서 기드온을 택했습니다. 또다시 미디안이 바다의 모래와 같은 약대와 나귀를 몰고 이스라엘을 침공해 왔습니다. 그들이 와서 이스라엘의 추수 때 곡식을 다 빼앗아 가버린 것입니다.

　그래서 기드온이 나팔을 불매 이스라엘의 백성들 약 2만 명이 몰려 왔습니다. 그중에 간추리고 간추려서 300 용사를 기드온이 택했었습니다. 그리고 난 다음에도 기드온의 마음속에 과연 하나님이 이 전쟁에 이기게 해주실까? 아닐까? 를 알 수가 없었습니다. 그래서 그는 하나님께 증표를 구했었습니다. 하나님께 말하기를 오늘 주님이시여! 오늘 저녁에 내가 양털 한 뭉치를 저 타작마당에 갖다 놓겠는데 타작마당에는 이슬이 내리지 아니하고 양털에만 이슬이 내리게 하면 하나님이 이번 미디안과의 전쟁에서 저를 이기게 해주실 것을 믿겠습니다, 하고 하룻밤을 지나고 이른 새벽에 일어나서 타작마당에 가서 그 양털 뭉치를 가져다가 짜보니 그릇에는 물이 가득히 잠겼지만 주위에는 이슬이 한 방울도 없었습니다.

　그것만 해도 미심쩍어서 그는 하나님 진노하지 마옵소서. 한번만 더 저에게 증표를 주시옵소서. 오늘은 제가 양털뭉치를 역시 타작마당에 갖다 놓겠는데 타삭마당 전체는 이슬이 가득하나 양털은 보송보송하고 이슬이 없게 하여 주옵소서 그렇게 기도하고 난 다음에 그 이튿날 아침에 일어나서 타작마당에 가보니 타작마당 전체에 물이 흥건하게 이슬이 졌었는데 양털 한 뭉치 그것을 들어보니 보송보송하여 물 한 방울도 나오질 않습니다. 그래서 기드온은 하나님께서 확실히 나와 같이 계신다. 이 전쟁은 이긴 전쟁이다. 그렇게 하나님 앞에서 증표를 얻을 수가 있었습니다.

　그럼에도 불구하고 아직까지 기드온이 마음에 확정이 나지 있으니까 하나님이 저녁에 너의 부관을 거느리고 적군 진지에 한번 가보아라. 그리고 그들이 말하는 소리를 듣고 마음에 확신을 얻으라고 말했습니다. 이에 기드온이 자기 부관을 데리고 기어 들어가서 미디안 적진에 가보니까 미디안 한사람이 천막에서 이런 말을 합니다. 자기 동료를 보면서 야! 나 잠을 잤는데 꿈에 보니 저 기드온 진에서 보리떡 하나가 굴러 내려오더니만 미디안의 천막을 쳐서 무너뜨리더라. 그러니깐 그 옆에 있는 동료가 해석하기를 그건 틀림없이 기드온의 칼이다. 이제 이스라엘 백성이 미디안을 쳐서 멸할 것을 표시하는 것이다. 그 말을 듣자 틀림없이 우리가 이겼구나! 그래서 300 용사를 데리고 미디안을 공격하여 역사적인 거대한 승리를 가져오고 7년 동안 종살이하던 이스라엘을 미디안의 억압에서 구출한 사건이 기록되어 있습니다.

이러므로 여기에서 기드온은 하나님의 뜻을 분명히 알기 위해서 그는 담대하게 증표를 구했던 것입니다. 그리고 하나님은 그 증표를 통해서 하나님의 뜻을 보여주셨던 것입니다.

우리가 보면 블레셋 군대와 대처하던 요나단이 구한 증표도 있습니다. 블레셋이 이스라엘을 쳐들어와서 그들 진이 메뚜기 떼 같이 많은 군대로써 펼쳐졌는데 여기 이스라엘은 오랫동안 블레셋의 지배를 받았기 때문에 블레셋 사람들이 이스라엘 사람들 중에 모든 철공들을 없애 버렸습니다. 낫과 칼을 벼르려면 모두 다 블레셋 철공들에게 가야만 했습니다. 그래서 칼을 가진 사람은 이스라엘의 사울 왕과 그 다음에 그 아들 요나단 밖에 없고, 그 이외에는 전쟁에 나온 사람이 전부 괭이와 쇠스랑과 삽과 낫을 들고 나왔습니다. 이럴 정도로 이스라엘은 전쟁에 이길 가능성이 없었습니다. 그래서 그들이 대처해서 수일동안 서로 싸움을 돋우고 있는데 하루는 사울왕의 아들 요나단이 자기의 부하를 보고 말합니다. "너! 나를 따라오너라! 우리 둘이 저! 블레셋 군대와 싸우자 그런데 블레셋 군대가 있는 바로 부대 밑에 큰 바위가 있고, 이쪽에도 바위가 있어 바위를 건너뛰어야 블레셋 군대로 들어가는데, 내가 이쪽 바위에 가서 그들에게 보일 테니, 그들이 말을 하기를 거기 있어라, 우리가 너희에게로 건너가마, 그러면 우리는 가만히 있을 수밖에 없다. 그러나 그들이 말을 하기를 우리에게로 올라오라! 어떻게 할 것을 보여주마. 하면 이것은 하나님이 그 사람들을 우리 손에 붙였다는 증표로 삼겠다." 그렇게 분명히 하나님의 뜻을 구하고 난 다음 여기에 요나단이 자기의 방패 든 자와 함께 블레셋 군대가 포진해 있는 그들 앞에 나섰습니다. 그래서 그들 앞에 일어서니까 야! 이스라엘이 숨었다가 숨은 데서 나온다. 그리고 하는 말이 이리로 올라오라 우리가 네게 한 일을 보이리라 그럽니다.

그러니깐 요나단이 하는 말이 봐라! 하나님이 우리와 같이 계시다. 하나님께서 내가 요구한 증표대로 하시지 않느냐! 이래서 믿음을 가지고 담대하게 올라가서 싸우는데 반나절 동안에 요나단이 20여명을 칼로써 찔러 죽였습니다. 그러자 지진이 일어나서 그 블레셋진에 땅이 진동하고, 그리고 블레셋 군대들이 전부 놀라고 혼미상태에 빠져서 자기끼리 서로 찔러 죽입니다. 이것을 사울이 보고난 다음, 일어나 군대를 동원해서 공격을 하매, 그날 대승리를 거두고 이스라엘로 하여금 블레셋에서 자기와 독립을 얻는 그런 큰 역사가 일어나게 되었습니다.

여기에도 그가 그렇게 담대할 수 있었던 것은 증표를 구했기 때문에 하나님이 그 증표에 응해 주시므로 하나님 뜻을 분명히 알고 그들은 나가서 싸워 이길 수가 있었던 것입니다.

우리가 보면 히스기야왕이 구한 증표가 있습니다. 이스라엘의 유다왕, 히스기야는 병이 들어서 죽게 되었습니다. 그럴 때 아모스의 아들 이사야가 가서 말했습니다. 이사야가 가서 히스기야에게 네가 병들어 누워서 다시 살아나지 못할 것이니 집안 살림을 정돈하라고 했었습니다. 그리고 이사야가 나갔는데 히스기야가 벽을 향하여 통곡을 하고 울었습니다. 하나님! 내가 하나님께 정직히 살고 하나님 나라를 위해서 충성한 것을 기억하지 않습니까? 나를 살려달라고 눈물을 흘리며 기도하니 이사야가 집에 돌아가는데 도로 길거리에서 하나님 음성이 들려왔습니다. "너는 돌아가서 내종 이사야에게 말하기를 내가 네 눈물을 보고 네 기도를 들었다. 내가 사흘 만에 너를 고쳐서 하나님 성전에 올라가게 하고 네 생명을 15년을 연장하여 주겠다. 그리고 너희 나라를 앗수르에게서 보호해 주겠다." 그렇게 말을 했습니다. 그러니까 여기에 히스기야가 증표를 구했습니다. 내가 확실히 이 병에서 나아서 사흘 만에 성전에 올라가고 15년 동안 생명이 연장될 것을 하나님께서 어떻게 확정을 해 주시겠습니까? 증표를 주셔야 되지 않겠습니까? 그래서 히스기야가 구하매 하나님께서 말씀하기를 그러면 좋다. 아하스의 해시계에서 그림자가 앞으로 10도로 더 나갈 것이냐 뒤로 10도로 물러가게 할 것이냐! 네가 택하라고 했습니다.

그러니 히스기야가 하는 말이 가만히 있어도 해는 앞으로 전진하니까, 10도로 앞을 나가는 것은 쉽지만 해가 뒤로 10도로 물러가는 것은 참으로 어려울테니까, 해가 뒤로 10도를 물러가게 하여 주시옵소서. 즉시로 일영표에서 해가 10도를 물러갔습니다. 10도면 40분입니다. 시간이 40분 동안 뒤로 물러갔다는 것입니다. 하나님이 하신 일은 너무나 놀랍습니다.

성경에 보면 여호수아가 이스라엘 백성을 이끌고 가나안 땅에 들어올 때 그들이 아모리 사람과 전쟁에 붙었는데 하루만 더 계속하면 완전히 사람을 멸하겠다고 말합니다. 그러니깐 여호수아가 담대하게 여호수아 20장 12~13절에 이렇게 하나님게 기도했습니다. "여호와께서 아모리 사람을 이스라엘 자손에게 붙이시던 날에 여호수아가 여호와께 고하되 이스라엘 목전에서 가로되 태양아 너는 기브온 위에 머무르라 달아 너도 아얄론 골짜기에 그리할지어다 하매 태양이 머물고 달이 그치기를 백성이 그 대적에게 원수를 갚도록 하였느니라 야살의 책에 기록되기를 태양이 중천에 머물러서 거의 종일토록 속히 내려가지 아니하였다 하지 아니 하였느니라" 오늘날 사람들이 읽고 이런 무식한 소리가 어디 있냐! 우주가 돌아가고 태양 중심으로 지구가 돌아가는데 이게 하루 종일 돌아가지 않고 그대로 있었다는 법이 세상에 어디 있느냐! 이렇게 조소하는 사람들이 많고 이것은 하나의 신화라는 사람들이 많습니다. 그런데 현대 과학은 그것을 증명하고 있습니다. 미, 우주개발 과학자 헤롤드 힐 연구팀이 인공위성의 궤도를 작성하기 위해서 거꾸로 10만 년 전까지 태양과 달의 궤도를 계산해 나가는데 놀랍게도 그 중에 하루가 없어졌습니다. 아무리 컴퓨터로 연산을 해서 10만 년 전까지 태양과 달의 궤도를 추적해 나가는데 하루가 없어져 버렸습니다. 그래서 하루가 없어진 것을 규명할 도리가 없는데 그것을 규명하는 것은 성경 밖에 없어요. 여호수아가 아무리 사람을 칠 때 해는 기브온 위에 머무르고 달은 아얄론 골짜기에 머물라고 할 때 하루가 더 길어진 사실이었습니다. 그런데 과학적으로 계산해 보면 그것이 얼마나 길어졌냐 하면 23시간 20분 동안 타이밍이 비었습니다. 그런데 23시간 20분 타이밍이 비었는데 24시간 하루가 비자면 40분이 온데간데없습니다. 그래서 40분을 또 컴퓨터로 찾아보니까 히스기야 시대에 히스기야가 태양이 10도로 물러가게 하라고 한 거기에서, 그 시대에 컴퓨터에서 40분 동안 태양이 물러간 기록이 나와요, 그래서 24시간 동안 우주의 운행이 사람의 기도를 통해서 중지된 사건이 성경에 기록되어 있고 오늘날 우주과학으로 그것이 증명되어 있는 것입니다.

그걸 보게 될 때, 하나님이 사람의 기도를 얼마나 중요하게 여겼는가? 사람이 기도를 통해서 하나님이 온 우주의 움직임을 24시간 중지시킨 그런 위대한 증험을 나타낸 것이 있습니다. 이러기 때문에 예수 믿는 우리들이 과감하게 증표를 내어놓고, 그 증표를 이루어 달라고 하나님께 구하면 하나님께서 그것을 들어주신다는 확신을 가져야만 하는 것입니다. 구약시대 성도들은 너무나 담대하게 그들이 하나님의 뜻을 알기 위해서 증표를 구했고 하나님은 그들에게 증표를 주어서 담대한 신앙을 가지게 한 것입니다.

오늘날도 우리가 진실한 의미에서 하나님께 증표를 구하면 하나님께서 우리에게 그 증표를 주시고 하나님 뜻을 분명하게 보여 주실 것입니다. 그러면 오늘날의 우리는 어떻게 하나님 앞에서 증표를 구하겠습니까? 우리는 하나님 앞에 구하기 전에 먼저 성령께 의논을 해야 되는 것입니다. 하나님의 성령이 우리와 같이 계시며, 하나님의 성령이 우리를 가르치시고 도와주시고 이끄시는 선생이기 때문에 성령이여, 내가 이런 문제를 당했는데 하나님 뜻을 분명히 알기를 원합니다. 여기에 분명한 증표를 구하기를 원하니 하나님께서 증표를 보여 주시옵소서 성령이여 어떤 증표를 내가 하나님께 요구할까요? 우리가 성령께 요구하면 성령께서 우리에게 분명한 증표를 보여주실 것입니다.

사도행전에 보면 고넬료라는 백부장이 체험한 보증의 역사가 있습니다(행10:1-48). 하루는 기도하는데 제 구 시쯤 되어 환상 중에 밝히 보매 **하나님의 사자가 들어와 이르되 고넬료야** 합니다. 고넬료가 주목하여 보고 두려워 이르되 주여 무슨 일이니이까? **천사가 이르되 네 기도와 구제가 하나님 앞에 상달되어 기억하신 바가 되었다.** 네가 지금 사람들을 욥바에 보내어 베드로라 하는 시몬을 청하라. 그는 무두장이 시몬의 집에 유숙하니 그 집은 해변에 있다 하더라.고 알려줍니다. 고넬료가 집안 하인 둘과 부하 가운데 경건한 사람 하나를 불러 이 일을 다 이르고 욥바로 보냅니다. 베드로는 지붕에 올라가 기도하는 데 황홀한 중에 보니 하늘이 열리며 한 그릇이 내려오는 것을 보니 큰 보자기 같고 네 귀를 매어 땅에 드리웠습니다. 그 안에는 땅에 있는 각종 네 발 가진 짐승과 기는 것과 공중에 나는 것들이 있습니다. 또 소리가 있으되 베드로야 일어나 잡아먹어라 합니다. 베드로가 이르되 주여 그럴 수 없나이다. 속되고 깨끗하지 아니한 것을 내가 결코 먹지 아니하였나이다. 또 두 번째 소리가 있으되 하나님께서 깨끗하게 하신 것을 네가 속되다 하지 말라 합니다. 이런 일이 세 번 있은 후 그 그릇이 곧 하늘로 올려져 갔습니다.

베드로가 본 바 환상이 무슨 뜻인지 속으로 의아해 했습니다. 마침 고넬료가 보낸 사람들이 시몬의 집을 찾아 문 밖에 서서 불러 묻되 베드로라 하는 시몬이 여기 유숙하느냐 합니다. 베드로가 그 환상에 대하여 **생각할 때에 성령께서 그에게 말씀하시되** 두 사람이 너를 찾으니 일어나 내려가 의심하지 말고 함께 가라 내가 그들을 보내었느니라 하십니다. 고넬료를 만난 베드로가 입을 열어 말하되 내가 참으로 하나님은 사람의 외모를 보지 아니하시고 각 나라 중 하나님을 경외하며 의를 행하는 사람은 다 받으시는 줄 깨달았도다. 합니다. 그리고 베드로가 이 복음의 말씀을 전할 때에 성령이 말씀 듣는 모든 사람에게 내려오십니다. 베드로와 함께 온 할례 받은 신자들이 이방인들에게도 성령 부어 주심으로 말미암아 놀라게 됩니다. 이에 베드로가 이르되 이 사람들이 우리와 같이 성령을 받았으니 누가 능히 물로 세례 베풂을 금하리요, 하고 세례를 베푼 사건이 있습니다. 여기에 보면 이방사람 **고넬료에게는 천사가 하나님의 뜻을 전했고, 베드로에게는 성령께서 직접 말씀하신 것을 깨달아 알 수가** 있습니다. 사도행전 시절에도 증표 보증의 역사로 성령의 역사를 일으키셨습니다.

필자가 22년 전에 성령사역을 하려고 할 때 하나님이 저에게 꿈으로 말씀을 주셨습니다. 어느 날 꿈에 우리 교회에 성도들이 많이 왔습니다. 그래서 자세히 보니 전부 목사님과 사모님, 전도사님들이 주류를 이루었습니다. 그래서 우리 사모에게 꿈에 성도들이 많이 왔는데 보니 전부 목사님과 사모님, 전도사님들만 앉아 있던데 무슨 뜻인지를 잘 모르겠다고 했습니다. 그런데 그 꿈을 꾸고 한 6개월이 지난 다음 꿈과 같이 목사님, 사모님, 전도사님들이 저희 교회에 와서 치유와 능력을 받으려고 오셔서 은혜들을 많이 받았습니다. 이일이 이루어진 상황을 설명하면 이렇습니다. 어느 기도원에 가서 고통당하는 목사님과 사모님을 기도해드렸는데 성령의 강한 역사로 치유되는 것을 보고 하나님이 나에게 이런 상처 입은 목회자와 성도들을 치유하라고 능력을 주셨구나 하고 성령의 감동이 와서 그때부터 본격적으로 치유사역을 시작하였습니다. 그렇게 사역을 하면서 기도원에 은혜 받으러 가면 상당히 많은 목회자들이 마음의 상처와 질병으로 고생하여 한쪽에 모시고 가서 기도해 드리면 모두 성령의 강한 역사에 놀라 소문이 나서 목사님 사모님들을 많이 모시고 오셨습니다. 자연스럽게 그 꿈이 이루어 진 것입니다. 하나님께서 증표(보증의 역사)를 보여주신 것입니다.

제가 시화에서 목회할 때의 이야기입니다. 제가 교회를 개척하여 교회를 부흥시키려고 열심히 전도하고 병원에 다니면서 환자들에게 안수 기도하여 치유하고, 아무리 열심을 내어도 교회가 성장되지 않아 낙심하고 있을 때입니다. 그때 우리는 교회 안에서 살림을 하고 지냈습니다. 정말 사는 것이 말이 아니었습니다. 다 큰 딸들을 그 소돔과 같은 유흥가라 향락이 판을 치는 곳에서 산다는 것이 정말 어려웠습니다. 그 때는 이미 퇴직금으로 받은 재산도 다 날아가고 도저히 제힘으로는 그곳에서 빠져나오지 못할 지경에 처해 있었습니다. 그래서 날마다 하나님에게 사정하며 기도했습니다. 하나님 저 좀 사용하여 주시고, 사택을 어서 빨리 이곳에서 이사 가게 해주셔서 주택가나 아파트에서 살아가게 해주세요. 정말 남자 체면이 말이 아닙니다. 하고 기도하던 어느 날 그 때가 아마 2001년 7월정도 되는 것 같습니다. 한 밤에 꿈을 꾸는데 천사들이 도열을 하며 박수를 받으면서 우리식구가 나가는 것이었습니다. 그곳을 설명하면 승강기를 내려서 양쪽으로 통로가 나있는데 우리는 차가 다니는 곳이 아닌 사람이 통행하는 쪽을 이용하였습니다. 그런데 그곳 양쪽에 제 허리정도 되는 키의 천사들이 통로 좌우편에 도열하여 박수를 치는데 제가 제일 앞에서고, 그 다음은 사모가 서고, 그 뒤에 큰딸 은혜가 서고, 그 다음에 작은딸 은영이가 천사들의 박수를 받으면서 나오는 것이었습니다.

그 꿈을 꾸고 저는 한 며칠 있으면 그곳을 나와서 이사를 갈 것으로 생각했는데, 그 세월이 이년이나 걸렸습니다. 그러나 저는 아무리 현상이 어렵고 막막해도 꼭 승리하여 나간다는 확신을 가지고 기도하며 지냈습니다. 이년이 지난 후 하나님이 축복하셔서 그 꿈과 같이 승리하여 아파트를 월세로 얻어서 나왔습니다.

이러므로 우리가 하나님께 가부간에 담대한 증표를 구하면 하나님께서 증표에 따라서 응답해 주십니다. 그러면 얼마나 마음에 담대하게 우리가 일을 진행할 수 있는지 몰라요! 요한복음 14장 13로 14절에 보면 "너희가 내 이름으로 무엇을 구하든지 내가 시행하리니 이는 아버지로 하여금 아들을 인하여 영광을 얻으시게 하려 함이라 내 이름으로 무엇이든지 내게 구하면 내가 시행하리라"고 말한 것입니다. 구약시대의 성도들은 담대하게 하나님께 증표를 구했고, 그래서 기드온도, 히스기야도, 아브라함도, 아브라함의 종도 모두 다 증표를 얻어 담대한 신앙생활을 했는데, 요사이 우리는 그만 용기를 잃어버리고 겁을 먹고서 하나님께 담대한 증표를 구하지 못함으로 하나님이 가부간에 우리에게 분명한 뜻을 보여줄 수 있는 기회를 놓치고 만다는 이러한 일이 있을 수 있는 것입니다. 그러므로 우리가 성령님께 물어 보아서 하나님의 성령이 지시하는 대로 분명히 알 수 있는 증표를 구하십시오! 구하면 주님께서 우리에게 그 증표를 보여주십니다.

시편 86편 17절에도 "은총의 증표를 내게 보이소서 그러면 나를 미워하는 저희가 보고 부끄러워 하오리니 여호와여 주는 나를 돕고 위로하심이라"고 말한 것입니다. 그러므로 증표를 달라고 주님께 간절히 구하면 하나님께서 이것이냐! 저것이냐 예스냐 노냐의 증표를 우리에게 분명히 보여주시게 되는 것입니다. 그리고 우리는 담대한 믿음으로 증표를 따라 나갈 수가 있는 것입니다.

우리가 기도할 때 하나님께서는 우리 마음에 환경에 꿈속에 증표를 늘 허락하여 주실 때가 많습니다. 빌립보서 2장 13절에 "너희 안에서 행하시는 이는 하나님이시니 자기의 기쁘신 뜻을 위하여 너희로 소원을 두고 행하게 하시나니" 우리의 마음속에 일어나는 증표는 우리 마음의 소원을 보는 것입니다. 내가 또한 문제를 두고 기도할 때 하나님께서 긍정적인 소원을 주느냐! 부정적인 소

원을 주느냐! 하나님께서 우리 마음속에 소원을 일으켜서 행하게
하신다고 말한 것입니다. 하나님의 뜻이면 긍정적인 소원을 주시
고 하나님의 뜻이 아니면 부정적인 소원을 주셔서 하기 싫게 만드
는 이러한 것을 주실 때가 많은데 이것도 분명하지 못할 때가 많습
니다. 아무리 기도해도 긍정적인 소원도 일어나지 아니하고 부정
적인 소원이 일어나지 않을 때도 많은 것입니다. 하나님의 말씀을
통해서 분명한 하나님의 뜻을 알 수 없는 그럴 때는 하나님께 담대
하게 구약시대 성도들처럼 증표를 구하십시오, 그러면 하나님께서
거기에 응답하여 주실 것입니다. 물론, 하나님의 뜻은 하나님 말씀
속에 이미 다 기록되어 있기 때문에 창세기부터 요한계시록까지의
말씀을 통하여 하나님의 뜻을 우리가 대개 알 수 있습니다.

그리고 또 우리 기도를 통하여 마음의 소원을 통해서 하나님의
뜻을 알 수 있겠지만 그러나 그런 것을 통해서조차도 하나님의 뜻
을 알아볼 수 없을 때는 담대하게 증표를 구하십시오! 그러면 하나
님께서 증표를 따라서 우리에게 가부간에 응답을 주심으로 분명한
하나님의 뜻을 알고 인생을 살아갈 수 있게 되는 것입니다. 이러므
로 우리의 삶이 심각한 문제에 부딪치고 하나님의 뜻을 분명히 알
지 못할 때 우리는 하나님의 뜻을 알기 위하여 기도드리며 증표를
구하는 것은 예수를 믿고 성령의 인도를 받는 성도로서 당연한 것
입니다. 성령 충만한 사람은 물론 성령께서 직접 알려주시겠지만
성령께서 직접 알려주지 않을 때라도 환경에서 증표를 구하는 것
도 성경은 허락하고 있습니다.

이러므로 우리는 어둡고 캄캄한 가운데서 더듬으면서 살 것이

아니라 분명한 하나님의 뜻을 알고 아브라함의 종처럼, 기드온처럼, 히스기야처럼 강하고 담대하게 이것이 하나님의 뜻이다. 나는 이 길로 향해서 나가야겠다. 그런 소신을 가지고 나가게 되면 하나님께서 우리에게 큰 축복과 은혜를 주시는 것입니다.

에덴동산에서 아담과 하와는 하나님과 얼굴과 얼굴을 맞대고 하나님과 함께 살았음으로 하나님의 뜻을 분명히 알았습니다. 그러나 아담과 하와가 하나님을 거역하고 타락하고 영이 죽어서 하나님과의 교통이 다 끊어져서 육신의 사람이 되어 육신의 것만 추구하고 살다가 2,000년 전에 예수님이 오셔서 십자가에 못박아 우리의 죄를 대속하고 주님께서 죽었다가 부활하심으로 말미암아 예수를 믿음으로 우리의 영이 살아날 수 있는 길을 열어놓은 것입니다.

그러기 때문에 오늘날, 누구든지 예수 믿으면 우리가 사망에서 생명으로 옮겨지는 것입니다. 마귀의 나라에서 하나님의 아들 나라로 옮겨지는 것입니다. 그리고 우리 영이 살아납니다. 그리고 우리 영이 살아났기 때문에 이제 하나님과 대화가 이루어집니다. 하나님의 성령이 와서 기하시고 하나님의 말씀을 우리에게 주셨으므로 우리가 성령으로 기도하고 성령을 통해서 하나님 말씀을 읽고 깨닫게 되는 것입니다. 그러므로 이제 성령과 더불어 살게 될 때 우리의 삶은 이제 인간의 마음대로 살지 않고 하나님께서 우리를 위해서 예비해 놓은 하나님의 뜻을 좇아 우리는 살아야만 되는 것입니다. 예수 믿지 않는 사람들은 세상에서 자기의 인간적인 수단과 방법과 노력으로 살지만 예수를 믿는 사람은 하나님이 예비한 세계가 있습니다. 이스라엘 백성이 애굽에서 살 때는 자기 마음대로 살았지만, 모세를 통해서 애굽에서 나왔을 때는 하나님께서 젖과 꿀이 흐르는 가나안 땅을 예비해 놓으시고 그 땅에 들어와서 살게 한 것입니다. 우리가 예수 믿지 않고 죄악에 살 동안은 이 세상에서 육신의 정욕과 안목의 정욕과 이 세상 자랑을 따라 살았지만 예수를 믿고 나온 다음에는 하나님께서 십자가 밑에서 우리를 위해서 우리 예수 믿는 사람이 살아갈 수 있는 새로운 가나안 땅을 예비해 놓으신 것입니다.

그 속에 죄사함의 땅, 성령 충만의 땅, 치료의 땅, 축복의 땅, 영생복락의 땅을 예비해 놓으시고 그 십자가 밑에서 하나님이 예비한 영과 혼과 육체의 축복 안에서 하나님의 뜻을 따라 살기를 원하시는 것입니다. 우리 예수 믿는 사람들은 우리가 하나님의 뜻을 간절히 알기를 원하면 하나님께서 우리에게 당신의 뜻을 보여 주십니다. 말씀을 통하여 보여주시고 기도를 통하여 마음의 소원을 일으켜 주시거나 혹은 꿈으로나 환상으로나 음성으로나 하나님의 뜻을 보여주시는 것입니다.

하나님께서는 우리가 구하는 그 증표를 통해서 담대하게 아버지의 뜻을 보여주실 때가 많이 있습니다. 이러므로 여러모로 하나님의 뜻을 우리가 알기를 원할 때 이 증표를 통해서 하나님의 뜻을 구하는 것도 우리의 신앙생활에 배제해 놓으면 안 될 것입니다. 그리스도를 믿고 구원받은 사람들은 하나님과 직접 교제가 되기 때문에 이 증표를 주님께 제시하고 주님께 구하면 주님께서 응답해 주십니다.

# 22장 응답되는 능력 있는 기도

(막7:29-30)"예수께서 이르시되 이 말을 하였으니 돌아가라 귀신이 네 딸에게서 나갔느니라 하시매 여자가 집에 돌아가 본즉 아이가 침상에 누웠고 귀신이 나갔더라."

하나님은 성령으로 세례를 받고 성령의 불세례로 성령충만한 상태에서 성령으로 하는 우리의 기도를 응답하여 주십니다. 인간적인 상태에서 기도하면 영이신 하나님께서 들으실 수가 없습니다. 반드시 성령으로 충만한 영의 상태에서 하는 기도 만을 들으실 수가 있고 응답하여 주십니다. 우리 모두 성령으로 응답되는 기도를 하십시다. 응답되는 기도는 하나님이 원하시는 영적인 상태가 되어 성령의 인도를 받으면서 기도해야 응답이 됩니다.

그러나 마귀도 응답을 주니 조심해야 합니다. 마귀가 응답을 주는 경우 성령과 예수 그리스도를 통하지 않고 육신적인 상태에서 인간의 욕심과 방법으로 기도할 때 마귀가 응답을 주기도 합니다. 그러나 많은 크리스천들이 마귀가 주는 응답은 이루어지지 않는 것으로 믿고 있는 경우가 많습니다. 마귀가 응답을 주어도 처음은 맞는 것입니다. 그래야 성도가 미혹당하지 않겠습니까? 처음에는 맞아도 갈수록 하나님의 뜻과 상반되는 것입니다.

우리가 기도하는 조건마다 응답되지 않는 것은 하나도 없는 것입니다. 왜냐하면 우리 하나님은 참되시고 약속을 불변하시는 전지전능하신 하나님이시기 때문입니다. 그러나 많은 사람들이 응답을 받고서도 그것이 응답 인줄을 알지 못하고 불안해하고 염려하는 것을 많이 볼 수 있습니다. 우리 아버지는 무소부재하시고 전지전능하신 권능의 하나님 이십니다. 그러므로 우리의 기도가 하나님의 귀에 상달되었는지 안 되었는지 생각하거나 염려할 필요는 없습니다. 성령으로 기도했으면 응답은 당연한 것입니다.

그리고 할레비스가 말한바와 같이 하나님께 상달된 기도는 세심한 검토와 성실한 결제를 통하여, 우리 각 사람에게 오게 되는데, 이 응답은 여러 가지 형태로 나타나게 되는 것입니다.

### 첫째, 긍정적으로 오는 응답. yes.

히스기야의 기도 응답을 예로 들 수가 있습니다. "너는 돌아가서 내 백성의 주권자 히스기야에게 이르기를 왕의 조상 다윗의 하나님 여호와의 말씀이 내가 네 기도를 들었고 네 눈물을 보았노라 내가 너를 낫게 하리니 네가 삼 일 만에 여호와의 성전에 올라가겠고"(왕하20:5) 이와 같이 구하는 것을 즉시 이루어 주시는 응답도 있습니다. 신구약 성경을 통하여 이렇게 응답을 받은 용장들이 많이 있었습니다. 이렇게 즉시 구하는 것이 응답되었다는 것이 성도에게 얼마나 귀하고 복된 일인지 모릅니다. 그러나 이렇게 구하는 것이 응답을 받는다는 것이 일면으로는 두렵고 떨리는 일도 되는 것입니다.

왜냐하면 그렇게 하나님께서 속히 허락하신 이유와 목적은 하나님께 영광을 돌리게 하시려고, 즉 하나님이 영광을 받으시려고 허락 하시는 것입니다. 그러므로 이렇게 즉각 응답을 받는 사람들의 말로가 그렇게 좋게 끝나는 사람이 희귀한 것을 교회 역사상 볼 수 있는 것입니다. 그들이 기도를 응답받은 후 하나님께 영광을 돌리지 않고 정욕거리로 이용해 버렸기 때문입니다.

예를 들면 히스기야 왕의 경우, 그가 병들어 죽게 되었을 때 하나님께 간청하여 그 생명을 15년을 연장 받았던 사실은 역사에 있어서 독특한 축복을 받았던 것입니다. 그러나 그의 연장 받은 15년 동안의 생애를 어떻게 보냈으며 어떻게 끝났습니까? 히스기야는 마음이 교만하여 그 받은 은혜를 보답치 아니 하였음으로 하나님의 진노가 저와 저의 가정과 유다와 예루살렘에 까지 임하게 되었던 것입니다. (역대하 32:25)"히스기야가 마음이 교만하여 그 받은 은혜를 보답하지 아니하므로 진노가 그와 유다와 예루살렘에 내리게 되었더니"

하나님께서 히스기야의 눈물을 보시고, 그 생명을 연장해 주실 때는 히스기야가 건강해 지자마자 하나님 성전에 올라가서 영광을 돌리고, 히스기야가 겸비하여 하나님을 두려워하며 하나님을 위하여 살아드리기 위함이었으나(왕하 20:5), 그는 교만해 졌음으로 차라리 히스기야의 기도가 응답되지 않은 것이 좋을 것 같은 저주를 자청하였던 것입니다.

모세의 경우 그처럼 자주 기도하는 대로 허락 받았던 사람은 전무후무한 사람이었으나, 모세가 무리바에서 하나님의 말씀대로 반석을 명하여 물을 내지 아니하고, 자신의 상처인 혈기로 인하여, 반석을 쳐서 물을 내었을 때, 하나님의 영광을 돌리지 아니한 죄를 범하므로 하나님께서 대노 하시고, 비스가 산꼭대기에서 약속의 기름진 땅 가나안을 바라보고 죽었던 것입니다.

그리고 아브라함이 기도할 때 응답으로 횃불로 임하셨습니다(창15:17). 또 갈멜산에서 엘리야가 기도할 때 불로 임하셔서 응답을 했습니다(왕상18:37-38). 솔로몬이 성전 건축을 마치고 낙성식을 하며 기도할 때 불로 임하여 번제물과 제물들을 살랐습니다(대하7:1). 그리고 오순절 날 열흘 동안 일심으로 인내하며 기도하던 사람들에게 성령이 불의 혀같이 갈라지는 것이 온 사람위에 하나씩 임했다고 했습니다(행2:3). 이렇게 우리가 기도할 때 불이 하늘로부터 임한다는 것은 하나님의 임재를 상징합니다. 여기서 우리는 기도하는대로 즉시 이루어 주시는 것은 하나님께서 성도에게 주시는 축복이지만, 따라서 두렵고 떨림으로 하나님께 감사하고 영광을 돌려야 할 것입니다.

### 둘째, 부정적인 응답. NO.

바울의 기도의 응답의 예를 들 수가 있습니다. "이것이 내게서 떠나가게 하기 위하여 내가 세 번 주께 간구하였더니, 나에게 이르시기를 내 은혜가 네게 족하도다 이는 내 능력이 약한 데서 온전하여짐이라 하신지라 그러므로 도리어 크게 기뻐함으로 나의 여러 약한 것들에 대하여 자랑하리니 이는 그리스도의 능력이 내

게 머물게 하려 함이라"(고후12:8-9)

　　이것은 다른 각도의 응답입니다. "아니다"는 분명히 거절이지만 이것은 기도의 소극적, 부정적인 응답인 것입니다. 우리는 때때로 기도의 응답을 완전히 결정해 놓고, 그 응답되어야 할 방법까지 하나님께 납득 시키려고 노력하며, 또 그렇게 안 될 때 기도가 응답되지 않는다고 하나님을 원망하거나 낙심 합니다.

　　그러나 하나님께서는 우리가 원하는 방법과 목적과 그 방향대로 허락하실 리가 만무 한 것입니다. 왜냐하면 하나님은 사랑의 하나님이시기 때문에 (루터)는 우리는 은을 구하나 하나님은 종종 금을 주신다고 하였습니다. 그럼으로 우리가 기도한 조건으로 이루어 주시지 않는다고 기도의 응답이 안 된 것은 아닙니다. 그러면 하나님께서는 왜 "아니다"라의 거절 형식의 응답을 알아 보고자합니다.

　　1) 그것들이 우리에게 적극적인 손상을 초래하게 되는 경우입니다. 아무리 사랑하는 자식이라도 독약 병이나 칼을 달라고 할 때 줄 수 있겠습니까? 그 아이를 사랑하면 줄 수 없을 것입니다. 바울의 경우 그는 병에 걸려 몸이 약하였다고 하였습니다(찔리는 가시로). 그의 사명은 너무나도 중하였고, 또 주님이 원하시는 것을 이루겠다고, 세계를 복음화 하려는 대망의 전도의 불이 붙어 타고 있었습니다.

　　그래서 자기가 어서 속히 건강해 지는 것만 하나님의 뜻으로 알아서, 세 번 기도를 반복하였으나, 거절당했던 것입니다. 하나님께서는 왜 그리 냉혹하게 거절하셨을까요? 그것은 하나님께서 바울을 너무나 아끼시고 사랑하시기에 그리하셨던 것입니다.

바울의 기도 뒤에는 많은 계시와 그의 많은 지식과 목회에 성공 등으로 인한 교만의 독약병이 감추어 있었기 때문에 이 교만이란 하나님과 원수가 되는 것이므로 하나님께서는 바울의 충성스런 사명에 지장이 되는 육신의 질병을 남겨 두면서까지 그를 사랑하시고 그 사명을 감당할 수 있도록 기도의 힘을 주시었던 것입니다. 자신이 약하니까, 하나님께 기도하지 않을 수 없기 때문입니다.

2) 간구가 거절됨은 조금 더 좋은 것으로 주시기 위함입니다. "예수께서 대답하여 이르시되 너희는 너희가 구하는 것을 알지 못하는 도다 내가 마시려는 잔을 너희가 마실 수 있느냐 그들이 말하되 할 수 있나이다."(마20:22). 무엇이 더 좋은 응답인지 모릅니다(고후12:8). 그러나 하나님께서는 무엇을 주셔야 우리의 영과 육이 유익할 것까지 아시는 아버지 이십니다. "그러므로 그들을 본받지 말라 구하기 전에 너희에게 있어야 할 것을 하나님 너희 아버지께서 아시느니라."(마6:8) 그러므로 어거스틴 어머니 모니카는 자기 아들이 로마로 가지 아니 하기를 열열히 기도하였으나 하나님께서는 로마로 가도록 허락 하셨던 것입니다.

어거스틴 어머니는 대 실망을 하고 기도가 응답되지 않은 줄 알고 상심이 되었었습니다. 그러나 어거스틴을 로마로 보내시는 하나님의 의도는 모니카의 평생소원인 어거스틴의 개종을 이루시기 위함 이었던 것입니다. 할렐루야! 하나님의 깊고 오묘한 뜻 이었습니다. 하나님께서 인간의 판단을 뒤엎으신 것이 아니시겠습니까? 이탈리아의 로마는 음탕하고 사치하여 어거스틴이 거기에 가면 더욱 타락 할 줄로 알았으나, 오히려 거기에 가서 개종하게 되었던 것입니다.

그래서 어거스틴은 말하기를 한이 없는 은혜를 베풀어주시는 하나님은 우리 어머니가 요구하는 바에 응답을 해주시지 안했지만, 그가 진정으로 소원하는 바를 들어 주셔서, 어머니가 항상 원하던 대로 나를 기독교인이 되도록 하여 주셨다고 하였습니다.

3) 간구를 거절하심으로 좀 더 더 큰 소망을 주시려고 하십니다. 우리가 기도하는 것을 응답해 주시지 안 하시거든, 조금 더 큰 소망을 바라고 인내하며 기도해야 합니다. 세베대의 아내와 그 아들들은 주님의 우편과 좌편에 앉기를 위하여서는 기도하면서, 주와 같이 십자가에 못 박히고자 하는 기도는 하지 아니 하였던 것입니다. "그런즉 너희는 먼저 그의 나라와 그의 의를 구하라 그리하면 이 모든 것을 너희에게 더하시리라"(마6:33), 고 말씀하시며, 땅위에 있는 저속한 것 보다는 조금 더 고상하고, 큰 소망을 가져야 할 이상을 보여 주신 것입니다. 이와 같이 하나님의 목적은 우리가 원하는 좁고 적은 것 보다는 더 큰 우주적 범위의 큼직한 것입니다.

그러나 우리 주님은 거절하심과 동시에 우리에게 납득이 가도록 설명해 주시기를 기뻐하시는 것입니다. 바울의 경우도 거절하심과 동시에 네 은혜가 네게 족하다고 하는 납득을 시켰고, 세베

데의 아내의 기도에도 너희가 구하는 것을 알지 못하도다. 나의 마시는 잔을 너희도 마실 수 있느냐? 고 타일러 주시는 친절하신 주님은 꾸짖지 아니 하십니다. 이러한 친절하신 주님의 말씀이 우리에게 느껴 질 때는 우리는 어처구니없는 고집을 중단하고 기도를 좀 더 고상한 차원으로 올려놓아야 할 것입니다. "토마스 아켐프스"는 기도하기를 오주여! 주님은 우리에게 가장 좋은 것이 무엇인지 아시나이다.

### 셋째, 대기적 형식으로 기다리라. wait

성령으로 충만 될 때까지 기다리시는 것입니다. "여호와 앞에 잠잠하고 참고 기다리라 자기 길이 형통하며 악한 꾀를 이루는 자 때문에 불평하지 말지어다."(시37:7). 기도는 하나님의 응답이 언제나 정확한 시간에 오는 것입니다. 이 정확한 시간에 대한 개념은 응답을 받는 사람의 주관에 있는 것이 아니요, 적당하고 꼭 필요에 따라 나누어 주시는 하나님의 편에서 작정한 시간을 말합니다. 하나님 편에서 작정한 시간이란 기도하는 성도가 성령으로 기도하여 성령으로 충만되어 성령의 지배와 장악된 영적인 상태를 말합니다. 그렇기 때문에 하나님은 조급하지 말고 성령으로 충만할 때까지 기다리라 하십니다. 하박국의 기도에서 볼 수 있는 대로 그는 하나님께 기도하고 응답이 없이 침묵만 계속 하심에 대하여 원망하고 낙심하고 있던 차에 비록 더딜지라도 기다리면 응답하시리라고 대답하시었습니다.

우리는 기도를 해놓고 시간, 시간 초조하게 기다립니다. 그러나 때로는 아무 일도 일어나지 않습니다. 우리를 위하여 기도했던 질병이나 걱정거리들은 그대로 남아 있습니다. 하나님의 권능의 손이 그것을 막아 주시는 것 같지도 않게 느껴집니다. 이 무슨 실망이며 낙망입니까? 우리는 우리 자신의 응답에 대해서 미리 계획하고 와서 하나님을 납득시키려 하다가 뜻대로 관철되지 않으면 실망을 하고 말지만, 실은 우리 뜻대로 계획한 시간에 응답이 오지 않음이 응답 된 것임을 깨달아야 합니다. 그러면 하나님께서 우리의 기도의 응답을 연기하신 이유를 설명하고자 합니다.

1) 이렇게 함으로서 무시로 하나님을 찾는 습관이 되게 하십니다. 욥이 당시의 의인이라고 했으나 그 자녀들과 재산을 한꺼번에 잃어버리고 자기의 육신도 만신창이가 된 후에도 그의 기도를 얼마나 오래 연기하시었습니까? 그러나 하나님께서는 더욱 큰 축복으로 갚아주실 계획이 있었든 것입니다. 예수님께서 제자들이 타고 가는 배안에서 뱃 고물을 베고 주무셨을 때 제자들의 생각에는 풍랑을 인한 자기들의 고난을 전혀 알지 못하시고 잠만 자고 계시는 줄 알고 우리가 죽게 된 것을 어찌 돌아보시지 않느냐고 불평을 털어놓고 기도를 드렸던 것입니다.

그러나 예수님께서는 오히려 "이에 제자들에게 이르시되 어찌하여 이렇게 무서워하느냐 너희가 어찌 믿음이 없느냐 하시니"(막4:40). "제자들에게 이르시되 너희 믿음이 어디 있느냐 하시니"(눅8:25상). 반문하시고 책망하셨던 것입니다. 이렇게 응답을 연기하심은 성도의 인내와 신뢰와 하나님을 믿는 믿음의 태도가 어떠한가를 알아보시기 위함이었으니 예수님은 그들을 돌아보지 않으신 것이 아니었기 때문입니다. 예수님은 예수님을 찾기를 기다리신 것입니다. 성도들이 문제를 당할 때 예수님이 문제를 해결하여 주시는 것으로 알고 믿음생활하는 사람들이 있습니다. 예수님께서 문제를 직접 해결하여 주시지 않고, 예수님을 찾고 찾아 예수님께서 하라는 대로 순종할 때 문제는 해결됩니다.

2) 이렇게 함으로서 성도를 겸손히 하고 하나님의 권능의 영광을 나타내시려고 하십니다. 요11:1 이하에 보면 예수님께서 가장 사랑하셨던 가정에서 비보가 예수님께 도착하였습니다. 사연인즉 마리야와 마르다가 사람을 보내어 자기 오빠 나사로가 병들었으니 속히 오셔서 고쳐 주시라는 것이었습니다. 그 여인들은 나사로의 병만을 위하여 기도하였으나 예수님께서는 여인들의 믿음과 신뢰성의 굳어짐까지 주시고자 계획하셨던 것입니다. 그들은 예수님이 속히 오셔서 나사로의 병을 고쳐 주실 줄만 알고 큰 소망으로 초조하게 기다리고 있었던 것입니다.

그러나 예수께서는 그 질병이 죽을병이 아니라고 퉁명스럽고 냉정한 말씀으로 그들의 간구를 연기하시고, 더욱이 그 계시던 곳에서 이틀이나 더 유하시면서 가지도 않고 침묵으로 지내셨다고 하셨습니다. 더구나 나사로가 죽어서 무덤에서 나흘이나 되었다고 하였으니 얼마나 오래 연기 하셨는지를 알 수 있게 됩니다. 그때 예수께서 오신다는 말을 듣고 달려갔던 마르다가 주께서 여기

계셨다면 내 오라버니가 죽지 아니하였겠나이다. 하면서 불평과 원망을 털어놓기까지 하였고, 마르다는 예수님이 오신다는 소식을 전하기 위에서 집으로 달려갔습니다.

그 소식을 들은 마리아가 예수님을 영접하러 마을로 달려오기까지, 예수님께서는 마르다를 만났던 장소에 머물러 계셨다고 했으니, 무슨 이유로 예수님께서 연기하시고 오시지 않았겠습니까? 마르다와 마리아는 얼마나 초조하였겠으며, 그토록 냉정하게 침묵만 지키며 연기하신 주님의 의도가 무엇이었을까요? ①예수님에게는 무엇이든지 문제가 될 수 없다는 것을 알게 하기 위함이었습니다. ②그들이 불평하고 성급하게 굴었던 것을 뉘우치고 주님을 더욱 의지 하게하시려는 목적이 있었고, ③저들의 특권의식을 버리고 겸손하게 하시려는 목적도 있는 듯합니다. ④나사로가 완전히 썩은 후에 가셔서 하나님의 권능을 나타내셔서 차후의 성도의 부활에 교훈을 주시기 위함인듯합니다.

3) 영적훈련의 방편으로서 응답을 연기 하십니다. 아브라함 역시 이삭을 쉽게 얻었으면 하나님에게 그토록 많은 기도를 할 수 없었을 것입니다. 아브라함이 기도를 많이 하여 하나님의 영으로 충만하여 온전하게 하나님의 형상이 되도록 하기 위함이었습니다. 하나님은 아브라함이 기도를 많이 하여 무에서 유를 창조하시는 하나님의 섭리를 알고, 보고, 믿을 때까지 기다리신 것입니다. 아브라함은 아들만 원했으나 하나님은 더 많은 것을 원하셨다는 것입니다. 그래서 하나님은 아브라함이 참고 인내하면서 하나님

의 섭리에 따라오기를 원했던 것입니다. 아브라함이 자신의 힘으로는 도저히 안 된다고 생각하고 하나님에게 기도하고 맡길 때 하나님은 90살 된 사라로 부터 이삭을 잉태하여 출산하도록 한 것입니다. 아브라함이 기도를 많이 하여 완전하게 하나님을 향한 마음으로 변했을 때 기도를 응답하신 것입니다.

주님 탄생 하실 때 당시 "아셀" 지파에 "바누엘"의 딸인 안나라는 선지자가 결혼한 후 일곱 해 동안 남편과 함께 살다가 과부가 되고 84세가 되도록 성전을 떠나지 않고 주야로 금식하며 초림하실 예수님을 위해 기도하였다고 하였습니다. 만약 그가 5년이나 1년도 못되어서 그 기도가 응답했다면 그가 84세가 되도록 성전에서 주야로 금식하며 기도의 훈련을 쌓지 못했을 것입니다. 기도가 연기 되거든 더욱 기도하며 영적 훈련을 시키시려는 주님의 원대하신 목적에 적응해야 할 것입니다.

4) 하나님께서는 자기 자녀의 음성을 더욱 듣고 싶어서 연기 하십니다. 우리의 기도가 하나님의 뜻에 모순됨이 있을 지라도 주님은 그 자녀들의 음성을 듣기를 원하십니다. "바위 틈 낭떠러지 은밀한 곳에 있는 나의 비둘기야 나로 네 얼굴을 보게 하라 네 소리를 듣게 하라 네 소리는 부드럽고 네 얼굴은 아름답구나"(아가서 2:14.) 라고 말씀 하셨습니다. 우리들의 아버지는 은밀한 곳에서 부르짖는 자녀들의 음성을 듣고 싶어 하신다는 것을 알아야 합니다. 그런데 우리가 응답을 속히 받아버리면 하나님과의 진지한 대화가 늘 결여되는 아쉬움도 없지 않을 것입니다.

계속하여 성령 안에서 기도하는 목소리, 찬송하는 목소리로 아버지를 기쁘시게 하도록 해야 합니다. 우리는 기도가 연기되면 될 수록 더욱 기도하고 찬송해야 합니다.

우리 아버지께서는 위에서 지적한 이와 같은 목적 때문에 기도의 응답응 연기 하시는데, ① 환경의 실제적 효과에 의하여 연기하시며, ② 상황의 경중을 위하여 연기하시며. ③ 하나님의 작정하시는 시간을 변경치 않는 한도 내에서 허락하시기 위함이며, ④ 성령으로 기도함으로 성령으로 충만하여 하나님과 통할 수 있는 온전한 영적인 상태가 되게 하기 위하여… 기도 응답을 연기하는 것입니다. 우리는 주님의 때는 아직 이르지 아니했으나, 우리의 때는 항상 준비 된 것을 생각하며 우리의 때에 부지런히 간구하여야 하는 것입니다. 성령으로 충만되어야 합니다.

**넷째, 영적 감화의 응답.** "아무것도 염려하지 말고 오직 모든 일에 기도와 간구로 너희 구할 것을 감사함으로 하나님께 아뢰라, 그리하면 모든 지각이 뛰어난 하나님의 평강이 그리스도 예수 안에서 너희 마음과 생각을 지키시리라." 이는 특수성을 띤 기도 응답의 형태입니다. 이는 우리가 기도하는 목적대로 즉시 응답도 없고, 오히려 사건은 더욱 악화 된다고 할지라도, 모든 지각이 뛰어나신 하나님의 평강이 우리 마음과 생각을 지켜 주십니다.

다시 말하면 우리가 무엇을 구할 때, 그것을 주시지 않으면서도 마음에 한없는 평화와 기쁨과 감사할 수 있는 생각을 주시는 내적

감화를 하나님의 평강이라고 말하는 것입니다. 그래서 내가 이제까지 기도하고 배웠던 것이 얼마나 철이 없고 부질없는 생각이었나를 깨닫게 해 주시고, 어떠한 육신의 고난이나 역경도 감사하는 성도가 되도록 이끌어 주시는 것입니다.

**다섯째, 명령을 주신다.** 문제를 해결할 수 있는 지혜를 주신다는 것입니다. 우리가 기도를 시작하자마자 즉시로 마음속에 명령하시는데 "그러므로 예물을 제단에 드리려다가 거기서 네 형제에게 원망들을 만한 일이 있는 것이 생각나거든 예물을 제단 앞에 두고 먼저 가서 형제와 화목하고 그 후에 와서 예물을 드리라."(마5:23-24.)하시는 말씀이 떠오릅니다.

그렇게 되거든 그것이 응답인줄 알고 즉시 순종해야, 다음에 은혜와 더 좋은 것으로 갚아 주시고, 물질을 구할 때에 마음속으로 "소득의 십일조 해 보았느냐?"하는 말씀이 떠오르거든, 그것이 물질을 구한 기도의 응답이니, 십일조를 드리는 것이 물질을 얻는 비결이 되는 것입니다. 그와 같은 형식의 조건들은 수 없이 있는 것이니 귀하의 판단과 믿음에 맡길 뿐입니다. 할렐루야!

**여섯째, 기도 응답의 결과.** 지혜를 주십니다(약1:5). 형통함을 주십니다(대하7:1). 성령의 역사를 불러일으킵니다(행4:31). 능력을 주십니다. "사도들이 큰 권능으로 주 예수의 부활을 증언하니 무리가 큰 은혜를 받아"(행4:33) "내게 능력 주시는 자 안에서 내가 모든 것을 할 수 있느니라."(빌4:13) 기도는 우리가 할 수 있는 역사 중에서 가장 효력이 있는 역사입니다.

기도 응답은 자신이 없어지고 성령하나님께서 주인 되었을 때 오는 것이 보통입니다. 기도응답이 잘 되는 비결은 우리가 주 안에 거하는 것입니다. 주 안에 거한다는 말씀은 우리가 주님과의 바른 관계를 맺어야 함을 강조하는 말씀입니다. 사실 사람들은 주님께 무엇을 간구하여 무엇을 얻어내는 것에는 관심이 많으나 주님과의 관계는 소홀히 합니다. 그렇지만 주님과의 바른 인격적인 관계를 맺고 살아가는 것은 훨씬 중요한 일입니다.

미신을 섬기는 이들도 기도는 있습니다. 저들은 자기들이 섬기는 신과 무슨 인격적인 관계를 맺는 일에는 관심이 없습니다. 어떻게든 정성을 많이 들여서 자기의 목적을 이루면 그만입니다. 그러나 하나님은 그 무엇보다도 우리들과 1:1의 인격적인 관계를 회복하는 것을 중요하게 여기십니다.

그러므로 우리가 주 예수 안에 거한다는 것은 예수님과의 인격적인 연합을 의미합니다. 성령의 지배와 장악된 상태를 말합니다. 주님과의 깊은 인격적인 연합을 하면 주님과의 깊은 교제에 누리게 됩니다. 주님과 대화하며 그분이 원하시는 것을 물어가며 그분의 뜻에 순종하며 사는 생활을 하는 것입니다.

다시 말해 주님의 숨결을 들을 수 있는 귀, 주님의 심경을 느낄 수 있는 마음, 주님의 의도를 헤아릴 수 있는 판단력, 주님의 계획을 실천해 드릴 수 있는 의지력을 소유한 사람들이야말로 주님 안에 아주 깊이 거하는 사람들입니다.

귀하는 주님과의 관계를 얼마나 중요하게 여기고 있습니까? 주님을 더 깊이 알고자하는 열망이 있습니까? 주님과의 사귐을 중요하게 여기고 그를 위해 기꺼이 당신의 시간을 할애하고 있습니까? 주님을 만나기 위해서라면 당신의 생활 중에 다른 시간을 조정할 수 있습니까? 시끄러운 장소를 피하여 방해받지 않는 곳으로 조용히 주님을 찾아 나아가기를 기뻐하십니까? 주님을 기쁘시게 하려는 마음을 품고 주님께 나아가십니까?

예, 그렇다면 참 잘하고 있는 것입니다. 주 안에 거할 때 기도응답은 물론이고 열매를 많이 맺을 수 있다고 주님은 약속하셨습니다. 그리고 주님의 사랑 안에 거할 수 있다고 약속하셨습니다.

또한 주님의 기쁨이 우리 안에 있게 되어 우리가 기쁨이 충만하게 된다고 약속하셨습니다. 그러나 우리가 주안에 거하지 아니하면 열매를 맺을 수 없음은 물론이요 주님을 떠나서는 아무것도 할 수 없다고 하십니다. 밖에 버려 말라지며 결국 모아다가 불속에 던져져 살라진다고 경고하십니다.

응답받는 기도를 하려면 먼저 주님 안으로 들어오십시오. 이미 들어온 사람은 더 깊이 들어오십시오. 그래서 날마다 주님과 만나고 사귀며 주님과 더불어 지내기를 힘쓰십시오. 그리하면 주님께서는 당신의 모든 기도를 들으시고 다 이루어 주실 뿐 아니라 충만한 기쁨과 풍성한 열매를 보너스로 더하여 주실 것입니다. 날마다 기도하고 응답 받는 우리가 되시기를 바랍니다.

이 책을 통해 예수님이 땅끝까지 전파 되기를 소원합니다.
(출판으로 인한 이익금은 문서선교와 개척교회 선교에 사용합니다.)

## 성령으로 기도하는 법

발 행 일 | 2019.07.04초판 1쇄 발행

지 은 이 | 강요셉

펴 낸 이 | 강무신

편집담당 | 강무신

디 자 인 | 강무신

교정담당 | 강무신

펴 낸 곳 | 도서출판 성령

신고번호 | 제22-3134호(2007.5.25)

등록번호 | 114-90-70539

주    소 | 서울시 서초구 방배천로 2길 53

전    화 | 02)3474-0675/ 3472-0191

E-mail  | kangms113@hanmail.net

유    통 | 하늘유통. 031)947-7777

ISBN  | 978-89-97999-96-5  부가기호 | 03230

가    격 | 18,000원